INFRAESTRUTURA NO BRASIL

Regulação, Financiamento e Modelagem Contratual

O GEN | Grupo Editorial Nacional, a maior plataforma editorial no segmento CTP (científico, técnico e profissional), publica nas áreas de saúde, ciências exatas, jurídicas, sociais aplicadas, humanas e de concursos, além de prover serviços direcionados a educação, capacitação médica continuada e preparação para concursos. Conheça nosso catálogo, composto por mais de cinco mil obras e três mil e-books, em www.grupogen.com.br.

As editoras que integram o GEN, respeitadas no mercado editorial, construíram catálogos inigualáveis, com obras decisivas na formação acadêmica e no aperfeiçoamento de várias gerações de profissionais e de estudantes de Administração, Direito, Engenharia, Enfermagem, Fisioterapia, Medicina, Odontologia, Educação Física e muitas outras ciências, tendo se tornado sinônimo de seriedade e respeito.

Nossa missão é prover o melhor conteúdo científico e distribuí-lo de maneira flexível e conveniente, a preços justos, gerando benefícios e servindo a autores, docentes, livreiros, funcionários, colaboradores e acionistas.

Nosso comportamento ético incondicional e nossa responsabilidade social e ambiental são reforçados pela natureza educacional de nossa atividade, sem comprometer o crescimento contínuo e a rentabilidade do grupo.

André Castro Carvalho | André Fontana Hoffmann | Antonio Zoratto Sanvicente | Claudio Felisoni de Angelo | Daniel Bregman | Daniel Reed Bergmann | Eduardo Augusto do Rosário Contani | Fabiana Lopes da Silva | Fernando Dal-Ri Murcia | Frederico da Silveira Barbosa | Jesusmar Ximenes Andrade | João Alfredo Di Girolamo Filho | Joe Akira Yoshino | José Roberto Ferreira Savoia | Marcelo Bianconi | Newton Narciso Pereira | Rejane Karam | Tiago Toledo Ferreira

Eduardo Augusto do Rosário Contani
José Roberto Ferreira Savoia

Organizadores

INFRAESTRUTURA NO BRASIL

Regulação, Financiamento e Modelagem Contratual

Os autores e a editora empenharam-se para citar adequadamente e dar o devido crédito a todos os detentores dos direitos autorais de qualquer material utilizado neste livro, dispondo-se a possíveis acertos caso, inadvertidamente, a identificação de algum deles tenha sido omitida.

Não é responsabilidade da editora nem dos autores a ocorrência de eventuais perdas ou danos a pessoas ou bens que tenham origem no uso desta publicação.

Apesar dos melhores esforços dos autores, do editor e dos revisores, é inevitável que surjam erros no texto. Assim, são bem-vindas as comunicações de usuários sobre correções ou sugestões referentes ao conteúdo ou ao nível pedagógico que auxiliem o aprimoramento de edições futuras. Os comentários dos leitores podem ser encaminhados à **Editora Atlas Ltda.** pelo e-mail editorialcsa@grupogen.com.br.

Direitos exclusivos para a língua portuguesa
Copyright © 2017 by
Editora Atlas Ltda.
Uma editora integrante do GEN | Grupo Editorial Nacional

Reservados todos os direitos. É proibida a duplicação ou reprodução deste volume, no todo ou em parte, sob quaisquer formas ou por quaisquer meios (eletrônico, mecânico, gravação, fotocópia, distribuição na internet ou outros), sem permissão expressa da editora.

Rua Conselheiro Nébias, 1384
Campos Elísios, São Paulo, SP — CEP 01203-904
Tels.: 21-3543-0770/11-5080-0770
editorialcsa@grupogen.com.br
www.grupogen.com.br

Designer de capa: Design Monnerat
Imagem de capa: rmnunes | iStockphoto
Editoração Eletrônica: Caio Cardoso

CIP-BRASIL. CATALOGAÇÃO NA PUBLICAÇÃO
SINDICATO NACIONAL DOS EDITORES DE LIVROS, RJ

I39

Infraestrutura no Brasil : regulação, financiamento e modelagem contratual / André Castro Carvalho ... [et. al.] ; organizadores Eduardo Augusto do Rosário Contani, José Roberto Ferreira Savoia. – 1. ed. – São Paulo : Atlas, 2017.
    196 p. : il. ; 23 cm.

Inclui bibliografia
ISBN: 978-85-97-01045-9

    1. Investimentos – Brasil. 2. Finanças – Brasil. 3. Brasil – Política econômica. 4. Desenvolvimento econômico – Brasil. 5. Brasil – Condições sociais. 6. Inovações tecnológicas – Administração. I. Carvalho, André Castro. II. Contani, Eduardo Augusto do Rosário. III. Savoia, José Roberto Ferreira.

16-38617   CDD: 332.6
                                                                                                         CDU: 336.76

SUMÁRIO

Apresentação (Ministro Gilberto Kassab), xiii

Prefácio (Ministro Gilberto Kassab), xv

**PARTE I – Infraestrutura no Brasil:
desafios logísticos e financiamento, 1**

Capítulo 1 – Gargalos logísticos no Brasil, 3
Newton Narciso Pereira

Capítulo 2 – Financiamento a projetos de infraestrutura no Brasil, 31
Tiago Toledo Ferreira e Daniel Bregman

Capítulo 3 – O seguro garantia em projetos de infraestrutura, 51
André Fontana Hoffmann e João Alfredo Di Girolamo Filho

**PARTE II – Contratos: processo regulatório,
modelagem jurídica e reequilíbrio, 69**

**Capítulo 4 – Limites (informais) à escolha da forma de reequilíbrio
das concessões de serviço público, 71**
Frederico da Silveira Barbosa

**Capítulo 5 – Parcerias Público-Privadas e as concessões rodoviárias do Paraná:
o novo modelo e a evolução do processo regulatório, 97**
Rejane Karam

**Capítulo 6 – Proposta de modelagem para concessões ferroviárias no Brasil:
o surgimento de um "ornitorrinco" jurídico?, 127**
André Castro Carvalho

**Capítulo 7 – Adoção do IFRS nas demonstrações financeiras
das concessionárias de rodovias, 145**
Fabiana Lopes da Silva, Fernando Dal-Ri Murcia
e Jesusmar Ximenes Andrade

PARTE III – **Modelagem para determinação de custo de capital, bem-estar do consumidor e risco regulatório, 165**

Capítulo 8 – **Prêmio de risco regulatório para o setor de infraestrutura, 167**
Daniel Reed Bergmann, José Roberto Ferreira Savoia,
Eduardo Augusto do Rosário Contani e Claudio Felisoni de Angelo

Capítulo 9 – **Determinação do Custo Médio Ponderado de Capital (WACC) no processo de revisão tarifária das concessionárias de distribuição de gás canalizado: crítica à Nota Técnica RTG/02/2014, 183**
Antonio Zoratto Sanvicente

Capítulo 10 – **Concorrência *Yardstick* e o bem-estar do consumidor, 195**
Joe Akira Yoshino e Marcelo Bianconi

NOTA SOBRE OS AUTORES

André Castro Carvalho
André Castro Carvalho é bacharel, mestre e doutor em Direito pela Universidade de São Paulo, tendo sua tese de doutorado recebido o Prêmio CAPES de Tese de 2014. Foi pesquisador visitante pós-doutor no Massachusetts Institute of Technology – MIT. Foi visiting researcher na Karl Franzens Universität Graz, pelo Coimbra Group Scholarship Programme for Young Professors and Researchers from Latin America, e visiting scholar and professor na Nankai University (Tianjin) e JiLin University (Changchun). Foi *pasante internacional* no Morales & Besa Abogados (2012), escritório sediado em Santiago de Chile.

André Fontana Hoffmann
Graduado em Engenharia de Produção pela Escola Politécnica da Universidade de São Paulo, MBA pela University of California, Berkeley, e detentor do CFA (Chartered Financial Analyst) charter. Tem 19 anos de experiência profissional como executivo de instituições financeiras e não financeiras nas áreas de fusões e aquisições, estruturação financeira de projetos e gestão de riscos e seguros. Trabalha desde 2011 no grupo Swiss Re na originação e estruturação de operações de seguro de crédito e garantia.

Antonio Zoratto Sanvicente
Professor Titular, Escola de Economia de São Paulo, Fundação Getulio Vargas. Ex--professor titular, FEA-USP e Insper Instituto de Ensino e Pesquisa. Visiting Assistant Professor, The University of Michigan, 1984-85. Ph.D Business Administration, Stanford University, 1982. Master of Management, Vanderbilt University, 1974. Bacharel em Ciências Econômicas, FEA-USP, 1970. Editor da Revista de Economia e Administração, Insper Instituto de Ensino e Pesquisa, de 2002 a 2014. Tradutor de 45 livros nas áreas de Administração, Economia, Contabilidade e Finanças e autor de seis livros de Finanças. Presidente da Sociedade Brasileira de Finanças, 2003-2005.

Claudio Felisoni de Angelo
Possui graduação em Economia pela Universidade de São Paulo (1974), mestrado em Economia pela Universidade de São Paulo (1978) e doutorado em Economia pela Universidade de São Paulo (1985). Atualmente é professor titular da Universidade de São Paulo. Tem experiência na área de Administração, com ênfase em Mercadologia, atuando principalmente nos seguintes temas: Varejo, Internet, Expectativas de Consumo, e-flation e IPI.

Daniel Bregman
Economista graduado pela UERJ e com mestrado no Instituto de Economia da UFRJ. Economista do BNDES desde 2009, trabalhou na análise de financiamento a projetos de energia alternativa e na captação de recursos no mercado (externo e doméstico). Entre 2007 e 2009, trabalhou na Secretaria de Política Econômica do Ministério da Fazenda.

Daniel Reed Bergmann
Professor-Doutor em Finanças e Economia do Departamento de Administração da Faculdade de Economia, Administração e Contabilidade da Universidade de São Paulo (FEA-USP). As suas áreas de interesse incluem Finanças Empíricas, Apreçamento de Ativos, Custo de Capital e Econometria Financeira. Ex-Diretor Técnico do Instituto de Previdência do Município de São Paulo. Pesquisador em Finanças e Análise Econômica do Centro de Estudos em Regulação e Infraestrutura da FIA.

Eduardo Augusto do Rosário Contani (org.)
Doutor em Administração com ênfase em Finanças pela FEA-USP (2014). Engenheiro mecânico pela Politécnica – USP (2004) e especialista em Administração (CEAG) pela FGV-EAESP (2006), iniciou sua carreira na indústria automotiva (General Motors), e como sócio dirigente de Instituição de Ensino Superior (IES) no Paraná. Como consultor da Fundação Instituto de Administração (FIA), do Banco Mundial e da Actual Ventures, atuou em projetos de modelagens financeiras de concessões e PPPs em saneamento, gás, rodovias, educação e metrô, além de avaliações de empresas e pareceres nos setores de Educação, Saúde, Seguros, Construção, Alimentos e Energia. Atualmente é professor do Programa de Mestrado Profissional em Administração do Centro Universitário FECAP. Sua atividade docente está relacionada ao Mercado de Capitais, Análise de Investimentos e Finanças Corporativas.

Fabiana Lopes da Silva
Doutorada em Controladoria e Contabilidade pela Faculdade de Economia, Administração e Contabilidade da Universidade de São Paulo (FEA-USP) e MBA em Gestão Atuarial e Financeira pela FIPECAFI/USP. É graduada em Ciências Atuariais pela Pontifícia Universidade Católica de São Paulo (PUC-SP) e bacharel em Ciências Contábeis pela FEA-USP. É professora da Pontifícia Universidade Católica de São Paulo (PUC-SP) e da Faculdade FIPECAFI e Consultora.

Fernando Dal-Ri Murcia
Professor do Departamento de Contabilidade e Atuária da USP em níveis de graduação e pós-graduação. Formado em Business Management pela Webber International University e em Contabilidade pela Univali, Mestre em Contabilidade pela UFSC e Doutor em Contabilidade pela USP.

Frederico da Silveira Barbosa
Graduado pela Faculdade de Direito da Pontifícia Universidade Católica de São Paulo, é Mestre em Ciências Sociais pela mesma Universidade. É sócio do Barbosa e Spalding Advogados desde 2005, onde atua nos ramos de Direito Público e Internacional Público e na estruturação de projetos. Também é consultor da Fundação Instituto de Pesquisas Econômicas (FIPE) e da Fundação Instituto de Pesquisas Contábeis, Atuariais e Financeiras (FIPECAFI), nas quais presta consultoria em regulação, concepção e desenvolvimento de modelos de negócios ligados aos setores financeiro e de infraestrutura.

Jesusmar Ximenes Andrade
Graduado em Ciências Contábeis, Mestre e Doutor em Controladoria e Contabilidade pela Universidade de São Paulo-FEA-USP. Atualmente é professor adjunto e pesquisador da Universidade Federal do Piauí-UFPI na Graduação em Ciências Contábeis e nos Programas de Pós-Graduação, em nível de mestrado, em Ciência Política e em Saúde e Comunidade.

João Alfredo Di Girolamo Filho
É gerente responsável pela subscrição de "commercial bonds" (garantias judiciais e administrativas), bem como pela área de "indemnity agreements" da Swiss Re Corporate Solutions Brasil. João integra o time da Swiss Re desde 2008, quando iniciou suas atividades no grupo como advogado, junto com a equipe jurídica da antiga UBF Seguros S/A, auxiliando no desenvolvimento das garantias judiciais na seguradora, seu principal foco atualmente. Antes de ingressar no mercado de seguros, João atuou como advogado com experiência na área cível e empresarial. Formou-se em Direito na Universidade Presbiteriana Mackenzie, é pós-graduado em Direito Empresarial pela FGV e cursa MBA em finanças pela FIA.

Joe Akira Yoshino
Full Professor (Professor Titular). Livre-Docente: Mercado de Capitais, Derivativos, Renda-Fixa, Moeda e Bancos, Economia da Regulação do Lado Real e Mercado Financeiro, Real Estate. Publicações em jornais internacionais e nacionais. Engenharia pela Escola Politécnica da USP, M.Sc. em Administração pela FEA-USP, M.Sc. em Economia pela FEA-USP, Pós-Graduação em Desenvolvimento Econômico pela Vanderbilt University (USA), Ph.D. em Economia pela University of Chicago (USA), *Visiting Scholar* em Economia e Finanças da University of Chicago (USA). Perito Judicial *ad hoc* no Tribunal de Justiça.

José Roberto Ferreira Savoia (org.)
Administrador pela FEA-USP (1984); Mestre em Administração – FEA-USP (1990); Doutor em Administração – FEA-USP (1996); Pós-Doutorado – School of International and Public Affairs – Columbia University (2005). É professor de finanças da FEA-USP desde 1998. Foi *Adjunct Professor* na School of International and Public Affairs, da Columbia University, em New York, de 2007 a 2009, e *Senior Visiting Scholar*, em 2005. Foi *Visiting Professor* Visitante da Open University, em 2012. É diretor do Centro de Estudos em Regulação e Infraestrutura da FIA. Foi Diretor Superintendente do IPREM – Instituto de Previdência do Município de São Paulo (2000-2002), na gestão do Prefeito Gilberto Kassab. Foi, nesse período, Conselheiro do CONAPREV, da APEPREM e Presidente do Conselho do IPREM. Foi Secretário de Previdência Complementar do Ministério de Previdência e Assistência Social, no governo Fernando Henrique Cardoso (2000-2003). Nesse período, foi membro do(a): Conselho de Gestão da Previdência Complementar, Conselho de Gestão da Previdência Social, Conselho Nacional de Seguros Privados, Câmara de Saúde Suplementar do Ministério da Saúde e Grupo Técnico de Mercado de Capitais, organismo que congregava SPC, BACEN, CVM, SUSEP, Ministério da Fazenda e Ministério do Planejamento. Publicou artigos acadêmicos em revistas especializadas, organizou e publicou quatro livros em coautoria.

Marcelo Bianconi
Professor de Economia no departamento de economia da Tufts University, em Medford, MA, EUA, desde 1989. Membro do corpo docente do programa de relações internacionais e serviu como diretor do programa de pós-graduação em Economia de 2005 a 2010. Campos de pesquisa acadêmica são modelos econômicos teóricos e empíricos, com especial atenção aos aspectos nacionais e internacionais de economia financeira, métodos de risco em economia e finanças, econometria aplicada a painéis e análise de séries de tempo e políticas monetária e fiscal. Trabalhos acadêmicos publicados em diversos periódicos profissionais e livros, incluindo *European Economic Review*, *Journal of Economic Dynamics and Control*, *Review of International Economics*, *Journal of Macroeconomics*, *Canadian Journal of Economics*, *International Review of Economics and Finance*, *Economics Letters*, *International Tax and Public Finance*, *Journal of International Money and Finance*, *Macroeconomic Dynamics*, *Emerging Markets Review*, *North American Journal of Economics and Finance*, entre outros. Serve no Conselho editorial da *Review of International Economics* desde 1997 e é um editor-associado da *International Review of Economics and Finance* desde 2002. Seu livro intitulado *Financial Economics, Risk and Information*, foi publicado pela World Scientific Publishing Co. e está em sua segunda edição, publicada em 2011. Nos anos 2000-2003, foi eleito e atuou como secretário-executivo da International Economics and Finance Society (IEFS). Ph.D. e M.A. em economia

pela University of Illinois; B.A. em economia pela FEA-USP. Na University of Illinois, trabalhou como consultor para o World Bank e como professor adjunto de economia internacional. Foi professor visitante de Economia na FEA-USP-FIPE em 2010.

Newton Narciso Pereira

Finalizou seu pós-doutorado junto ao Departamento de Engenharia Naval e Oceânica da Universidade de São Paulo em 2013. É membro do grupo de trabalho de água de lastro e outros vetores de navios da UNESCO – ICES/IOC/IMO. É inventor da patente intitulada "Sistema de monitoramento da troca da água de lastro e da qualidade da água de lastro e método para obtenção de dados relacionados à água de lastro sob registro de BR 10 2013 000136-8 de 03.01.2013. É doutor em Engenharia Naval e Oceânica, Mestre em Engenharia Naval e Oceânica pelo Departamento de Engenharia Naval da Escola Politécnica da Universidade de São Paulo, Engenheiro de Produção pela Universidade Guarulhos e Tecnólogo Fluvial/Naval pela Universidade Estadual Paulista "Julio de Mesquita Filho" – Faculdade de Tecnologia de Jahu. Tem-se dedicado a pesquisas na área de transporte, logística, operação portuária e impacto ambiental portuário, focando-se no estudo de alternativas para gestão da água de lastro, poluição marinha, *green port*, *green ship*, energia alternativa, dimensionamento de sistema de transporte e terminais portuários. Atua como pesquisador do Centro de Inovação em Logística e Infraestrutura Portuária da USP do Departamento de Engenharia Naval e Oceânica.

Rejane Karam

Formada em Ciências Econômicas pela Universidade Federal do Paraná-UFPR e Mestre em Políticas de Desenvolvimento pela mesma instituição, tem MBA em Gestão Estratégica de Custos pela Universidade Federal Fluminense em convênio com o Instituto de Engenharia do Paraná. Funcionária de carreira do Governo do Paraná, atualmente Coordenadora de Planejamento na Secretaria de Infraestrutura e Logística, atuando na área de planejamento em infraestrutura há mais de 20 anos. Artigos publicados nos seguintes periódicos: *Revista de Economia e Tecnologia* – Centro de Pesquisas Econômicas da UFPE com o apoio do Instituto de Tecnologia do Paraná – TECPAR (2006); *Revista Paranaense de Desenvolvimento* – Instituto Paranaense de Desenvolvimento Econômico e Social – IPARDES (2007); *Revista de Direito Público da Economia* – RDPE (2008).

Tiago Toledo Ferreira

Economista do BNDES, graduado pela Unicamp e mestre pela USP. Tem experiência em docência em cursos de educação executiva e na elaboração de estudos e em análises de financiamento a projetos nos setores de infraestrutura e industrial.

APRESENTAÇÃO

A competitividade de um país é influenciada pelo estágio de evolução da sua infraestrutura. Os investimentos nessa área viabilizam ciclos sustentáveis de desenvolvimento e aumentam a taxa de crescimento do PIB. Ao se planejar um sistema de infraestrutura, devem ser consideradas as necessidades atuais e futuras de todas as cadeias produtivas, o crescimento da população e o atingimento de metas sociais.

Para a realização desta obra, os autores foram convidados a refletir sobre a situação atual da infraestrutura brasileira. Como resultado, esses especialistas destacaram os aspectos contemporâneos, as melhores práticas nacionais e internacionais e possíveis propostas de aperfeiçoamento do setor. Os resultados das pesquisas e das experiências estão contemplados em dez capítulos que integram esta obra e estão divididos em três partes.

A primeira delas, intitulada: "Infraestrutura no Brasil: desafios logísticos e financiamento", aborda os gargalos existentes em nossa logística e as possíveis alternativas de realização de investimentos a partir da combinação de recursos públicos e privados.

O capítulo inicial é de autoria de Newton Narciso Pereira, Professor da Escola Politécnica da USP, e se intitula: "Gargalos logísticos no Brasil". Nele são avaliados os modais logísticos do Brasil e os desafios para torná-los mais eficientes. A seguir, em "Financiamento a Projetos de Infraestrutura no Brasil", Tiago Toledo Ferreira e Daniel Bregman, técnicos do BNDES, destacam a modalidade de *project finance* como alternativa para a estruturação do financiamento a projetos de infraestrutura, contemplando uma detalhada análise dos instrumentos e apresentando um estudo de caso em energia eólica.

André Hoffmann e João Alfredo Di Girolamo Filho destacam a importância do seguro garantia para projetos de infraestrutura, enfatizando as questões institucionais e regulatórias que foram superadas para estabelecê-lo como alternativa viável ao setor.

A segunda parte do livro trata os contratos de infraestrutura, em seus aspectos regulatório, jurídico e quanto ao reequilíbrio econômico-financeiro. Frederico da Silveira Barbosa propõe uma discussão abrangente sobre a busca de reequilíbrio das concessões de serviço público, em que devem ser consideradas a matriz de risco, as relações de oferta e demanda de longo prazo e a criação de mecanismos amortecedores de conflitos.

O processo regulatório em concessões rodoviárias e o uso de PPPs são objeto do capítulo de autoria de Rejane Karam. Toda a evolução pela qual passou a experiência paranaense é relatada pela autora, que destaca os mecanismos modernos para a condução e viabilidade de PPPs nesse setor.

De rodovias para ferrovias. Como foi realizada a modelagem para as concessões ferroviárias dos últimos anos no país? André Castro Carvalho destaca os desafios em que a nova modelagem jurídica poderá impactar a atuação do órgão regulador e a aceitação do mercado.

Ao finalizar esta segunda parte, Fabiana Lopes da Silva, Jesusmar Ximenes Andrade e Fernando Dal-Ri Murcia levantam os principais aspectos relacionados à adoção do IFRS nas demonstrações financeiras de concessões, particularizando as rodoviárias. Os autores debatem o processo de convergência das normas internacionais de contabilidade, que suscitaram questionamentos acerca do reconhecimento, da mensuração e evidenciação de ativos e passivos dos contratos.

A terceira parte do livro destaca os efeitos da modelagem sobre a determinação do custo de capital, do bem-estar do consumidor e, ainda, do risco regulatório.

A existência de um prêmio de risco regulatório é objeto do oitavo capítulo, de autoria dos professores Daniel Bergmann, Claudio Felisoni de Angelo, José Roberto Ferreira Savoia e Eduardo Augusto do Rosário Contani. Os diferentes modelos regulatórios (*price cap* e *rate of return*) devem ser considerados no cálculo do custo de capital. As evidências mostram que empresas do regime *price cap* apresentam risco regulatório superior às do outro regime.

O custo médio ponderado de capital foi objeto de pesquisa do Professor Antonio Zoratto Sanvicente, que destaca as diferentes metodologias utilizadas no processo tarifário do setor de distribuição de gás canalizado no Estado de São Paulo, apontando as melhores práticas para uma estimação satisfatória do custo de capital.

Os professores Joe Akira Yoshino e Marcelo Bianconi analisaram um conjunto de dados de variáveis econômicas e operacionais de concessões rodoviárias para tratar do tema de bem-estar social do consumidor e da concorrência *yardstick*. Essa avaliação ajuda a apontar deficiências e melhorar a eficiência das concessões em relação a seus concorrentes.

O esforço desses dezoito autores, profissionais especialistas em seus segmentos, produziu um material de extrema relevância sobre regulação de infraestrutura no país. Esta obra retrata a mais recente literatura acadêmica sobre o setor, abordando e explorando os principais desafios e que, com certeza, se tornará referência no mundo empresarial e na academia.

Gilberto Kassab

Ministro da Ciência, Tecnologia, Inovação e Comunicações

PREFÁCIO

Contribuindo com o Brasil

Em um momento em que todos nós, brasileiros, estamos empenhados em superar no menor prazo possível as crises econômica, fiscal e política para retomar o crescimento sustentável e voltar a gerar postos de trabalho, dezoito especialistas de notório saber em logística, engenharia, economia, finanças e direito se uniram e apresentam alternativas que permitam intensificar a combinação de recursos públicos e privados para modernizar a nossa infraestrutura.

Depois de décadas distante dos problemas do dia a dia da população, a União, enfim, admitiu a necessidade de investir recursos federais em mobilidade urbana, saneamento básico, em habitação de interesse social e prosseguiu nas concessões. Os avanços foram muitos, a infraestrutura foi incluída na agenda do Estado brasileiro, mas ainda temos uma demanda social latente e gargalos logísticos que comprometem a nossa competitividade, os quais precisamos superar com brevidade para romper com esse círculo vicioso.

Em que pesem as dificuldades, incluo-me entre os analistas mais otimistas e acredito que estamos no rumo certo. Faço essa afirmação porque estamos trabalhando para atingir o equilíbrio fiscal e econômico, mas sem deixar de reconhecer e abdicar da necessidade de manter investimentos estratégicos.

E é justamente por isso que trabalhamos pela recomposição orçamentária no Ministério da Ciência, Tecnologia, Inovação e Comunicações. Falo de produção de conhecimento, de tecnologia de ponta, enfim, questões fundamentais à retomada do desenvolvimento.

A rapidez com a qual conseguiremos superar os obstáculos que reduzem a nossa eficiência e tornam os nossos produtos menos atrativos no cenário global está diretamente ligada à nossa capacidade de reduzir a má burocracia, desenvolver um modelo que assegure o equilíbrio econômico-financeiro dos contratos e garanta segurança jurídica aos investidores privados para que possamos avançar nas parcerias com o poder público e, assim, potencializar recursos e investimentos.

Nesse sentido, o livro *Infraestrutura no Brasil: Regulação, Financiamento e Modelagem Contratual* é uma inestimável contribuição.

Gilberto Kassab

Ministro da Ciência, Tecnologia, Inovação e Comunicações

PARTE I

INFRAESTRUTURA NO BRASIL: DESAFIOS LOGÍSTICOS E FINANCIAMENTO

1

GARGALOS LOGÍSTICOS NO BRASIL

Newton Narciso Pereira

1.1 Introdução

O Brasil é o maior país da América Latina, com dimensões territoriais de 8.515.767 m² e com um litoral de 7.491 km, com diversos rios grandes e pequenos portos, totalizando uma rede fluvial de 42 mil km. De leste a oeste, a dimensão do país é de 4.391 km e, de norte a sul, mais 4.394 km de extensão, mostrando que é um país com dimensões continentais. Diante disso, fica evidente que qualquer deslocamento de mercadorias de um local para o outro conta com uma enorme distância a ser percorrida. Diferentemente dos países europeus que apresentam tamanho comparado a muitos estados brasileiros, a primeira restrição para que o Brasil tenha uma logística eficiente é vencer as grandes distâncias impostas pelas condições geográficas do país no menor tempo possível.

Associado ao problema das longas distâncias a serem percorridas entre os centros de consumo e centros produtores existe o problema relacionado à qualidade das vias de acesso terrestre. Uma logística eficiente deve, sempre que possível, utilizar o maior número de modos de transporte para maximizar o volume de carga transportado por um equipamento e minimizar os custos dos deslocamentos das mercadorias. Para isso, é necessário que o país tenha uma infraestrutura disponível que contemple a conexão entre os diversos modos de transportes existentes.

Isso pode ser visto quando comparamos a utilização da intermodalidade ou multimodalidade em outros países do mundo como, por exemplo, os Estados Unidos. A América do Norte tem uma extensão de norte a sul de 3.985 km. Só a malha ferroviária americana tem uma extensão de 226.612 km. A malha ferroviária está totalmente integrada entre os portos, pontos de transbordo e conexão de cargas, bem como os principais centros de consumo. A rede hidroviária corta o país de norte a sul (pelo rio Mississipi) ligando o Condado de Clearwater (Minnesota) ao Golfo do México, sendo uma malha hidroviária que detém lado a lado a ferrovia e a rodovia, compartilhando da mesma rede de transporte para permitir a interconexão entre as cargas. A participação do transporte rodoviário na matriz de transporte americana é de 26,6%, a ferroviária é de 41,8% e a hidroviária é de 15%. Os dutos têm uma participação de 15,2% e o transporte aéreo de 0,4%, sendo que o país conta com 15.079 grandes aeroportos para movimentação de cargas e pessoas.

Já no caso europeu, podemos observar uma participação expressiva dos modais ferroviários e hidroviários, bem como a navegação de cabotagem na matriz de transporte. As ferrovias europeias cortam todos os países do bloco econômico fazendo com que os mesmos tenham grande capacidade de movimentação de cargas sobre trilhos. O transporte de cargas por hidrovias tem sido amplamente aproveitado de norte a sul, sendo que em algumas localidades, como Alemanha, França, Bélgica e Holanda, o uso dos rios é mais expressivo em relação à região sul.

A navegação de cabotagem, que constitui a navegação costeira em um mesmo país ou bloco econômico, tem uma forte presença no transporte de cargas oriundas dos navios, permitindo que grandes volumes sejam transportados por uma única unidade motora. Aproximadamente 37% das cargas são movimentadas pela cabotagem dentro do bloco europeu. O transporte rodoviário é utilizado para realizar o porta a porta, ou seja, ser um elemento integrador entre os elos de conexão modal com os consumidores finais.

Já na Ásia, mais especificamente na China, é observado que a matriz de transporte tem uma característica muito semelhante à americana. Basicamente, as grandes distâncias do país são vencidas pelas ferrovias e hidrovias, que têm uma participação na movimentação de cargas de aproximadamente 37% e 14%, respectivamente. O transporte rodoviário tem participação de 48%, semelhante aos países europeus.

Além do investimento de outros modos de transportes, mais recentemente a China construiu dois novos complexos portuários na costa do país. Ao todo existem aproximadamente 34 complexos portuários de grande porte, também conhecidos como "major ports".

Nestas nações que têm uma matriz de transporte balanceada, ou seja, os modos de transporte estão bem divididos em termos de participação, verificam-se elevadas movimentações de carga tanto de exportação quanto de importação, que circulam pelos seus portos e depois são transportadas por modais de grande capacidade. A título de exemplo, nos portos americanos passaram, em 2012, aproximadamente 1,3 bilhão de toneladas de cargas, segundo United States Census Bureau. Na Europa, somente Roterdã movimentou 310 milhões de toneladas e 131,4 milhões de toneladas na importação e exportação, respectivamente. Na China foram movimentadas 3,31 bilhões de toneladas de cargas em ambos os sentidos de importação e exportação respectivamente.

Para atingir esses patamares de movimentação é necessário ter uma rede de transporte eficiente e integrada. Esses países contam com a figura de portos secos, que estão localizados longe dos portos próximos aos centros consumidores, permitindo facilitar o desembaraço das cargas e oferecendo uma sobrecapacidade aos terminais localizados na zona primária, uma vez que a armazenagem nestas áreas não deve ser a prioridade do porto, sendo esse o papel da zona secundária.

Assim, os portos secos visam aumentar a escala operacional dos portos e reduzir a emissão de CO_2 ao privilegiar a transferência da carga entre a Zona Primária e o Porto Seco por transporte ferroviário. Na Europa existem aproximadamente 200 portos secos, nos Estados Unidos existem 24 grandes portos secos, todos conectados com a malha ferroviária americana. Diferentemente da Europa, os portos secos americanos tendem a ser maiores e ter uma área de cobertura maior, formando nós de convergência regional para permitir uma distribuição maior de cargas, bem como favorecendo a transferência de modal (RODRIGUE e NOTTEBOOM, 2012).

Embora a experiência internacional demonstre as melhores práticas para se atingir níveis de excelência em termos de logística de transporte, no Brasil estamos vendo, durante muitos anos, sérios problemas para circulação de cargas que estão associados à logística definida para o país. Os efeitos das escolhas na seleção do tipo de modo de transporte preferencial para o país têm sido visualizados ano após ano por meio das longas filas de caminhões nos acessos aos portos do Brasil, principalmente Santos e Paranaguá, durante os períodos de safra dos grãos.

Por outro lado, temos visto que privilegiar somente o modal rodoviário para o transporte de cargas tem gerado sérios problemas na qualidade de vida dos trabalhadores do setor, além dos riscos associados às cargas que são movimentadas pelos caminhões em todo o Brasil. Não obstante, temos visto que outros elos das cadeias logísticas também têm apresentado problemas de gestão, operação e níveis de serviço, como também é o caso dos portos nos picos das safras.

Diante destes problemas, a seguir iremos apresentar elementos que poderão servir de base de comparação com os dados apresentados anteriormente em relação a outros países e poderemos discutir os gargalos logísticos no Brasil, com o intuito não de apresentar os problemas, mas também de demonstrar algumas ações que têm sido desenvolvidas pelo governo brasileiro no intuito de mitigar os problemas existentes no setor de transporte brasileiro. Por fim, apresentaremos os desafios para o Brasil mediante os projetos que tem se organizado ao longo de todo o país e que demandará ações efetivas e investimentos para melhoria do setor de transporte brasileiro.

1.2 Portos

Particularmente resolvi começar a falar sobre os portos, pois eles são o elo de integração entre as cadeias logísticas globais. Com a globalização, os portos passaram a ter um papel fundamental nesta integração das cadeias, uma vez que se torna cada vez mais comum que empresas nacionais realizem negócios com empresas do outro lado do mundo, utilizando-se dos portos para transferir cargas do local fornecedor para o receptor. Neste sentido, os portos têm uma importância muito grande, uma vez que o transporte marítimo é responsável por 80% de toda movimentação de carga global (UNCTAD, 2009).

A Agência Nacional de Transportes Aquaviários (ANTAQ) (2012) registra 34 portos públicos marítimos no Brasil. Dos portos marítimos, 18 são delegados, concedidos ou tem sua operação autorizada à administração por parte dos governos estaduais e municipais, segundo a Secretaria Especial de Portos – SEP. Além dos portos públicos, existem mais de 100 terminais que são próprios ou operam sob concessão à iniciativa privada ao longo da costa brasileira.

8 CAPÍTULO 1

Com o crescimento econômico do país, muitos desses portos marítimos existentes fizeram investimentos em retroárea, equipamentos e acessos, aumentando os volumes de cargas movimentadas anualmente. As obras de acesso marítimo também permitiram aumentar o tamanho dos navios recebidos em alguns portos brasileiros. Deste modo, vou começar a relatar alguns dos principais problemas enfrentados pelos portos brasileiros atualmente.

É sabido que o porto de Santos é o maior porto público da América Latina em termos de movimentação de carga. Em 2013, Santos movimentou 114 milhões de toneladas de carga na importação e na exportação. Os usuários do porto, principalmente os terminais de contêineres, há muito têm o desejo de que o porto de Santos tenha sua profundidade aumentada para receber navios maiores em relação aos terminais atuais.

Desde 2005, o porto iniciou a dragagem de rebaixamento do leito para aumentar sua profundidade e poder receber navios com calado de 14 m para o primeiro setor do porto, que compreende os trechos de Barra de Santos até Torre Grande, e no segundo setor, com calados de até 13 m, de Torre Grande até Alamoa sem contar a amplitude de maré.

Durante o período de 2009 a 2013 foram gastos cerca de R$ 167 milhões na obra de dragagem, que foi autorizada pela Secretaria Especial de Portos (SEP). Ao término da dragagem, após uma forte pressão dos terminais, da própria CODESP e da sociedade, o primeiro trecho foi autorizado pela Marinha do Brasil para que os navios pudessem operar no porto com calado de 13,2 m no primeiro setor e 11,2 m no segundo setor. Neste mesmo período, dois novos terminais de navios de contêineres se instalaram no canal Brasil Terminal Portuário (BTP) e Embraport, que estão localizados, no segundo setor. Como havia planos de aumento da profundidade ao longo de todo o canal de navegação, os terminais que não tiveram homologados esses novos calados certamente estão operando com navios abaixo da sua capacidade prevista inicialmente.

Contudo, no início de 2014, após uma batimetria realizada ao longo do canal, verificou-se que o mesmo não apresentava profundidade suficiente para garantir a segurança da navegação, e o calado dos navios foi novamente reduzido para o mesmo patamar de 2010. Em dezembro de 2014, uma sondagem estabeleceu novos limites operaconais, em que os navios com 13,2 metros de calado operacional poderão trafegar nos trechos 1, 2 e 3 do canal de navegação, da Barra de Santos até o Armazém 6, no Paquetá. Já desta região até as proximidades da BTP, podem trafegar embarcações com até 13 metros de calado.

Mais especificamente, no caso dos terminais de contêineres instalados nos portos brasileiros, noto que existe uma questão muito complicada a ser resolvida na questão do porte dos navios. A nova geração de navios que estão sendo construídos para operar na Europa transportam cerca de 18.000 a 19.000 TEUS. Esses navios têm calado de aproximadamente 18 m e provavelmente não virão ao Brasil nos próximos 10 ou 15 anos, a não ser que novos terminais de contêineres sejam construídos em áreas mais profundas. Obviamente, existe uma relação direta com a questão da demanda de transporte, em que o Brasil provavelmente não teria escala suficiente para receber esses navios. No entanto, com a expansão do canal do Panamá, navios com calado de 15 m irão circular nas águas próximas ao Brasil, mas não poderão ser atraídos para os portos brasileiros, dadas as limitações de acesso portuário, bem como produtividade dos terminais, quando comparada com outros terminais no mundo.

Diante disso, posso afirmar que é o único caso que conheço de um porto que foi dragado para aumentar a sua profundidade e, em menos de seis meses depois, teve sua profundidade reduzida, sendo um caso interessante de ser estudado. A redução do calado dos navios no porto de Santos foi uma situação muito prejudicial ao país, uma vez que existe uma tendência mundial do crescimento dos navios principalmente no setor de contêineres, e também pela economia de escala, na qual o custo é proporcional ao tamanho do lote que é transportado. Eventos desta natureza tendem a gerar uma quebra de confiança nos investidores em terminais portuários, além de condenar o principal porto público do país a operar com navios de idade elevada e baixa eficiência operacional, fazendo os usuários terem um custo maior por tonelada transportada, uma vez que não conseguem contratar navios de maior capacidade para transportar suas cargas. Neste contexto, nos cabe esperar que o calado do porto não seja reduzido novamente, por falta de continuidade nas dragagens de manutenção, conforme ocorreu em 2014.

Além do problema da dragagem, o referido porto também sofre com as restrições de áreas para expansão e com o efeito da cidade de Santos ter literalmente engolido o porto. Deste modo, terminais que estão localizados principalmente na Ponta da Praia, local onde vive a classe média alta da cidade, passaram a ser um estorvo para cidade, uma vez que a operação dos navios gera ruídos, poluição e incômodos para as pessoas que estão nas proximidades do porto.

Do ponto de vista de produtividade, segundo a Merk e Dang (2012), o porto de Santos encontra-se na posição 35 em relação aos terminais de contêineres e na posição 19 para movimentação de grãos quando comparado a outros terminais de mesma natureza. Não obstante a isso, o problema do tráfego gerado dentro da cidade, bem como nas áreas adjacentes ao porto de santos, tem criado transtornos para todos os usuários e para moradores da cidade. Peguei como exemplo o caso do porto de Santos, mas os problemas relacionados aos acessos e às produtividades não são características somente do porto de Santos.

Praticamente, todos os portos públicos brasileiros apresentam algum tipo de problema relacionado a esses aspectos de conflitos entre o porto e a cidade, bem como de produtividade, devido ao sucateamento dos equipamentos, além das áreas para sua expansão.

10   CAPÍTULO 1

Do ponto de vista da produtividade, as filas elevadas nos portos brasileiros são um indicativo de que alguma coisa não está certa em sua operação. Não é possível admitir uma condição como normal quando todos os anos, em períodos de safras, visualizarmos cerca de 60 a 80 navios em fila esperando para carregar seus porões. Isso demonstra inicialmente que os terminais estão operando acima da sua capacidade de atendimento e, por isso, as filas se formam. Não é possível admitir também que os terminais não tenham capacidade de armazenagem, em que a carga então fica mantida nos caminhões para se tornarem estoques rodantes no entorno dos portos brasileiros. Em 2013, o porto de Santos registrou filas de mais de 10 quilômetros de caminhões estacionados ao longo da Rodovia Conêgo Domênico Rangoni, devido a dificuldades para descarregar suas mercadorias. Situações como esta mostram a fragilidade do sistema portuário brasileiro.

Nos casos das filas excessivas nos portos brasileiros, alguém vai pagar a conta da espera dos navios. O armador, dono do navio, gostaria sempre de chegar ao porto e ser atendido com rapidez. No entanto, não é o que tem acontecido na prática em muitos portos brasileiros. As filas excessivas nos picos das safras geram custos elevados de multa "demurrage" para os exportadores.

Além disso, encarece o custo do frete, uma vez que o armador sabe que toda vez que vai escalar naquele porto neste período terá perda de oportunidade para transportar outras cargas. Essa perda de receita dos produtores por causa do frete tira sua competitividade no mercado internacional. A título de exemplo, em 2013, a China cancelou a compra de mais de 2 milhões de toneladas de soja devido à demora para o embarque nos portos brasileiros. Para mitigar os problemas nos portos do sudeste, empresas estão construindo seus próprios terminais portuários no nordeste, como é o caso do projeto Tegram no porto do Itaqui, além de outros terminais portuários em Vila do Conde operados pela ADM SA, Cargill e a Hidrovias do Brasil em fase de construção. No caso do Pará, existe uma restrição natural do canal de Quiriri, que impõe a limitação de entrada e saída no porte dos navios, limitando-os ao calado de 13,0 m, sem maré, ou seja, está praticamente no mesmo nível do porto de Santos.

Outro ponto que deve ser ressaltado é o fato de os portos públicos brasileiros serem atendidos por ferrovias. Alguns destes portos são Santos, Rio de Janeiro, Paranaguá, Porto Alegre, Rio Grande, Vitória, Salvador, Aracaju, Recife, Natal, Fortaleza, Itaqui.Contudo, as ferrovias que servem estes portos não estão integradas e os trechos existentes não conseguem conectar o país de norte a sul e leste a oeste. Além disso, a extensão disponível da malha é pequena em muitos portos.

Por outro lado, ao analisar o Plano de Aceleração do Crescimento – PAC é possível identificar que as novas obras previstas para o setor ferroviário não deverão aumentar o atendimento da ferroviária junto aos portos e os centros consumidores no curto prazo. Isso significa dizer que os portos brasileiros em sua maioria estão fadados a continuar recebendo cada vez mais caminhões transportando cargas em ambos os sentidos de importação e exportação.

Para complicar ainda mais a situação dos portos brasileiros, a questão ambiental tem cada vez mais relevância na discussão dos portos existentes e dos novos projetos de portos previstos para serem instalados no Brasil. Segundo o CONAMA, a atividade portuária é classificada como poluidora, sendo a principal fonte de poluição ambiental costeira em áreas urbanas (BAILEY e SOLOMON, 2004). Bailey et al. (2004) definem que os portos são as principais fontes de poluição do ar, criando no seu entorno uma camada de fumaça que gera impactos sobre a saúde e qualidade do ar urbano. Por isso, é uma atividade controlada e sujeita ao licenciamento ambiental (ANTAQ, 2011). Atualmente, no Brasil, o tempo mínimo para que um projeto portuário obtenha licenciamento é de aproximadamente 4 anos. É necessário passar por algumas etapas para adquirir a licença prévia e a licença de instalação para então iniciar a construção, que no mínimo deve demorar em torno de dois anos. Ou seja, para que um novo terminal entre em funcionamento no país o tempo mínimo é de aproximadamente 6 anos.

Com a mudança na antiga lei dos portos, pela Lei nº 12.815, que permite aos portos privativos movimentar cargas de terceiros, segundo a SEP, havia já 159 áreas passíveis de arrendamento portuário, considerando os já existentes e também novas solicitações de concessões.

No caso de novos terminais, corremos o risco de ter o litoral brasileiro invadido por diversos projetos de novos portos ao longo da costa. Deste modo, a pergunta principal é: o Brasil quer isso para seu litoral? A título de exemplo, somente na costa do Espírito Santo existem 8 projetos de novos empreendimentos marítimos/portuários ao longo da costa que tem extensão de 411 km, sendo Terminal Marítimo Itaoca, C-Port Brasil Logística Offshore, Porto de Águas Profundas, Terminal Industrial Imetame, Porto Central, Porto Norte Capixaba, ampliação de Portocel, Estaleiro Jurong, segundo o governo do Estado de Espírito Santo. Neste caso, não estamos considerando os portos e terminais já existentes, como o porto de Vitória, complexo de Tubarão e Porto de Ubu.

O mais interessante é que todos os novos projetos no ES não têm ferrovias desenvolvidas plenamente operacional que sirvam esses portos. Existem projetos para expansão da malha da EF-118 para conectar os portos dos litoral Capixaba e Norte Fluminense. Deste modo, fica mais uma pergunta: como a carga chega e sai desses projetos que estão sendo cotados de serem instalados na costa Capixaba? Este modo de fazer as coisas é muito semelhante com o que temos visto nos outros casos apresentados acima, não é mesmo?

Em relação ao número de pedidos de novos terminais na costa brasileira, fica a seguinte questão: será que foi realizado um estudo de demanda por estes *players*? Do ponto de vista de acessos logísticos, fica claro que não existem acessos de

CAPÍTULO 1

grande vazão para escoamento de carga, mas será que existirão cargas para serem movimentadas nestes terminais? Ou seja, diante de situações como estas, podemos questionar se temos um efetivo planejamento para resolver os gargalos portuários atuais e futuros diante da quantidade de pedidos junto à SEP.

Além disso, existe a própria questão logística envolvida na construção de terminais portuários que deve ser considerada nas fases de construção de qualquer porto no país. Dependendo da localidade pode existir maior oferta de material para construção do que outras. Por outro lado, cabe considerar que a oferta de áreas profundas ao longo da costa brasileira não é abundante e vai demandar, para grandes portos, que sua construção seja realizada em *offshore*.

Do ponto de vista ambiental e visual, isso deverá trazer forte impacto para a costa brasileira, o que de fato denota uma falta de planejamento na definição das áreas em que deveriam ser concentradas as construções portuárias no país. Um caso recente no país é no Porto Sul da Bahia, numa região localizada próximo a Ilhéus, onde um novo porto será construído numa região virgem, sendo que no seu entorno existem mais dois portos, Aratu e Salvador, que com pequena monta de investimentos em linha férrea e dragagem poderiam receber os navios que serão destinados ao Porto Sul. No entanto, optou-se por construir um terminal numa área virgem para degradar mais ainda o ambiente costeiro brasileiro, com a desculpa de ser uma região de águas mais profundas. Ou seja, a falta de planejamento no setor e nos gargalos da logística portuária brasileira tem gerado este tipo de situação caótica do ponto de vista ambiental.

Na minha opinião, o ideal seria o investimento na construção de portos e terminais nas áreas já existentes e degradadas para ser possível conservar as áreas que não foram afetadas pela operação portuária. Sendo assim, estamos diante de mais um gargalo nacional. A falta de um planejamento eficiente para alocação de portos no país deverá se agravar ainda mais nos próximos anos, devido à falta de infraestrutura em acessos. Para isso, nós temos que ter em mente que portos são mais que píeres e precisam de planejamento para serem viáveis do ponto de vista econômico, ambiental e social.

1.3 Rodovias

Desde 1934, por meio do Plano Geral Nacional de Viação promulgado durante o governo Getúlio Vargas, o governo brasileiro tem intensificado os investimentos no transporte rodoviário. Nesta época, a malha rodoviária brasileira era de pequena monta. De 1934 a 1940 a malha rodoviária brasileira já totalizava 35.574 km.

Ao longo dos anos, a malha rodoviária brasileira teve um crescimento vertiginoso e hoje soma aproximadamente 1.720.613,9 km, sendo que, apenas 213.192,4 é pavimentada, segundo o Departamento Nacional de Infraestrutura de Transportes – DNIT.

Por outro lado, o transporte rodoviário é responsável por 66% de todo o volume de carga transportado no país. Mais recentemente, os planos de aceleração de crescimento têm intensificado os investimentos na recuperação e construção de novas rodovias no Brasil.

Basicamente, esses incentivos focaram na região sudeste e centro-sul do país, onde as rodovias apresentam uma situação melhor em relação à região norte. Não é incomum nós assistirmos na televisão uma série de programas que mostram a realidade das rodovias brasileiras, principalmente na região norte/nordeste. Atualmente, uma parcela significativa do volume de cargas circula por esta região, que tem destino aos principais portos nordestinos. Com a expansão da fronteira agrícola do Brasil, o problema relacionado à qualidade das rodovias brasileiras se agrava. São inúmeros quilômetros de rodovias sem as condições mínimas de condução de veículos pesados. Nos períodos de chuvas, o transporte em muitos trechos praticamente para de funcionar.

Por outro lado, na região sul do Brasil, grande parte das rodovias estão privatizadas e apresentam condições melhores de manutenção e operação para os veículos pesados. A fragilidade do sistema rodoviário nordestino com certeza deverá ser um grande impedimento para a viabilização de inúmeros projetos de expansão de empresas do setor agropecuário que dependem deste modo de transporte. Obviamente, que não é uma decisão inteligente colocar de 37 a 50 toneladas de carga em caminhão e percorrer mais de 2.000 km para fazer com que as cargas cheguem aos pontos de transbordo ou portos para serem transferidas para os outros modos de transporte. Além do problema ambiental gerado pela emissão de uma enorme quantidade de CO_2, existem outros aspectos associados à segurança operacional dos veículos, qualidade de vida dos motoristas, que, por fim, vão refletir no custo de transporte por tonelada transportada.

Quando comparada às operações rodoviárias em países europeus que representam cerca de 75% do transporte de cargas, a principal diferença refere-se às distâncias percorridas pelos veículos. No Brasil, muitas operações de transporte que ocorrem oriundas da zona franca de Manaus envolvem a multimodalidade, tendo o modal rodoviário como forte integrador do transporte porta a ponta. No entanto, os caminhões basicamente cortam o país de norte a sul, transportando cargas que poderiam naturalmente ser transportadas pela navegação de cabotagem.

No entanto, historicamente, no Brasil, quando se fala em transporte de cargas, a primeira opção que se pensa é o transporte rodoviário. Deste modo, temos que considerar a questão histórica que ficou incutida na mente das pessoas, bem como a questão da oferta de outros modais de transporte para que a carga possa migrar, além das questões de impostos que impedem a diversificação da matriz de transporte, com a intensificação do modal rodoviário.

O desafio para o transporte rodoviário brasileiro será disponibilizar rodovias de qualidade em todo o país, de modo que as cargas possam migrar de norte a sul. Os investimentos previstos para o setor no plano de aceleração do crescimento somam 52 bilhões de reais para os próximos 25 anos para as rodovias federais brasileiras, conforme mostrado na Figura 1.1, a seguir.

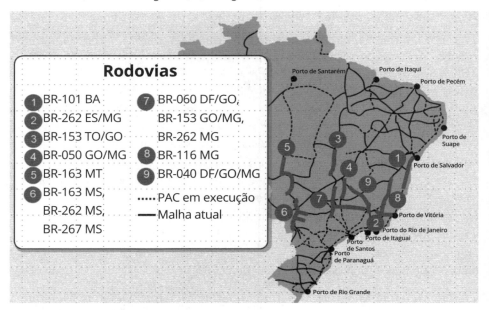

Fonte: Ministério dos Transportes.

Figura 1.1 Concentração dos investimentos rodoviários no Brasil segundo o PAC.

Podemos concluir, analisando o plano de investimento em transporte rodoviário brasileiro, que grande parte dos investimentos concentra-se na região centro-sul do Brasil. É óbvio que o transporte rodoviário brasileiro apresenta deficiências do ponto de vista de qualidade das estradas, segurança operacional, falta de sinalização, buracos, entre outros. O relatório da COPPEAD (2011) mostrou que 78% da malha de transporte rodoviária é péssima ou ruim, em termos de estado de conservação. Isso significa que, mesmo assim, nestas condições temos esse como o principal modo de transporte para as mercadorias brasileiras.

No entanto, choca-me observar que os projetos que estão sendo apresentados ao governo por empresas, principalmente do setor agropecuário, que têm expandido suas operações para o norte do Mato Grosso e Tocantins, não estejam sendo atendidos com esse plano de expansão da malha rodoviária. Isso pode ser um fator importante para a viabilização do transporte e de uma logística competitiva com o mercado internacional, devido às deficiências existentes nos modais de grande capacidade de transporte.

Creio que no curto prazo será necessário repensar a distribuição dos investimentos rodoviários e concentrá-los na região norte e nordeste para viabilizar projetos de ampliação da capacidade de escoamento de cargas agrícolas pelo norte, uma vez que a construção de ferrovias tende a ser mais lenta em relação às rodovias.

1.4 Ferrovias

O desenvolvimento do transporte ferroviário no Brasil foi marcado ao longo do tempo por uma série de problemas e decisões políticas desde a época do império até os dias atuais. A Agência Nacional dos Transportadores Ferroviários apresenta uma cronologia do desenvolvimento ferroviário, conforme listado abaixo:

- Fase I (1835 – 1873): durante a Regência e o Segundo Reinado, sendo observado o início da implantação de ferrovias no Brasil. O desenvolvimento desse sistema de transporte ocorreu de forma lenta, através de empresas essencialmente privadas;
- Fase II (1873 – 1889): abrangendo o Segundo Reinado e caracterizada por uma expansão acelerada da malha ferroviária, através de empreendedores privados, estimulados pelo instituto da garantia de juros;
- Fase III (1889 – 1930): englobando a República Velha, ainda sendo observada uma expansão acelerada da malha, porém com o estado sendo obrigado a assumir o controle de várias empresas em dificuldades financeiras;
- Fase IV (1930 – 1960): compreendendo a era Vargas e o pós-guerra, com o ritmo de expansão diminuindo e um amplo controle estatal das empresas antes privadas;
- Fase V (1960 – 1990): situada quase que inteiramente ao longo do período em que a nação foi governada por um regime militar, estando a malha consolidada em poucas empresas públicas, ocorrendo erradicação de ramais antieconômicos e implantação de projetos seletivos de caráter estratégico;
- Fase VI (1990 – ?): período da Nova República, marcado pela privatização de todo o sistema ferroviário nacional.

Se analisarmos cuidadosamente o plano de expansão do transporte de cargas brasileiro apresentado pelo Ministério dos Transportes e desenvolvido pelo DNIT, podemos perceber que desde o plano Rebelo de 1838 o transporte ferroviário já era visto como uma alternativa eficiente para se transportar cargas no Brasil. Dos planos apresentados desde esta data, destaca-se o Plano da Comissão de 1890, que, em minha opinião foi o projeto mais arrojado em termos de integração ferroviária nacional. Passados mais de 120 anos, nós podemos fazer uma comparação entre o planejado e o realizado, ou seja, o que temos realmente operacional no país, conforme mostrado na Figura 1.2, na Figura 1.3 e na Figura 1.4, a seguir.

Figura 1.2 Plano proposto de desenvolvimento ferroviário no Brasil em 1890 – DNIT.

Fonte: Ministério dos Transportes.

Figura 1.3 Situação das ferrovias nos dias atuais.

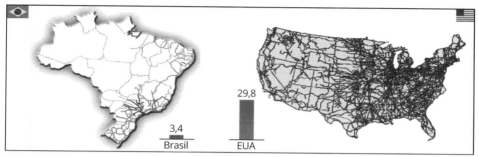

Fonte: COPPEAD (2011).

Figura 1.4   Comparação da malha ferroviária americana e brasileira.

É importante observar que as figuras falam por si. O plano de 1890 mostra que as ferrovias estariam integradas e conectadas com as hidrovias brasileiras, permitindo a integração entre os dois modais capazes de movimentar maiores quantidades de carga por viagem. Comparando ao que se pretende fazer atualmente, esse se mostra ainda mais completo e eficiente para uma utilização dos recursos país. Embora, o plano de aceleração do crescimento apresente que os investimentos em ferrovias no Brasil somam 92 bilhões de reais, os mesmos não são capazes de resolver o problema do transporte de cargas brasileiro. Isso significa dizer que mesmo depois de terem passado todos esses anos, os investimentos em ferrovia foram os mínimos possíveis e resultaram nos problemas e deficiências no transporte de cargas pelo modo ferroviário. Além disso, muitos dos trechos que estão sob concessão não apresentam condições operacionais eficientes, o que dificulta ainda mais o transporte. Mesmo o setor privado tem realizado pouco investimento nas ferrovias concessionadas, usando como desculpa que alguns trechos não são lucrativos. Isso tem levado a ações judiciais, como é o caso da ALL.

Já a Figura 1.4 compara a disponibilidade de infraestrutura no transporte ferroviário brasileiro e norte-americano. A partir dessa comparação, fica evidente a necessidade de aumento da nossa malha ferroviária para que se possa obter uma maior participação deste modal dentro da matriz de transporte brasileira. A falta de operações de malha de ferrovias semelhantes à estadunidense traz um impacto na capacidade de transporte do país quando se fala em transporte de cargas e passageiros.

Na realidade, as ferrovias que têm melhores desempenhos operacionais são as ferrovias operadas pela Vale para o transporte de minério ferro, sendo elas a Vitória-Minas e Estrada de ferro Carajás. Estas ferrovias apresentam linhas em ótimas condições de operação, permitindo que os trens circulem em velocidades de até 80 km/h, com lotes somando uma capacidade de transportar até 33.000t/viagem.

A deficiência do transporte ferroviário brasileiro obriga as empresas a utilizarem do modal rodoviário e muitas vezes do hidroviário, por não terem outra opção para transportar suas cargas. Um exemplo disso é o que ocorre em Corumbá, no Mato Grosso do Sul, em que o transporte de minério de ferro ocorre pela hidrovia Paraguai-Paraná devido à falta de opção ferroviária.

Desse modo, o minério demora aproximadamente 20 dias para ser transportado até os portos da Argentina, onde são descarregados e armazenados para depois serem transferidos para navios oceânicos. Se a ferrovia existente concedida à ALL estivesse em plena condição de funcionamento, o minério poderia ser transportado de MS para os portos do Rio de Janeiro, Santos ou Vitória, em função das conexões ferroviárias existentes num prazo de apenas dois dias. São problemas dessa natureza que poderiam ser evitados caso o plano da comissão de 1890 tivesse sido realmente implementado no Brasil.

Cabe salientar que naquela época não existiriam os empecilhos existentes atualmente em relação às licenças ambientais, bem como a ocupação do território, que gera entraves para implementar novos projetos de infraestrutura no país.

Dos projetos ferroviários que estão em andamento, posso comentar que a demora da conclusão da ferrovia norte-sul tem levado o Brasil a pagar um preço alto sobre os custos de frete por tonelada transportada. Contudo, o que mais impressiona é o projeto da ferrovia oeste-leste. Uma simples análise da matriz de cargas proposta para o projeto de construção do Porto Sul, que motivou a construção desta ferrovia, mostra que 95% das cargas previstas para serem operadas neste porto são oriundas da empresa Bamin (Bahia Mineração), que é o minério de ferro. O restante das cargas previstas deverá ser, em sua maioria, de cargas de importação. Mas o governo brasileiro vai realizar um investimento de 6 bilhões de reais para construir um trecho da ferrovia que será dedicada ao transporte de cargas de uma empresa privada, sendo que a cerca de 70 km da cidade de Caeteté existe o trecho da ferrovia Centro-Atlântica, que a liga ao porto de Aratu, Salvador e Ilhéus.

Desse modo, podemos até questionar como é feito o planejamento do governo para priorização dos investimentos no setor. Por exemplo, com a expansão da fronteira agrícola brasileira para a região norte do país, não conseguimos ver um movimento de expansão da malha ferrovia para atender a esse setor, visando escoamento pelos portos da região. Uma opção deveria ser priorizar a Ferrogrão. Os investimentos demonstrados ainda buscam priorizar o escoamento das cargas pelos portos do sul que já estão engargalados. Ou seja, a fronteira agrícola avança para o norte e os investimentos são canalizados para atender a infraestrutura existente no sudeste.

1.5 Hidrovias

O Brasil é privilegiado quando comparado a outros países do mundo em termos de potencial hidroviário. Existem diversos rios naturais com profundidade e largura suficientes para que seja implementado um transporte de cargas eficiente e barato.

Por outro lado, os rios que não apresentam condições físicas naturais suficientes para garantir a navegabilidade necessitam de algumas intervenções a fim de garantir os requisitos mínimos para a navegação. Desse modo, os principais rios com potencial de transporte estão apresentados na Figura 1.5.

Observa-se nela que a Bacia Amazônica é a que apresenta a maior quantidade de rios conectados, cobrindo uma grande extensão territorial. Por outro lado, mesmo com todas essas possibilidades, não existe uma conexão hidroviária entre o Norte e o Sul do país, muito embora haja potencial para isso. A única restrição para a integração total dos rios da América do Sul é a falta de uma conexão entre o Rio Guaporé com o Rio Paraguai, que poderia ser vencida caso fosse construído um canal artificial que ligasse os dois rios, além de algumas obras de infraestrutura para torná-los navegáveis no trecho em questão. Desse modo, existiria uma conexão completa que se iniciaria na Venezuela e terminaria no Uruguai, junto à Bacia do Prata, formando um grande corredor hidroviário sul-americano.

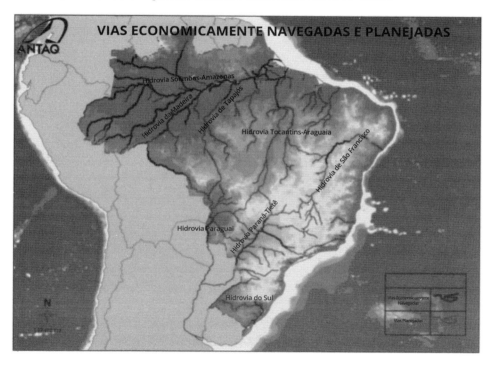

Fonte: Antaq.

Figura 1.5 Principais rios com potencial navegável.

A importância dos rios dentro do conceito de cadeia de suprimento e logística de transporte refere-se à questão do custo e da eficiência de transporte. Seu emprego se justifica sempre quando há grandes distâncias a serem vencidas e grandes volumes de carga para serem transportados. Isso se deve ao fato de o transporte fluvial ser mais lento em relação ao transporte rodoviário; porém, o lote (quantidade) transportado em uma só viagem é centena de vezes maior que a capacidade de um caminhão. Essa relação de distância e capacidade de carga transportada tende a reduzir os custos do transporte quando comparado a outros modais existentes. Contudo, não se pode esquecer que o transporte hidroviário é apenas um elo da cadeia logística e não consegue trabalhar isoladamente.

Embora o Brasil tenha à disposição aproximadamente 41.000 km de rios, sendo apenas 12.000 km plenamente navegáveis, nós podemos observar que os investimentos realizados ao longo do tempo não foram suficientes para construir as artérias fluviais previstas no Plano Moraes de 1869. Nesse plano, o rio Tapajós, Madeira e Mármore seriam totalmente navegáveis e interligados a outros rios brasileiros formando uma grande rede de escoamentos sobre as vias aquáticas. O mais interessante é comparar a situação atual com os investimentos previstos para a melhoria das hidrovias brasileiras, com o desenvolvimento efetivo ao longo dos anos, com o projeto apresentado pelo Plano Moraes de 1869, mostrados na Figura 1.6 e na Figura 1.7.

Fonte: DNIT.

Figura 1.6   Plano Moraes de 1869.

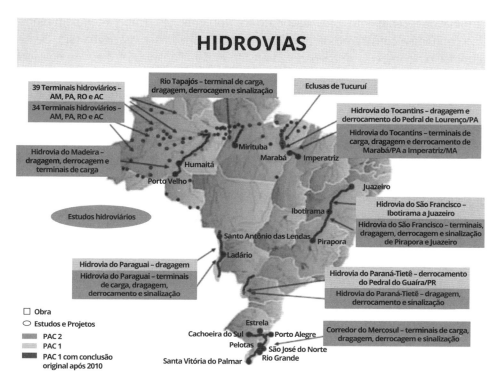

Fonte: Ministério dos Transportes.

Figura 1.7 Investimentos em hidrovias previsto no PAC.

Nota-se claramente que os investimentos realizados ao longo de mais 100 anos não permitiram que nós tivéssemos a plena utilização dos rios, proposto no Plano Moraes de 1869. A Usina de Itaipu construída sem eclusas, por exemplo, não permite que os comboios vençam a barragem que existe ao longo do rio Paraná. O rio Tapajós até hoje não é navegável, sendo uma ótima opção para o transporte dos produtos agrícolas produzidos no estado do Mato Grosso.

Contudo, atualmente, no Brasil, existem diversos projetos hidroviários em andamento visando ampliar o uso dos rios como vias de transportes. Muitas empresas perceberam que os rios podem trazer ganhos econômicos em relação ao transporte rodoviário. Um dos projetos mais notórios é o transporte de álcool pela Hidrovia Tietê-Paraná, que está sendo implementado pela Petrobras Transporte S.A. (Transpetro), subsidiária integral da Petrobras, que opera por meio dos segmentos de dutos e terminais, transporte marítimo e hidroviário, além de gás natural. Inicialmente, serão 80 barcaças com capacidade de aproximadamente 1.600 t e 20 empurradores fluviais transportando álcool pela hidrovia. O álcool deverá ser coletado pelos comboios em terminais específicos ao longo da hidrovia e transportado até um

CAPÍTULO 1

terminal de recebimento, provavelmente em Anhembi (SP), embora também tenha sido cogitada a construção de terminais na região próxima a Piracicaba (SP). Desse terminal, o álcool será armazenado e transferido para Paulínia (SP) e depois enviado para os terminais de distribuição e exportação.

Essa mesma hidrovia é utilizada eficientemente pela Cosan para o transporte de cana-de-açúcar das fazendas até a usina de Barra Bonita (SP), além de outras empresas utilizarem a via para o transporte de grãos oriundos de Goiás. O transporte por esta hidrovia só é possível em função das 10 barragens construídas ao longo de sua extensão, que visam garantir a geração de energia, por ter a profundidade mínima necessária de três metros para que ocorra o transporte fluvial, e devido às oito eclusas projetadas para vencer os desníveis no rio causados pelas barragens.

No entanto, ainda existem trechos da montante de Barra Bonita que são altamente sinuosos e que podem induzir uma redução da velocidade dos comboios neste trecho. Devido à existência das barragens com eclusas, o transporte fluvial pode ser efetuado durante todo o ano. Porém, existem ainda algumas restrições a serem vencidas em relação às obras existentes ao longo da hidrovia. Por exemplo, há várias pontes ao longo do Rio Tietê que foram abalroadas diversas vezes durante as décadas de 1990 e 2000.

Para solucionar esse problema, foram desenvolvidos protetores de pilares que hoje garantem a segurança em grande parte das pontes da hidrovia. Somente a ponte SP 255 ainda não dispõe de protetores de pilar. Contudo, embora os comboios permitidos para trafegar na hidrovia tenham formação 2 x 2 (quatro chatas, sendo duas a duas, lado a lado), durante as passagens pelas eclusas é necessário que sejam desmembradas para a formação 2 x 1, conforme mostrado na Figura 1.8.

Fonte: Departamento Hidroviário de São Paulo.

Figura 1.8 Trechos de desmembramento dos comboios ao longo da Hidrovia Tietê-Paraná.

As eclusas operam praticamente sem paralisações durante 11 meses ao ano, sendo janeiro reservado para a manutenção preventiva, que ocorre a cada dois anos. As eclusas atuais operam com cinco ou seis eclusagens/dia e isso será aumentado para 20 ou 22 eclusagens/dia, considerando o aumento da demanda de etanol. Cabe salientar que isso será impulsionado caso o projeto de transporte de etanol pela hidrovia previsto pela Transpetro entre em vigor.

Nesse caso, deverá ocorrer um aumento de necessidade de manutenção do sistema, com aumento do pessoal disponível para manutenção corretiva. Além disso, a manutenção preventiva deverá ser anual e, por certo, ocupará menor número de dias (vai depender das diretrizes do Departamento Hidroviário). Esse deve ser um ponto de atenção para os administradores e operadores desta hidrovia, pois o aumento do tráfego poderá gerar filas nas eclusas para as travessias das embarcações.

A título de exemplo, foram consideradas duas situações para mostrar o efeito no tempo de viagem dos comboios em função do tempo de eclusagem associado à formação dos comboios durante a passagem pelas eclusas, tendo sido utilizado um modelo de simulação estocástica por eventos discretos. Considerou-se o trecho de Araçatuba (SP) até Anhembi (SP), com extensão aproximada de 420 km, operação 2 x 2 (eclusagem sem desmembramento): 40 horas de viagem + 11 horas de eclusas e pontes = 51 horas/trecho; operação 2 x 1 (eclusagem com desmembramento): 40 horas de viagem + 40 horas de eclusas e pontes = 80 horas/trecho. Isso mostra que os tempos de manobras e eclusagem têm um efeito significativo no tempo de ciclo dos comboios neste trecho. Assim, com o aumento do tráfego e do volume de carga transportada, uma alternativa interessante seria aumentar a largura das eclusas para que fosse feita apenas uma eclusagem em cada barragem pelo comboio.

Na prática atual, os comboios precisam desmembrar à jusante da barragem, fazer a primeira travessia e fundear as barcaças à montante antes de o empurrador retornar sozinho para recolher as barcaças deixadas à jusante. Depois, elas passam pelas eclusas e são montadas novamente no comboio para seguir viagem. Com uma eclusa de maior capacidade, essas manobras adicionais desaparecerão.

A Vale, após a aquisição da Rio Tinto, tem uma operação de transporte de minério de ferro pela Hidrovia Paraguai-Paraná. Recentemente, foi anunciado que a Hidrovias do Brasil assinou um contrato com a Vale para realizar o transporte de 3,25 milhões de toneladas de minério anualmente. Esta hidrovia é internacional, pois corta quatro países e é caracterizada como uma via navegável natural, ou seja, não existem intervenções causadas pelo homem para retificação ao longo de sua extensão. Neste sentido, é uma via que apresenta uma grande variabilidade do nível da água ao longo do ano, o que muitas vezes pode comprometer a capacidade de transporte dos comboios. Para ilustrar esse ponto, a Figura 1.9 apresenta as cotas de nível de água na régua de Ladário, em Corumbá (MS), onde está instalada grande parte dos terminais fluviais.

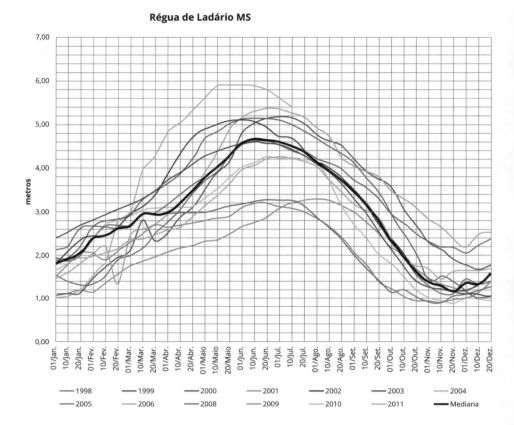

Fonte: Marinha do Brasil.

Figura 1.9   Regime Hidrológico – Ladário (1998-2011).

Foram instalados pela Marinha do Brasil alguns pontos de verificação do nível d'água ao longo do trecho brasileiro. A partir dessas réguas são feitas as medições de nível que são disponibilizadas diariamente no website da Marinha. Essa análise é primordial para determinar o calado máximo permitido das embarcações que transportam carga na hidrovia em função da sua profundidade.

Conhecer esse comportamento da via é muito importante para a elaboração de qualquer projeto de transporte. Além disso, essa restrição de profundidade durante algumas épocas do ano, que pode chegar a até três meses, gera dificuldades no dimensionamento de pátios de estocagem e frota, uma vez que a capacidade de transporte é afetada pelo nível do rio.

Por exemplo, em águas altas deve-se aproveitar ao máximo a capacidade de transporte que a via oferecer, enquanto que, durante o período de seca, as manobras com os comboios ficam mais complicadas, obrigando o timoneiro dos mesmos a reduzir a velocidade. Acentuam-se também os riscos de colisões e encalhes que comprometem o tempo de ciclo dos comboios.

Outro exemplo: um comboio jumbo com capacidade de 50.000 t apresenta um tempo médio de navegação de ida e volta de Corumbá até Nova Palmira (Uruguai) de aproximadamente 30 dias. As produtividades associadas à carga e descarga são, em média, de 1.000 e 600 t por hora, respectivamente. Incluindo os tempos de carga e descarga dos comboios mais uma provável fila no porto de descarga, estimada em torno de 2,5 dias, o tempo médio de ciclo do comboio é de 39 dias.

Assim, basicamente, um comboio respeitando as velocidades médias possíveis de serem atingidas durante os períodos de baixa e cheia do rio conseguiria realizar em torno de nove viagens por ano. Com isso, muitas vezes é necessário incluir na frota mais comboios fluviais para suprir a demanda de transporte. Já na região Norte do país, a Hermasa tem uma grande operação de transporte de grãos pelo Rio Madeira. A empresa dispõe de armazéns, porto flutuante, frota de comboios e uma indústria para beneficiamento de óleo de soja. Esta também é uma hidrovia natural e sofre o efeito da variação dos níveis d'água ao longo do ano, conforme ilustrado na Figura 1.10.

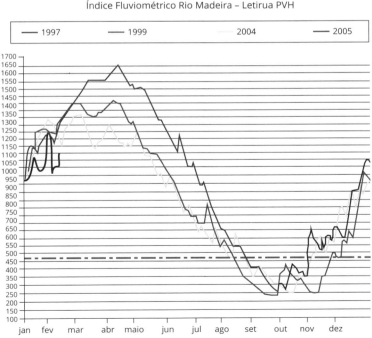

Fonte: Hermasa.

Figura 1.10 Variação do nível d'água do Rio Madeira.

Comportamento análogo à variação dos níveis d'água ocorre com a Hidrovia do Tocantins-Araguaia, a qual, recentemente, a Vale também cogitou utilizar para o transporte e recebimento de insumos e produtos siderúrgicos da Alumínios do Pará – Alpa, mas que até o presente momento não é possível afirmar se a operação será viabilizada. Além da restrição de nível d'água, existe o problema do pedral, que é um conjunto de rochas e pedras que fica a aproximadamente 40 km a montante de Marabá (PA). Essa restrição física da hidrovia tem sido um empecilho para o desenvolvimento de um transporte fluvial pleno na região. Nos períodos de baixa do rio, a capacidade de transporte dos comboios é afetada significativamente. Na condição de navegação plena, os comboios têm formação 3 x 3, com capacidade média de 18.000 t. Durante o período de seca, a capacidade de carga dos comboios pode ser reduzida em até 50% para o trecho restrito. Além disso, na chegada ao pedral, os comboios precisam ser desmembrados, ou seja, precisam mudar sua composição para 3 x 2.

Nesse caso, durante essa operação, as barcaças que não descem o rio são amarradas na barranca ou em algum ponto de fundeio e precisam aguardar até que um próximo comboio chegue e seja também desmembrado, formando um comboio menor para seguir até o destino em Marabá. No sentido contrário também se mantém a mesma premissa. Para que o transporte fluvial seja implementado plenamente ao longo do trecho da Hidrovia do Tocantins-Araguaia existe a necessidade de obras de conclusão de eclusas como, por exemplo, a de Estreito, bem como de retificação nos trechos críticos, além de vencer as corredeiras de Santa Isabel, conforme ilustrado na Figura 1.11.

Ainda, na região Norte tem sido também cogitado o desenvolvimento de um sistema de transporte pelo Rio Tapajós entre os trechos Itaituba e Vila do Conde (PA). Essa hidrovia também é natural e tem um elevado potencial para transporte de cargas produzidas, sobretudo, no Mato Grosso, podendo receber comboios com capacidade de 20.000 t com formação 4 x 3. Contudo, a via também sofre grande influência das variações hidrológicas que afetam os rios de corrente livre. Ademais, existem também restrições à navegação nos trechos da travessia do Amorim e Ilha da Itapaiúna, Ilha do Barranco do Navio e Ponte do Monte Cristo, que exigem maior atenção e redução de velocidade dos comboios, além de riscos associados aos encalhes e às chuvas, que reduzem a visibilidade em alguns trechos no baixo Amazonas e baixo Tapajós, colocando em risco a operação das embarcações fluviais.

Cabe salientar que o PAC Hidroviário visa melhorar os problemas encontrados nos principais corredores hidroviários do Brasil. Estão previstas obras de derrocamento, dragagem, construção de terminais e eclusas, sinalização e melhoria das condições de navegabilidade das vias. Os investimentos nas hidrovias totalizam aproximadamente apenas 2 Bilhões de reais. Mesmo diante destes investimentos que são insuficientes para resolver os problemas das barragens sem eclusas em diversos rios brasileiros, podemos verificar que o modal hidroviário ainda é renegado do ponto de vista de investimentos para permitir sua real utilização no Brasil. Os Estados Unidos deveriam ser nosso maior exemplo na exploração eficiente das hidrovias para escoamento de cargas, porém ainda carecemos de investimentos coerentes de modo a permitir o pleno desenvolvimento hidroviário brasileiro.

Fonte: Ministério dos Transportes.

Figura 1.11   Trechos navegáveis nos rios Araguaia e Tocantins.

Além disso, não podemos esquecer que os rios amazônicos que poderiam servir de artérias eficientes para o transporte hidroviário para os portos do nordeste tiveram suas margens inclusas nas áreas de proteção integral e reservas indígenas. Se considerarmos as áreas apresentadas nos mapas de proteção integral da região amazônica, a exploração fluvial da região para o transporte de cargas está limitada aos rios existentes atualmente, como Madeira, a partir de Porto Velho, e Tapajós, a partir de Miritituba. Desse modo, para uma rica discussão da necessidade de crescimento da utilização da malha hidroviária nacional, existe primeiro a necessidade de desmitificar os impactos negativos causados pelo transporte fluvial. Segundo, é necessário incluir os rios dentro da agenda de alternativas de transporte nacional. Terceira, perceber que as hidrovias são uma alternativa de transporte barata e eficiente disponível no Brasil e pouco utilizada.

1.6 Desafios para uma logística mais eficiente

Após o exposto anteriormente, podemos concluir que os gargalos logísticos brasileiros estão presentes em todas as alternativas de transporte de cargas de grandes volumes. Mesmo sendo o rodoviário o modo de transporte mais utilizado, a evolução do sistema rodoviário está aquém do desejado pela sociedade brasileira. A quantidade de quilômetros estipulado no PAC-2 mostra uma taxa de crescimento maior que o histórico de 1995 a 2010, em documentos públicos divulgados pelo governo.

As ações do PAC-2 mostradas nos relatórios oficiais não mostram tendências integradoras da malha nacional e sim soluções pontuais nas regiões do Brasil. Além disso, a baixa taxa de pavimentação do país, com apenas 12% das rodovias asfaltadas, demonstra a fragilidade desse modo de transporte.

Por outro lado, as ferrovias no Brasil nunca sofreram tanto com falta de investimentos quanto nos últimos 30 anos. A título de exemplo, na China a extensão das ferrovias era 51.700 km em 1978 e 78 mil km em 2007, com previsão de 120 mil km em 2020. No Brasil, na década de 1980 tínhamos 26.659 km e, atualmente, 28.168 km, ou seja, não houve expansão do setor ferroviário brasileiro no período nos últimos anos, o que coloca dúvidas se no futuro serão alcançados os 35.000 km (2015), que estavam previstos nos planos governamentais.

Em relação às hidrovias, não houve expansão do setor hidroviário brasileiro nos últimos anos, do ponto de vista de aumento da oferta de novas vias para navegação. Obras foram realizadas, como, por exemplo, a finalização das eclusas de Tucuruí, mas a hidrovia ainda tem restrições para sua completa utilização (Pedral de Marabá), bem como o número de eclusagens disponíveis diariamente.

Sobre os portos, existe uma escassez de novas áreas para concessão dentro dos portos organizados. Basicamente, das 160 novas localizações candidatas para concessão, estas encontram-se dentro dos portos existentes.

Diferentemente dos outros setores apresentados, vimos a implantação de novos terminais privativos nos últimos anos, tais como Portonave (SC), Itapoá (SC), Embraport (SP), BTP (SP), Porto Açu (RJ), Porto do Sudeste (RJ), Porto Sul (BA) e os terminais de Vila do Conde e Mirituba, entre outros.

Nos últimos anos, tivemos uma intensa discussão no setor a respeito de carga própria x carga de terceiros e atrasos na autorização de novos empreendimentos, que acabou resultando na Lei nº 12.815 em 2013. Por outro lado, observamos que a discussão sobre portos no Brasil ainda está muito aquém de países como Japão, que, em 1983, tinha mais de 150 Major Ports registrados em seu litoral. Assim, haverá necessidade de mais portos/terminais para acompanhar qualquer crescimento que o país observar, porém com o devido planejamento e cuidados na seleção de áreas de expansão. A exemplo, a tentativa do governo de concessionar áreas portuárias no Pará não teve êxito em 2016. O setor parece atrativo para os investidores, o que talvez explique a grande quantidade de terminais privativos surgindo na costa brasileira, como exemplo mostrado na costa do Espírito Santo.

Por outro lado, não podemos nos esquecer da questão ambiental, o Brasil deve avaliar a expansão dos portos atuais e partir para novas áreas quando os anteriores estiverem esgotados. Assim, para que o país possa ter uma logística de transporte eficiente, deverá vencer os principais gargalos que impedem seu crescimento, tais como os aspectos políticos, investimentos prioritários, as barreiras ambientais e as questões econômicas que norteiam o crescimento do país.

Além disso, deverá também ter uma política com visão integradora. Não podemos mais aceitar que os planejamentos em infraestrutura de transporte sejam desenvolvidos de maneira estanque. Não podemos mais cometer erros, como é o caso de Itaipu, em que se constrói uma barragem, mas não se constroem as eclusas para permitir o uso múltiplo das águas. Ou, da mesma forma que ocorreu com o porto do Açu (terminal privativo que contou com recursos do BNDES), em que se constrói a infraestrutura de cais e retroárea, sem a certeza de acesso rodoviário e ferroviário para o porto com a devida qualidade esperada. É necessário que as decisões sejam tomadas em conjunto, envolvendo os diversos atores que fazem parte do processo de transporte. Somente assim, os projetos de desenvolvimento no país terão sentido, e o foco deverá ser de maneira a permitir um desenvolvimento sustentável para o sistema de transporte brasileiro.

REFERÊNCIAS

Agência Nacional do Transporte Aquaviário – ANTAQ. O Porto Verde. Modelo ambiental portuário. Brasília. 2011. Disponível em: <http://www.antaq.gov.br/Portal/pdf/PortoVerde.pdf>. Acesso em: 10 abr. 2012.

BAILEY, D.; SOLOMON, G. Pollution prevention at ports: clearing the air. *Environmental Impact Assessment Review*, 2004.

BAILEY, D. T. P.; SOLOMON, G. M.; CAMPBELL, T. R.; FEUER, G. R.; MASTERS, J. B. T. *Harboring pollution*. Strategies to Clean Up U.S. Ports. Natural Resources Defense Council (p. 85). California. 2004.

Resolução no 237, de 19 de dezembro de 1997 – Dispõe sobre a revisão e complementação dos procedimentos e critérios utilizados para o licenciamento ambiental.

COPPEAD. Transporte de Cargas no Brasil, 2011.

MERK, O.; DANG, T. Efficiency of world ports in container and bulk cargo (oil, coal, ores and grain). *OECD Regional Development Working Papers*, OECD, 2012.

RODRIGUE, Jean-Paul; Notteboom, Theo. Dry ports in European and North American intermodal rail systems: Two of a kind? *Research in Transportation Business & Management* 5, 2012.

2

FINANCIAMENTO A PROJETOS DE INFRAESTRUTURA NO BRASIL

Tiago Toledo Ferreira
Daniel Bregman

2.1 Introdução

A melhoria da infraestrutura é um desafio a ser enfrentado pelo Brasil. As deficiências redundam em sobrecustos que afetam a competitividade dos bens e serviços produzidos no País. Esse cenário é capturado pelo *The Global Competitiveness Index* divulgado pelo Fórum Econômico Mundial, no qual o Brasil ocupa a 76ª posição no quesito infraestrutura. No mesmo *ranking*, África do Sul, China, Índia e Rússia ocupam as 60ª, 46ª, 87ª e 39ª posições, respectivamente. A necessidade de aumentar os investimentos é reconhecida pelo setor público, que anunciou diversas medidas, desde a concessão de incentivos tributários aos investidores à formatação de programas setoriais, como o Programa de Investimentos em Logística (PIL). Em BNDES (2014), foram mapeados investimentos da ordem de R$ 598 bilhões no quadriênio 2015-2018, um montante 30,8% superior ao do período 2010-2013.

Desde a reforma setorial implementada na década de 1990, que ampliou a participação de agentes privados, parcela considerável do investimento em infraestrutura é independente da restrição orçamentária do setor público, estando relacionada à capacidade de mobilização de recursos pelos detentores dos direitos de exploração dos serviços. Segundo a base de dados de participação privada em projetos de infraestrutura do Banco Mundial (PPI), os investimentos que contaram com algum envolvimento de agentes privados passaram de US$ 544 milhões em 1994 para US$ 34 bilhões em 2013, após apresentarem um pico de US$ 70 bilhões no ano anterior.

O grande volume de recursos necessários e os elevados riscos motivaram a busca por estruturações alternativas para o financiamento dos projetos. Nesse contexto, o *project finance* emergiu como uma das mais promissoras, apesar de apresentar custos de transação superiores aos do financiamento tradicional, corporativo. Simplificadamente, o *project finance* consiste no isolamento do projeto em uma unidade econômica autônoma, a partir da qual todas as decisões econômico-financeiras são tomadas.

Nessa estrutura, a viabilização financeira do projeto passa a depender das fontes de recursos. Além do financiamento tradicional, concedido pelo BNDES, os projetos contam com novas fontes de recursos, como os mercados de capitais.

O principal objetivo deste trabalho é avaliar o financiamento de projetos de infraestrutura sob a modalidade do *project finance*. Ele está estruturado em seis seções, incluindo esta, introdutória. Na seção seguinte, o tema investimento em infraestrutura no Brasil é contextualizado. Em seguida, a modalidade *project finance* é apresentada e as suas características econômicas são discutidas. Conhecidas as restrições e limites ao financiamento de projetos, as fontes de recursos são apresentadas. Por fim, na conclusão, são retomados temas debatidos no trabalho e apresentados os desafios para a alavancagem do financiamento ao setor de infraestrutura no Brasil.

34   CAPÍTULO 1

2.2   Financiamento de projetos de infraestrutura

Na década de 1980, após longo período de gestão estatal, quando ocorreu a massificação dos serviços de infraestrutura, o modelo para exploração dos ativos setoriais apresentou indícios de esgotamento. Até aquele momento, além do orçamento público, os recursos provinham da cobrança de tarifas aos usuários e da captação de recursos no mercado. Contudo, a crise do início da década de 1980 atingiu fortemente o setor. A contenção de tarifas, o aumento dos passivos externos – pressionados pelas desvalorizações e o aumento dos juros – e a redução dos recursos públicos afetaram as condições operacionais das empresas e órgãos responsáveis pela oferta de infraestrutura.

A incapacidade de expansão dos serviços na velocidade demandada e a deterioração da qualidade foram atribuídas às falhas de gestão, à falta de competição e à insuficiência de recursos financeiros, decorrente das crises fiscais enfrentadas por diversos países e da incapacidade de autofinanciamento dos ativos setoriais.

A alternativa política dominante foi promover uma reforma setorial, integrante de um conjunto de transformações estruturais, que visava ao desenvolvimento de mercados por meio da maior liberdade de atuação e participação de agentes privados, da ampliação da competição e da menor interferência sobre os preços. Acreditava-se que a elevada ingerência estatal era responsável por ineficiências que, em última instância, reduziam o dinamismo da economia. Além do setor de infraestrutura, as reformas no ambiente econômico atingiram diversas atividades, como indústria, comércio exterior e sistema financeiro.

Para além da participação privada no setor, a reforma visava à constituição de um ambiente jurídico-institucional que introduzisse pressões competitivas e a operação eficiente dos ativos. O setor público manteria suas funções de formulação de políticas públicas e regulamentação setorial. A gestão ficaria a cargo de empresas detentoras de licenças para operação dos serviços, obtidas por meio de processos competitivos, cuja prestação de serviços seria acompanhada por agências reguladoras setoriais, a fim de assegurar o interesse público.

Apesar da dificuldade em demarcar o início do processo, a Lei de Concessões (Lei nº 8.987/1995) pode ser considerada um marco fundamental da reforma no Brasil, por regulamentar o artigo 175 da Constituição Federal, autorizando concessionárias privadas a operarem serviços públicos. Na segunda metade da década de 1990, os segmentos de transporte, energia e telecomunicações sofreram profundas mudanças, que abrangeram novos marcos setoriais e o ingresso de operadores privados.

A reforma reforçou a independência entre os recursos fiscais e os investimentos, principalmente em função da significativa expansão da participação privada na exploração dos ativos setoriais. Além do autofinanciamento, decorrente de tarifas cobradas aos usuários dos serviços, as empresas detentoras dos direitos de exploração da infraestrutura passam a buscar formas alternativas de financiamento.

A combinação de elevados volumes de recursos financeiros, especificidade dos ativos e longo prazo de maturação dos investimentos demandam a estruturação de operações especiais para o setor de infraestrutura. Esse cenário impõe desafios, que envolvem o desenvolvimento de mercado de capitais e a atração de investidores, o que fomentaria o mercado de dívida privada no setor, induzindo um ciclo expansionista do investimento setorial.

Na estruturação da operação de crédito a adoção da modalidade *project finance* é crescente. A principal distinção em relação ao financiamento tradicional é a separação do projeto em uma unidade econômica legalmente autônoma, a partir da qual as avaliações e decisões serão realizadas.

2.3 Características do *project finance*

A operação de *project finance* é sustentada por uma extensa rede de relações contratuais que abarca diversos aspectos do projeto, facilitando a distribuição de riscos entre os agentes envolvidos no projeto. Uma sociedade de propósito específico (SPE) é criada para separar os ativos do projeto dos demais ativos dos *sponsors*. A representação esquemática básica do *project finance* é apresentada na Figura 2.1, a seguir:

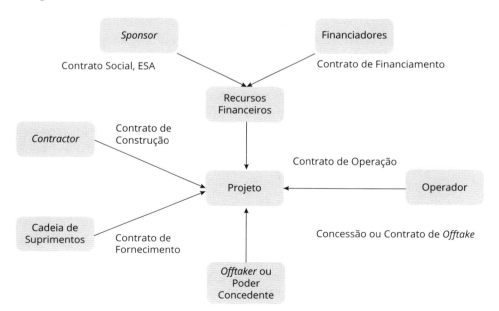

Figura 2.1 *Project finance* – representação básica.

36   CAPÍTULO 1

- **Sponsors**: responsáveis pelo início do projeto, geralmente se organizam em consórcios, são os proprietários da SPE. Além do suporte ao início das operações, podem prover recursos humanos, recursos financeiros ou fornecer garantias adicionais aos demais participantes do projeto.
- **Financiadores**: os provedores de crédito. Em projetos demandantes de muitos recursos ou de elevado nível de risco, há a atuação de diversos agentes, com múltiplos instrumentos de financiamento. Eles podem exigir garantias adicionais, como Fiança Corporativa dos *Sponsors* ou ESA.[1]
- **Contractor**: responsável pela implantação do projeto, a principal destinação dos recursos levantados. Ultimamente, contratos do tipo Engineering, Procurement and Construction (EPC) são os mais difundidos, apesar de frequentemente apresentarem valores superiores aos dos orçamentos dos contatos segregados. As mitigações dos riscos de sobrecustos e de atrasos na entrega são os atrativos dessa modalidade de contrato.
- **Operador**: mesmo quando a SPE não delega a operação a uma terceira parte, pode ser firmado um contrato de operação e manutenção (O&M), que mitiga a percepção de risco pelos credores, em função da maior previsibilidade acerca dos custos do projeto. Usualmente, os contratos são de três tipos: preço fixo, custo mais prêmio ou remuneração por performance.
- **Cadeia de Suprimentos**: os supridores de matéria-prima são fundamentais para a operação do projeto. Em determinados casos, com a finalidade de mitigar riscos associados à capacidade de fornecimento ou ao custo de produção, são firmados contratos de fornecimento de longo prazo do tipo *supply-or-pay*,[2] com quantidades mínimas e máximas.
- **Offtaker ou Poder Concedente**: tipicamente, contratos de *offtake* são acordos de longo prazo, nos quais uma parte se compromete a adquirir a produção em condições especificadas (quantidade e preço, principalmente). Em projetos de prestação de serviço público, a licença de operação assume o papel do *offtaker*, no sentido de que o poder público concede o direito de vender a produção do projeto.

O sucesso do projeto depende do esforço conjunto. A correta alocação dos riscos, o desenho dos incentivos adequados e a coordenação das partes são os

---

[1] ESA é a sigla para contratos do tipo *Equity Support Agreement*, que representa um compromisso de contribuição com capital próprio para o cumprimento de determinadas obrigações da SPE, como, por exemplo, pagamento de outorgas ou sobrecustos do projeto.

[2] Nos contratos de *supply-or-pay* os supridores de matéria-prima se comprometem a garantir o fornecimento por determinado período a um preço preestabelecido. Caso o fornecimento não seja realizado, os supridores são obrigados a arcar com os custos do fornecimento alternativo.

objetivos da rede contratual estabelecida no projeto. Simplificadamente, a operação de *project finance* é dividida em duas etapas:

- **Construção**: elaboração e execução do projeto. Nela, os principais riscos são de construção (prazo, custo e qualidade), tecnológico e ambiental.
- **Operação**: após a conclusão do projeto, o principal risco passa a ser o de frustração da receita esperada. Ademais, aspectos ambientais, os custos de operação e o fornecimento de insumos representam riscos ao projeto.

A rede de contratos é crucial por estabelecer relações de longo prazo que assegurem o fornecimento de insumos ou a venda dos bens e, conjuntamente com o pacote de seguros e garantias, distribuir e mitigar os riscos do projeto, alocando-os nos agentes corretos. A alocação de riscos segue o princípio de delegá-los ao participante mais habilitado para controlá-los ou mitigá-los. Por exemplo, o sobrecusto na fase de construção do projeto deve ser contemplado no contrato de EPC e pode ser mitigado com a contratação de um seguro. Adicionalmente, em projetos complexos, a rede reduz os custos decorrentes das falhas de coordenação e dos conflitos de interesse.

Ressalta-se a necessidade de monitoramento do risco de partes relacionadas, cujas relações devem ser restringidas pelos contratos. Um sobrecusto na construção ou na operação, por exemplo, pode beneficiar o Sponsor, se ele for o Contractor ou o Operador. Nesse caso, a distribuição efetiva dos incentivos e riscos é diferente da esperada, exigindo mecanismos adicionais para o ajuste das relações entre os elos da rede.

No caso brasileiro, além da necessidade de ampliar a independência entre os agentes, a constituição de estruturas de apoio especializadas, como seguradoras, consultorias financeiras e jurídicas, é fundamental para impulsionar a prática de *project finance*.

Segundo Finnerty (2007), as operações dos projetos apoiados na modalidade *project finance* apresentam as seguintes características:

- Unidade empresarial autônoma dedicada ao projeto.
- Grande necessidade de recursos financeiros.
- Alta alavancagem.
- Longo prazo de maturação.
- Papel do fluxo de caixa como principal fonte de pagamento da dívida e de retorno ao acionista, tendo o primeiro prioridade frente ao segundo.
- Participação de muitos agentes.
- Distribuição dos riscos.

2.4 Análise econômica do *project finance*

Em mercados eficientes, projetos com previsão de taxas de retorno atrativas não encontram restrições à obtenção de recursos. De acordo com Modigliani e Miller (1958), os recursos internos (capital) e externos (dívida) são substitutos perfeitos. Portanto, a estrutura de capital não é capaz de influenciar o valor de uma firma.

Entretanto, na prática, observa-se o racionamento de crédito, situação agravada nos projetos de infraestrutura. Algumas especificidades dos projetos de infraestrutura, tais como a longa maturidade e os elevados requisitos de investimento inicial, agravam o problema do financiamento, mesmo dos projetos com elevadas taxas de retorno esperado.

Apesar dos maiores custos de transação, quando comparada ao financiamento corporativo, a adoção do *project finance* é crescente, o que, a princípio, se contrapõe às conclusões de Modigliani e Miller (1958). Subramanian e Tung (2007) enumeram evidências dos custos de transação: em primeiro lugar a criação da SPE, que pode levar de seis meses a mais de um ano, os custos de contratação e outros custos de transação podem consumir de 5% a 10% do total do projeto (SUBRAMANIAN e TUNG, 2007 apud ESTY, 2003). Em segundo lugar, as taxas de juros e encargos iniciais são consideravelmente superiores nas dívidas contraídas pela SPE se comparadas às dívidas corporativas. Finalmente, os financiadores das SPEs cobram *advisory fees* de 50 a 100 pontos-base para a estruturação financeira das operações (SUBRAMANIAN e TUNG, 2007 apud ESTY, 2003).

Assumindo a busca pela maximização do retorno, a partir da observação da existência da modalidade *project finance*, espera-se que para alguns projetos os ganhos resultantes de sua adoção superem os sobrecustos associados a essa escolha. Esses ganhos estão relacionados à redução das ineficiências, como custos de agência,[3] por exemplo.

O *project finance* permite que uma série de vantagens sejam exploradas no financiamento de um projeto, tais como o financiamento de projetos ainda que o risco de crédito do *Sponsor* seja alto ou a possibilidade de aumento da alavancagem sem que o risco enxergado pelos financiadores aumente.

Esta seção pretende apontar as vantagens da adoção do *project finance*, ressaltando três pontos: as vantagens para os *Sponsors* em não trazer para o seu caixa a volatilidade do fluxo de caixa do projeto, a mitigação de problemas de agência causados pela extensa rede contratual e o efeito favorável dessa estrutura de financiamento para questões relacionadas ao risco político em projetos de infraestrutura.

---

[3] Os custos de agência são derivados de ineficiências associadas às diferenças de motivações entre os agentes. O mais tradicional é o agente-principal, que é derivado dos diferentes incentivos dos acionistas e gestores.

2.4.1. Exposição de risco de crédito dos *Sponsors*

Do ponto de vista do *Sponsor*, o financiamento corporativo de um projeto pode incrementar seu risco de crédito. Além do efeito direto sobre o nível de alavancagem, um projeto arriscado, com muita volatilidade de caixa, transfere sua instabilidade ao caixa do *Sponsor*. Complementarmente, dependendo do porte e da estruturação de garantias, um projeto fracassado é capaz de comprometer a viabilidade econômico-financeira de uma empresa. No limite, quando o ganho incremental esperado de caixa não compensa seus efeitos colaterais, o investimento é inibido.

A adoção do *project finance* evita a contaminação dos demais ativos dos *Sponsors* e limita as suas eventuais perdas. Além disso, em projetos mais arriscados, o *project finance* facilita a formação de *joint ventures*, que promovem diluição adicional de risco. Analisando base de 577 projetos, Alam (2010) encontrou evidências de preferência por *project finance* em função de elevada volatilidade de fluxos de caixa e alta correlação dos fluxos de caixa dos projetos com a movimentação de caixa do *Sponsor*. Assim, em períodos de crise, um projeto poderia asfixiar financeiramente uma empresa.

O *project finance* também possibilita o afrouxamento dos limites de alavancagem do *Sponsor*. Mesmo considerando suas restrições, que serão discutidas posteriormente, o *project finance* é fundamental para o alcance dos níveis desejáveis de alavancagem em projetos. O isolamento do projeto em uma unidade isolada possibilita a assunção de obrigações que ampliam a transparência dos fluxos de caixa, reduzindo a assimetria de informações, e limitam as ações dos gestores. O estabelecimento de esquemas de "cascatas", que ordenam a destinação do fluxo de caixa, usualmente privilegiando os credores, aumenta o nível de conforto destes, que aceitam maiores níveis de alavancagem. Dados de meados da década de 2000, apresentados em Finnerty (2007), apontam um nível inicial de alavancagem de projetos superior a 70% em mais de 78% da amostra. Cerca de 50% dos projetos dessa base tinham alavancagem inicial superior a 90%.

2.4.2. Custos de agência

Os ativos de infraestrutura geram grandes fluxos de caixa, e essa característica pode motivar conflitos entre gestores, responsáveis pelas decisões financeiras e de investimento, e proprietários. O *project finance* reduz o custo de agência em função dos arranjos contratuais característicos desta modalidade, que tornam os fluxos de caixa verificáveis e reduzem a discricionariedade dos gestores, principalmente por conta das fortes obrigações impostas pelos credores. Deve-se destacar que a própria necessidade de pagamento das obrigações assumidas com os fluxos de receita do projeto, sem a possibilidade de recorrer à receita gerada por outros ativos, como no caso do empréstimo corporativo, ajuda a disciplinar os gestores. No caso clássico, antes da execução do projeto, o investimento, o serviço da dívida e os gastos operacionais são acordados entre os envolvidos. Além dos contratos e das obrigações aos credores, o isolamento do projeto em uma SPE e a estrutura de propriedade concentrada facilitam o monitoramento das ações dos gestores, segundo Esty (2003).

O *project finance* também ataca os custos de agência decorrentes de conflitos entre gestores e demais partes relacionadas ao projeto. A especificidade dos ativos aumenta a sensibilidade da relação com os fornecedores e demandantes, o que ensejaria margem para comportamentos oportunistas. Além de supor a existência de contratos de longo prazo, o *project finance* regula os fluxos de caixa e, supondo maior alavancagem, reduz o fluxo de caixa livre, desmotivando ações oportunistas que visem à apropriação de recursos do projeto.

Outra relação beneficiada pela estrutura do *project finance* é entre os controladores e minoritários. Subramanian e Tung (2007) encontram evidências de preferência pela modalidade *project finance* em casos em que a proteção contra ações discricionárias dos controladores é mais fraca. Nesse sentido, a estruturação financeira, em alguma medida, ajuda a superar a deficiência de regras legais.

2.4.3. Risco político

Os países pioneiros no processo de reforma do setor de infraestrutura sediam gestores de ativos, que buscam oportunidades de expansão de negócios em novos países. Em meados da década de 1990, a onda de reformas chegou aos países em desenvolvimento, onde há maior percepção de risco político.

A infraestrutura é caracterizada por especificidade locacional, é intensiva em capital e possui elevados custos afundados, que impossibilitam sua relocalização. A gestão é caracterizada por baixos custos variáveis e, em geral, há pequena margem para ganhos decorrentes da maior eficiência gerencial. Esses fatores, associados à relevância social dos serviços prestados, tornam os ativos setoriais alvos preferenciais de expropriação governamental. O apelo para a tomada do ativo decorre da elevada relação entre os fluxos de caixa livre e os preços pagos pelos usuários, situação que ocorre especialmente no momento em que o serviço da dívida não mais representa uma alta parcela do fluxo de caixa.

O *project finance* é a estrutura preferencial das empresas multinacionais para o investimento em países em desenvolvimento, segundo Swant (2010). Em primeiro lugar, a maior alavancagem reduz as taxas de lucro, já que maior parcela do fluxo de caixa é direcionada ao pagamento de juros e principal. Com a menor taxa de lucro, o incentivo à expropriação torna-se menor. Além disso, dado o caráter sindicalizado de grande parte das operações de financiamento, as renegociações envolvem importantes atores do sistema financeiro internacional, reduzindo a chance de expropriação. Usualmente, o grupo de financiadores abarca alguma agência multilateral, o que expõe a renegociação à comunidade internacional.

2.5 Limites do *project finance*

O *project finance* representou um grande avanço na engenharia financeira de projetos de infraestrutura. No entanto, existem alguns limites que devem ser destacados.

Os maiores custos de transação representam o principal limite à implementação da estrutura de *project finance*. Esses custos são resultado da necessidade de negociar os múltiplos contratos, que formarão a rede de suporte à operação de financiamento, além da própria criação da SPE. Além dos custos diretos incorridos, a complexidade redunda em maior prazo de estruturação da operação. Consequentemente, a viabilização da operação de *project finance* exige um determinado porte do projeto, cujo cronograma de implantação deve ser flexível, para acomodar as negociações contratuais.

Inicialmente, atribuía-se ao *project finance* a vantagem de os empréstimos contraídos para a execução dos projetos não serem registrados nos Balanços Patrimoniais dos *Sponsors*. Dessa forma, ao estruturar suas operações na modalidade *project finance*, o *Sponsor* publicaria demonstrações financeiras que não indicariam sua exposição aos credores. Entretanto, após o escândalo da Enron, o maior rigor dos reguladores limitou o alcance dessas práticas, que recebem maior atenção dos investidores. A Securities and Exchange Commission publicou relatório (FR-61) que recomendava a divulgação expressa da exposição da empresa a dívidas fora de seus demonstrativos financeiros, caso ela tenha algum nível de exposição. Segundo Finnerty (2007), em um mercado razoavelmente eficiente, os benefícios do tratamento *off-balance-sheet* provavelmente se mostrarão ilusórios. Nesse ambiente de mercado, os investidores e as agências de *rating* podem incorporar a informação das notas explicativas em suas análises de risco de crédito do *Sponsor* relacionadas ao financiamento do projeto. Assim, as agências de *rating* ponderam essas informações na definição do *rating*, e com isso os investidores podem incorporar essas análises (e o próprio *rating*) nos preços que eles estão dispostos a pagar pelos títulos em mercado do *Sponsor*.

A transparência e a rigidez na gestão do fluxo de caixa reduzem os custos de agência. Entretanto, certos projetos dependem de segredos industriais e flexibilidade dos gestores para o sucesso das operações. Casos típicos são o desenvolvimento de novas tecnologias, cujo domínio dará vantagem frente às demais empresas da mesma indústria, e operações dinâmicas, nas quais os fatores de decisão estão sujeitos à modificação.

2.6 Fontes de financiamento

Uma das vantagens associadas ao processo de reforma do setor de infraestrutura é a multiplicação das fontes de financiamento, antes dependentes de recursos orçamentários e da autogeração de recursos, nos casos em que havia cobrança pelos serviços aos usuários. A estrutura financeira será definida em função das características do projeto, principalmente a especificidade dos ativos, o elevado volume de financiamentos e o longo período de retorno.

O financiamento depende da existência de recursos de longo prazo em moeda local. Segundo BID (2013), os fluxos financeiros internacionais são (i) voláteis, (ii) fornecidos majoritariamente em moeda estrangeira e (iii) complementares aos recursos domésticos, que sinalizariam os projetos mais atrativos. No Brasil, em geral, as receitas dos projetos do setor são fracamente correlacionadas à taxa de câmbio, o que amplifica o risco financeiro.[4] A longa maturidade dos projetos e o alto custo dos instrumentos financeiros existentes inviabilizam estratégias de proteção nos mercados de futuros. O protagonismo será do sistema financeiro doméstico.

O sistema financeiro nacional é complexo e dispõe de diversos instrumentos para o financiamento de empreendimentos de infraestrutura em moeda local. Contudo, ainda é necessário ampliar a maturidade dos instrumentos, principalmente empréstimos bancários privados e títulos corporativos privados.

O mercado bancário é a principal fonte de financiamento, sendo dominado pelo BNDES, que é o principal provedor de recursos de longo prazo. Ele atua em todos os segmentos e utiliza os instrumentos de crédito bancário, aquisição de títulos privados e participação no capital social de empresas. Nos últimos anos, o BNDES expandiu os recursos destinados ao setor de infraestrutura,[5] em movimento liderado pelo setor produtor de energia elétrica, conforme BNDES (2013). Os desembolsos passaram de R$ 2,7 bilhões em 2003 para R$ 24,5 bilhões em 2012. Espera-se que a infraestrutura de transportes lidere o próximo ciclo de investimentos em função dos projetos anunciados no PIL. A Caixa Econômica Federal é outro ator relevante, principalmente no financiamento à infraestrutura urbana. Os demais bancos ampliaram sua participação no setor recentemente. Eles fornecem empréstimos-ponte e créditos complementares, lideram o processo de distribuição de títulos de projetos e proveem garantias. Adicionalmente, algumas instituições prestam serviço de estruturação financeira.

A necessidade de expansão do investimento motivou a adoção de medidas para incentivar a maior participação dos bancos nas operações de crédito ao setor. Nos últimos anos, parte do compulsório retido no Bacen foi liberado e a alíquota do IOF foi zerada para financiamentos ao setor. Além disso, o BNDES adotou políticas de incentivo a cofinanciadores entre as quais se destacam o repasse de parte dos recursos por meio de bancos privados e o compartilhamento de garantias com bancos e detentores de títulos dos projetos.

---

[4] Em última instância, esse risco será maior quanto maior for o descasamento entre o dólar e o real. Quando há mudanças nos preços das *commodities*, na aversão global ao risco e na política monetária dos dois países, a volatilidade da taxa de câmbio tende a aumentar.

[5] As informações disponibilizadas são do setor de energia elétrica e infraestrutura de transportes.

Os mercados de renda fixa se expandiram nos últimos anos. Os títulos de projetos ampliam os potenciais provedores de recursos e possibilitam maior independência do mercado bancário. Além de pessoas físicas, os títulos atraem instituições mobilizadoras de liquidez sob a forma de poupança contratual – fundos de pensão, companhias seguradoras e fundos mútuos – cujos passivos são compatíveis aos retornos dos projetos. A participação dos ativos sob gestão dessas instituições é crescente. As mudanças nas pirâmides etárias, a concessão de benefícios fiscais e as reformas dos sistemas de seguridade impulsionaram essa maior participação.

A Lei nº 12.431/2011, posteriormente complementada pela Lei nº 12.715/2012, é a grande aposta para impulsionar a emissão de títulos de projetos de infraestrutura.[6] Ela garante vantagens tributárias aos compradores dos títulos emitidos sob seu amparo. A alíquota de Imposto de Renda passa a 0% para investidores estrangeiros e pessoas físicas residentes e a 15% para pessoas jurídicas. Os benefícios são auferidos também por aplicadores em Fundos de Investimentos em Participações em Infraestrutura (FIP-IE), o que facilita a diversificação de riscos e a atração de pessoas físicas. Desde março de 2012, os títulos emitidos captaram R$ 9,2 bilhões. A liquidez é o grande desafio para o crescimento desse mercado, que dificilmente assumirá o papel desempenhado pelo mercado bancário. Usualmente, os títulos são complementares ao financiamento bancário, se beneficiando do monitoramento e das garantias dos empréstimos principais. Muitos ativos estão maduros e podem se beneficiar de avaliações de risco positivas para emissão de títulos a custos baixos para ampliarem a alavancagem financeira.

O mercado de capitais desempenha papel relevante no financiamento setorial. Segundo o *site* da BM&FBovespa, 118 empresas do setor estão listadas na bolsa de valores, sendo que 40 têm ações negociadas nos pregões. Além de fonte de recursos para financiar novos empreendimentos, a abertura de capital pode auxiliar em processos de desalavancagem financeira de ativos. A submissão às regras de governança e ao padrão de transparência favorecem o desenvolvimento das empresas do setor, com reflexos positivos sobre os custos financeiros dos financiamentos. Contudo, os requisitos associados à abertura de capital limitam o acesso de empresas de menor porte. Parcela considerável das ações negociadas são de *holdings* detentoras de diversos ativos no setor de infraestrutura. Mais do que a redução de custos, as *holdings* possibilitam a diversificação dos investimentos, o que é crucial, dado o ciclo de vida definido pelo prazo contratual de exploração dos serviços.

O incentivo à participação de investidores estrangeiros é fundamental para ampliar as fontes de recursos. A maior estabilidade macroeconômica, as elevadas taxas de retorno e a possibilidade da obtenção de renda de prestação de serviços são os grandes elementos de atração. A reforma setorial criou fortes grupos econômicos,

---

[6] Wajnberg (2014) apresenta um panorama recente do mercado de debêntures de infraestrutura.

que buscam oportunidades de crescimento em países em desenvolvimento. A participação de operadoras europeias de telefonia e aeroportos nos leilões exemplificam essa tendência. Contudo, os retornos desvinculados ao dólar limitam a atratividade e a possibilidade de contração de obrigações financeiras em moeda estrangeira. Os recursos tendem a fluir para setores requerentes de maior *expertise* técnica operacional, em que a capacitação representa possibilidades de maior lucratividade. Os setores de terminais portuários e de aeroportos,[7] nos quais parte das receitas é indexada ao dólar, representam oportunidades para o financiamento externo.

2.7 Conclusões

Os projetos anunciados alimentam expectativas de expansão dos investimentos em infraestrutura, que, no contexto atual, de maior participação do setor privado, impõem um desafio para a engenharia financeira dos projetos. A longa maturidade e o elevado volume de recursos demandam a estruturação de operações financeiras complexas, que envolvam a captação de múltiplas fontes e a mitigação dos principais riscos do projeto, por meio do pacote de seguros e contratos para a implantação do empreendimento, a obtenção de insumos e a venda da produção.

O *project finance* emerge como relevante alternativa para a estruturação das operações de financiamento aos projetos do setor de infraestrutura. A flexibilidade da modalidade possibilita a otimização da alocação de riscos entre os participantes da operação, a tomada de ações mitigatórias e a definição de condições de financiamento aderentes ao ciclo financeiro do projeto. Em 2014, foram anunciados acordos de financiamento a 702 projetos no mundo, o que correspondeu a recursos superiores a US$ 257 bilhões. Nos últimos 20 anos, a taxa média de crescimento anual de financiamento contratado sob a modalidade de *project finance* foi de 12%.

O desenvolvimento recente do sistema financeiro nacional viabiliza o acesso dos empreendedores a recursos financeiros para a execução dos projetos. O avanço mais notável ocorreu no mercado de capitais, sendo possível observar o lançamento de diversos títulos privados vinculados aos projetos de infraestrutura. No entanto, a liquidez desses papéis segue como um desafio para o desenvolvimento do mercado.

A efetiva expansão das operações de financiamento aos projetos demanda a superação de desafios, dentre os quais podemos destacar: estabilidade jurídico--institucional, redução de custos de transação e maior participação de agentes privados. A complexidade e o longo prazo de maturação das operações exigem a coordenação entre os participantes, a qual é baseada em marcos jurídico-institucionais, que devem, portanto, ser estáveis. A instabilidade pode inviabilizar o estabelecimento de determinadas relações ou elevar os custos exigidos pelos agentes frente

---

[7] A parcela da receita vinculada ao transporte de cargas, que, usualmente, é indexada ao dólar.

à exacerbação da incerteza. A padronização de contratos, a maior proliferação dos seguros e o compartilhamento de garantias são fatores que reduzem consideravelmente os custos de transação. Consonante a maior previsibilidade, a segurança dos agentes cresce, ampliando a tomada de posições de longo prazo.

O principal desafio é a adoção de medidas de direcionamento da poupança ao setor de infraestrutura e atração de capitais externos, que devem envolver:

- incentivos à participação de bancos privados;
- adoção de boas práticas de governança corporativa;
- ampliação de liquidez do mercado de títulos de projetos;
- avaliação de introdução de componente indexado à moeda estrangeira na precificação de determinados serviços; e
- estruturação de seguros e garantias que possibilitem a efetiva mitigação de riscos.

Ao final do texto, apresentamos estudo de caso, no qual discutimos os principais aspectos abordados neste capítulo.

Estudo de caso: Financiamento a energia eólica

A energia eólica vem apresentando um forte crescimento no Brasil nos últimos anos, particularmente a partir de 2009, com a presença dessa fonte em leilões competitivos. Atualmente, a fonte eólica possui 3,7% da capacidade instalada de geração de energia elétrica no Brasil (MME, 2015), sendo que a expansão deve persistir nos próximos anos.

Os próximos parágrafos pretendem analisar a estrutura de um projeto eólico no esquema apresentado na seção 3. Devido à sua natureza, os projetos eólicos não apresentam qualquer arranjo contratual em relação à cadeia de suprimentos, visto que o "combustível" da geração de energia é o vento. Essa é uma situação bem diferente de um projeto de geração de energia termoelétrica, por exemplo, em que a garantia de suprimento do combustível é central para a viabilidade do projeto. No entanto, a incidência dos ventos é incerta, o que afeta o projeto, tanto do ponto de vista da rentabilidade esperada do *Sponsor* quanto do ponto de vista da estimativa de geração de caixa utilizada pelo financiador para a avaliação do projeto.

Normalmente o financiador se vale de relatórios de consultorias independentes para a determinação da geração esperada de energia, conhecidos os modelos de aerogeradores e o seu local de instalação. As estimativas de geração de energia são apresentadas por probabilidades de ocorrência de excesso de produção, sendo a P-90 a geração de energia cuja probabilidade de ocorrência de geração efetiva maior seja de 90%. Os conceitos de P-50 e P-75 são análogos. Quanto maior o "P", mais conservadora é a estimativa de geração de energia. Os financiadores costumam confiar em estimativas de P-90 e é comum solicitar ao *Sponsor* a apresentação de dois relatórios de ventos.

Nos projetos eólicos os aerogeradores possuem uma enorme importância, normalmente representando mais de 70% do investimento do projeto (sendo que o restante é alocado nas obras civis, no sistema de transmissão e nos gastos relacionados aos acessos internos, ao meio ambiente e aos estudos e projetos). Portanto, o fornecedor dos aerogeradores apresenta um papel central, sendo o principal agente na construção do parque. Devido à complexidade do aerogerador, o fornecedor do equipamento costuma assumir o serviço de operação e manutenção (O&M) por no mínimo dez anos de operação do parque. Esse arranjo é fundamental para evitar comportamentos oportunistas dos fabricantes, que, como únicos provedores de insumos vitais à operação, poderiam cobrar preços abusivos para extrair recursos adicionais dos projetos.

A questão do *offtaker* é central para projetos de geração de energia. Existem duas modalidades de comercialização de energia, através do mercado regulado e do mercado livre. No mercado regulado o projeto comercializa a energia em leilões organizados pelo poder concedente, cujos compradores de energia são as distribuidoras ou a Câmara de Comercialização de Energia Elétrica (CCEE). Já no mercado livre a energia é comercializada diretamente entre a SPE e o comprador de energia.

Os contratos de venda de energia do mercado livre normalmente são mais curtos do que os do mercado regulado, o que permite ao *Sponsor* a melhora da rentabilidade do projeto, caso consiga comercializar a energia em condições mais favoráveis posteriormente. Entretanto, do ponto de vista do financiador, o conforto é maior em projetos que tenham energia contratada por um longo período, reduzindo o risco de comercialização de energia ao longo do projeto. Com isso, a adoção do *project finance* é mais adequada a projetos do mercado regulado.

Usualmente, o BNDES é o principal financiador, respondendo por grande parte dos recursos. A presença do banco funciona como um mitigador de riscos por sinalizar aprovação em processo de avaliação de viabilidade e assegurar o monitoramento do projeto, tanto físico quanto financeiro. Assim, dada a disposição do BNDES em compartilhar garantias em mesmo nível, a atração de outros financiadores é facilitada. Além do financiamento a itens não apoiáveis pelo BNDES, os recursos podem otimizar a estrutura financeira, com esquemas de pagamentos que maximizem a alavancagem, dados os limites impostos pelos financiadores. Como os contratos são indexados a índices internos, relativamente pouco sensíveis à variação do câmbio, há pouca atratividade aos financiadores externos. As principais fontes de financiamento seriam as debêntures incentivadas, ainda pouco utilizadas neste tipo de projeto. O pequeno volume de recursos é uma das justificativas, frente aos elevados custos fixos relacionados às emissões. Ademais, o nível de competição pode ter diminuído a rentabilidade, reduzindo o potencial de captação de recursos.

De forma esquemática, o projeto seria representado da seguinte maneira:

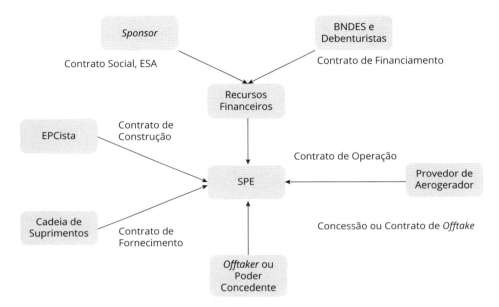

Figura 2.2 Projeto de geração de energia eólica – representação esquemática.

Análise de riscos e seus mitigantes

O primeiro risco a ser considerado é o risco de mercado, ou seja, o risco que a geração efetiva de energia seja inferior à energia contratada. Nos projetos que comercializam a energia no mercado regulado existe a possibilidade de acumular saldos negativos ou positivos ao longo de um quadriênio em uma Conta de Energia. Com o fim do quadriênio, a Conta de Energia é zerada e a SPE arca com uma eventual insuficiência de geração de energia. Para se resguardar, o financiador se vale de relatórios de consultorias independentes sobre o potencial de geração de energia de um projeto.

Existe ainda o risco de crédito da contraparte, ou seja, o risco que o comprador não cumpra as obrigações do contrato de venda de energia. No mercado regulado, as distribuidoras são as compradoras de energia, resultando assim em um risco setorial. Já no mercado livre, a qualidade de crédito do comprador de energia deve ser analisada e acompanhada.

O risco de construção, isto é, a possibilidade de que o projeto não seja concluído no prazo ou no custo estimado, é relativamente pequeno no projeto de energia eólica, pois o sobrecusto ocorre normalmente nas obras civis, que são relativamente simples nos projetos de energia eólica. Além disso, não há grandes desafios tecnológicos nos referidos projetos.

Outro risco a ser considerado é o de operação e manutenção (O&M) do projeto. Uma equipe com experiência e treinamento deve estar disponível para reduzir os níveis de indisponibilidade dos equipamentos. Esse risco é mitigado pela contratação do serviço de O&M pelo próprio fornecedor dos aerogeradores.

O risco ambiental costuma ser relevante em projetos de energia. O licenciamento ambiental é de responsabilidade de órgãos estaduais, que costumam ser relativamente brandos com os projetos de energia eólica, que apresentam impactos ambientais reconhecidamente modestos em comparação a outras fontes de energia.

Por fim, os projetos apresentam risco financeiro (risco de descasamento entre a geração de caixa e as obrigações do financiamento devido às oscilações macroeconômicas), basicamente se os indexadores de dívida, como a TJLP e o CDI, apresentarem um descolamento em relação ao índice de inflação que corrige o contrato de venda de energia. O risco de aporte dos acionistas pode ser mitigado pelo financiador com a exigência de aporte prévio de recursos à liberação do financiamento.

Estudo de caso

Esta seção tem por objetivo relatar um caso concreto de um projeto eólico e fazer a avaliação de valor do projeto. Dois casos serão relatados: a avaliação com e sem o financiamento do BNDES.

O fluxo de caixa livre do projeto será utilizado para a avaliação do valor do projeto. Para tal, todos os recebíveis da venda de energia do projeto serão considerados, bem como os custos operacionais incorridos. Para a avaliação com o financiamento do BNDES, será considerado o fluxo de caixa do financiamento conjuntamente com o fluxo de caixa do projeto, gerando o fluxo de caixa do acionista.

O capex total do projeto é de R$ 100 milhões, que inclui a aquisição dos aerogeradores e demais equipamentos, obras civis, gastos com o sistema de transmissão associado ao projeto, montagens e instalações, aquisição de terrenos, licenciamento ambiental, gerenciamento e administração da obra, entre outros. A aquisição de aerogeradores representa aproximadamente 75% dos gastos do projeto.

O preço da energia comercializada é de R$ 118,00 por Megawatt-hora (com data-base em agosto de 2013). A correção do preço é pelo IPCA, cuja projeção foi calculada de acordo com a pesquisa Focus do Banco Central do Brasil de 6 de fevereiro de 2015, que apontava para o IPCA de 7,15% em 2015 e 5,60% em 2016. A partir de 2017 assume-se que o IPCA será de 5% ao ano.

A capacidade instalada é de 33 MW e a comercialização de energia de 12 MW médios, resultando em um fator de capacidade de 36,4%. A premissa é de que a geração de energia será de exatamente 12 MW médios, de modo que o projeto não tenha de arcar com ressarcimentos ou receba receitas extraordinárias ao longo de sua vida útil.

Após a conclusão do projeto, a SPE passa a receber os recursos da venda de energia e é obrigada a arcar com os custos operacionais. No primeiro ano de operação completa a TUST é de R$ 1.128 mil, a Taxa de Fiscalização da ANEEL de R$ 112 mil, o serviço de O&M dos aerogeradores de R$ 290 mil e as demais despesas de R$ 157 mil. Todos os custos são corrigidos pelo IPCA nas projeções financeiras. Em todos os anos a SPE declara o Imposto de Renda pelo Lucro Presumido.

Estima-se que não haverá atrasos na execução do projeto, de modo que a operação comercial será iniciada em setembro de 2015. O valor do financiamento é de R$ 66,5 milhões (66,5% do total do investimento) e o custo é TJLP + 3% a.a. A TJLP é uma taxa pós-fixada, muito utilizada nos financiamentos do BNDES. A premissa é de que haverá uma convergência entre a TJLP e o IPCA, de modo que o custo de capital de terceiros real seja de 3% (exatamente o *spread* em relação à TJLP).

O custo do capital próprio real foi fixado em 8,25%. Esse custo pressupõe um prêmio de 200 pontos-base em relação à NTN-B Principal com vencimento em 2024.

Com esses parâmetros, o Valor Presente Líquido (VPL) do Acionista é de R$ 14.116 mil. Se não houvesse financiamento do BNDES, esse valor seria de R$ 4.334 mil. Portanto, ainda que o projeto fosse viável mesmo que totalmente financiado por recursos próprios, o financiamento cria valor para o acionista.

Nesse momento é interessante comparar a TIR do projeto (que leva em consideração apenas o fluxo de caixa da execução do projeto) com a TIR do acionista (que considera ainda o fluxo de caixa do financiamento). A TIR do projeto é de 14,08%, enquanto a do acionista é de 17,90%.

Portanto, o financiamento gerou valor para o acionista. Na ocorrência de regras preestabelecidas para as condições de financiamento e competitividade nos leilões, os benefícios gerados pelo financiamento ao projeto são transferidos aos consumidores por meio de uma tarifa de energia mais baixa.

REFERÊNCIAS

ALAM, Zinat S. An empirical analysis of the determinants of project finance: cash flow volatility and correlation. *Finance Dissertations. Paper 18,* Georgia State University, 2010.

BID. *Latin American and Caribbean macroeconomic report. Rethinking reforms*: how Latin America and the Caribbean can escape suppressed world, 2013.

BNDES. Apresentação do Presidente Coutinho no evento ENAEX. 2013. Disponível em: <http://www.bndes.gov.br/SiteBNDES/export/sites/default/bndes_pt/Galerias/Arquivos/empresa/download/apresentacoes/Coutinho_Infraestrutura_e_Logistica.pdf>.

_____. *Perspectivas do investimento*. Rio de Janeiro: BNDES, 2014.

BRASIL. Lei nº 12.413, de 31 de maio de 2011. Autoriza a República Federativa do Brasil a efetuar doações a iniciativas internacionais de auxílio ao desenvolvimento.

_____. Lei nº 12.715, de 17 de dezembro de 2012. Altera a alíquota das contribuições previdenciárias sobre a folha de salários devidas pelas empresas que especifica, entre outras providências.

ESTY, Benjamin C. The economic motivations for using project finance. *Working Paper*, Havard Business School, 2003.

FINNERTY, John. *Project financing*: asset-based financial engineering. 2. ed. New Jersey, John Wiley & Sons, 2007.

KAHN, M. F. K.; PARRA, Robert J. *Financing large projects. Using project finance techniques and practices*. Singapura: Prentice Hall, 2003.

MME. *Boletim Mensal de Monitoramento do Sistema Elétrico Brasileiro*. Brasília, 2015.

MODIGLIANI, Franco; MILLER, Merton H. The cost of capital, corporation finance and the theory of investment. *American Economic Review*, v. XLVIII, n. 3, 1958.

SUBRAMANIAN, Krishnamurthy; TUNG, Frederick. Law, agency costs and project finance: an empirical analysis. Working Paper, 2007.

SWANT, Rajeev J. The economics of large-scale infrastructure FDI: the case of project finance. *Journal of International Business Studies*, 41, p. 1036-1055, 2010.

WAJNBERG, Daniel. Debêntures de infraestrutura: emissões realizadas e perspectivas. *Revista do BNDES*, Rio de Janeiro, n. 41, p. 331-377, jun. 2014.

3

O SEGURO GARANTIA EM PROJETOS DE INFRAESTRUTURA

André Fontana Hoffmann
João Alfredo Di Girolamo Filho

3.1 Introdução

O seguro garantia nasceu de conceitos trazidos de diversos contratos, especialmente do contrato de fiança. Desenvolveu-se da ideia de uma entidade ser capaz de assegurar garantias contratuais e obrigações de fazer e, a partir de então, cada vez mais ganha participação no mercado de garantias e no Produto Interno Bruto (PIB) brasileiro.

Após sofrer grandes prejuízos pela inadimplência de seus contratantes durante a reconstrução do país após a guerra civil, o governo americano editou leis que estabeleceram a obrigatoriedade da apresentação de caução contratual para os projetos de construção civil no âmbito federal. A legislação americana foi o grande facilitador para que o seguro garantia se difundisse pela América Latina e pelo Brasil.

Atualmente, a crescente necessidade de melhorias de infraestrutura e grande debilidade de nossa matriz energética, logística de escoamento de produção agrícola e industrial, ocasionando, entre outros problemas, perda de competitividade, desincentivo à produção de valor agregado e ao crescimento econômico brasileiro, são os desafios que o país deverá enfrentar nesse campo. Para tanto, o governo deverá estruturar novos projetos que, em sua maioria, são viabilizados por meio de financiamentos fundamentados na expectativa de geração futura de caixa.

Nesse contexto, surge o seguro garantia como opção de garantia dos contratos de construção de empreendimentos como usinas hidrelétricas, pequenas centrais hidrelétricas, usinas termelétricas e parques eólicos, visto que possui vantagens sobre outras espécies de garantia, especialmente para os projetos que exigem maior acompanhamento, gerenciamento e fiscalização do contrato.

Este capítulo não tem o objetivo de esgotar as discussões sobre esse novo instituto, ainda pouco conhecido em nosso país e timidamente mencionado em nossa legislação pátria, mas sim de fomentar maiores estudos e engajar entes públicos e privados na busca por sua utilização e constantes melhorias. Discorreremos sobre sua origem, conceito e natureza jurídica, princípios aplicáveis ao instituto, bem como sua aplicação prática para a área de infraestrutura, foco principal desde sua criação. Por fim, trataremos dos desafios que o seguro garantia enfrenta atualmente, sua posição hoje e, por fim, quais ações devem ser tomadas para que possamos ter um efetivo desenvolvimento técnico e econômico desse mercado de forma sustentável.

3.2 Evolução histórica

No fim do século XVII, em franco desenvolvimento industrial e econômico após a guerra civil, os EUA viram sua economia desenvolver-se a passos largos, pois na época tal crescimento era necessário para a reconstrução do país, devastado pela guerra civil.

54 CAPÍTULO 3

A complexidade das obras a serem executadas e a sua importância estrutural para o país levaram os contratos a se desenvolverem para relações com maior estabilidade, o que ajudou de maneira significativa no desenvolvimento do sistema de garantia então vigente à época, chamado de garantia pessoal, o qual foi responsável pelo desenvolvimento comercial do "seguro-fiança".

A constatação do governo americano de perdas milionárias na reconstrução do país culminou na primeira lei federal aprovada pelo congresso americano, chamada de *Heard Act*, estabelecendo a obrigatoriedade da apresentação de caução contratual para os projetos de construção civil no âmbito federal. Referida norma foi substituída pelo *Miller Act*, sendo esta a norma responsável pela regularização dessa espécie de garantia, já utilizada pelo *common law*.

Conforme anteriormente mencionado, os projetos federais de construção, após a instituição do *Heard Act*, substituído posteriormente pelo *Miller Act*, deveriam obrigatoriamente estar assegurados pela emissão de apólices de seguros das chamadas *Surety Corporations*. A garantia exigida deveria contemplar coberturas quanto à execução da obra (*Performance Bond*) e o pagamento da mão de obra e fornecimento de materiais (*Labor and Material Supliers Bond*).

O trabalho exercido por tais companhias de seguro obteve grande resultado em seu objetivo, diminuindo a inadimplência dos contratados pelo poder público, por meio da análise feita por tais companhias avaliando as condições econômicas e profissionais dos possíveis tomadores para que, em contrapartida, também diminuíssem a chance e o risco de haver uma de suas garantias acionadas.

O *Miller Act*, impulsionado pelo grande resultado na mitigação dos riscos, não só das operações com o poder público, mas também em relações particulares, tornou-se base legal para que o seguro garantia se expandisse para América Latina, tendo grande desenvolvimento no México, na Venezuela e na Argentina.

No Brasil, o seguro garantia surgiu no contexto pós-Segunda Guerra Mundial, quando os principais mercados europeus estavam devastados, obrigando tais governos a procurar fornecimento de equipamentos para reconstruírem suas cidades. A necessidade de reconstrução rápida novamente exigia o comprometimento dos contratados de que os cronogramas propostos seriam cumpridos com extrema pontualidade.

O chamado milagre econômico brasileiro, havido durante a ditadura militar, com grande injeção de capital estrangeiro, inseriu o país num processo intenso de industrialização, o qual também necessitou da abrangência das espécies de garantias existentes mundialmente, para que o mundo, em franco processo de reconstrução, pudesse contar com a produção brasileira.

O governo então iniciou o processo de contratação de grandes obras submetidas a licitações e, em paralelo, incumbiu aos órgãos de controle e representação do mercado de seguros da época a tarefa de instituir uma estrutura de garantias que possibilitasse, em comparação ao *surety bond* americano, máxima retenção de responsabilidades para o mercado de seguros nacional.

Em 1972, foi emitida a primeira apólice de seguro garantia para assegurar o fornecimento do sistema de controle do metrô de São Paulo, com resseguro contratado no exterior. Nesse mesmo ano, o Instituto de Resseguros do Brasil (IRB) desenvolveu normas para que se pudesse praticar tal ramo de seguro em território nacional (POLETTO, 2003, p. 32).

3.3   Função e natureza jurídica

Como a maioria dos institutos jurídicos, o seguro garantia antecedeu sua regulação. Surgiu no país sem existir lei que o regulamentasse ou, ainda, ao menos, normas infralegais que pudessem nortear sua utilização.

O seguro garantia, desde sua criação em território nacional, através dos costumes importados principalmente de países como os EUA, foi considerado uma espécie de seguro. Desde a promulgação do Decreto-Lei nº 73, de 21 de novembro de 1966, o qual teve por objetivo principal implementar o Sistema Nacional de Seguros (SNS) no país, o seguro garantia estava elencado como uma operação de seguro, nos termos do seu artigo 1º.

Desde então, o instituto, aos poucos, foi tomando forma e sendo regulamentado, passando a ser peça integrante de importantes reformas legislativas, como a reforma administrativa ocorrida com a promulgação da Lei nº 8.666, de 1993, e subsequente alteração para incluir o instituto como alternativa de garantia válida para assegurar o cumprimento das obrigações do contratado tanto na fase de proposta como no próprio cumprimento contratual, além de reformas recentes como as ocorridas no Código de Processo Civil, por meio da Lei nº 11.382, de 2006, em que se incluiu o § 2º ao artigo 656 para autorizar o devedor executado a substituir a penhora por fiança bancária ou seguro garantia judicial, uma das modalidades de seguro garantia em exponencial crescimento na atualidade, bem como o Projeto de Conversão de Lei nº 15/2014, derivado da Medida Provisória nº 651/2014, que, em seu artigo 73, altera a Lei de Execuções Fiscais, nº 6.380/1980, no mesmo sentido do Código de Processo Civil, autorizando a garantir débitos fiscais inscritos em dívida ativa por meio do seguro.

Percebe-se, portanto, que o instituto sempre teve o tratamento de seguro. Através do tempo, a Superintendência de Seguros Privados (SUSEP), órgão integrante do Sistema Nacional de Seguros subordinado ao Conselho Nacional de Seguros Privados e ao Ministério da Fazenda, regulou o seguro garantia e suas modalidades em diversas circulares até chegar ao modelo atual, disposto na Circular SUSEP nº 477, de 2013, e respectivos anexos.

CAPÍTULO 3

Tal circular dispõe sobre os modelos de apólices e condições obrigatórias para a comercialização de cada modalidade constante no normativo. Mesmo com toda a regulamentação administrativa, não se encontra em tais disposições um conceito de natureza legislativa, porém pode-se concluir que o seguro garantia é espécie de contrato de seguro *sui generis*, o qual tem por objetivo garantir uma obrigação do Tomador do seguro para o Segurado, decorrente de um contrato principal ou de produção legislativa.

Corroborando o conceito aqui elaborado, faz-se necessário citar o Projeto de Lei nº 543/1999, elaborado pelo então Deputado Edison Lobão, no qual define em seu artigo 2º que "Seguro garantia é aquele pelo qual a seguradora garante o fiel cumprimento de uma obrigação, decorrente de lei ou contrato".

Apesar de possuir origens semelhantes às do contrato de fiança, o seguro garantia não pode ser confundido com tal instituto, pois possui características específicas de contrato de seguro, como ser formalizado por meio de uma apólice, possuir cobertura de risco determinada, prêmio a ser pago, sinistro, conceito de indenização e apuração de prejuízos indenizáveis, entre outros.

Quanto à semelhança desse instituto securitário com o contrato de fiança, ensina o Professor Buranello:

> O seguro garantia gera uma verdadeira obrigação de fiança, na medida em que o segurador se obriga a garantir ao segurado também do pagamento de uma importância, no caso de descumprimento de um direito creditório relacionado a uma obrigação de fazer ou de dar, de que seja titular [...] Além disso, a obrigação do segurador reúne as características da acessoriedade, subsidiariedade e unilateralidade que distinguem a obrigação de fiança (BURANELLO, 2006, p. 184).

Além da finalidade, a estrutura dos institutos também se assemelha. No contrato de fiança, temos o relacionamento entre três partes: o fiador, o devedor e o credor. Todas as partes se relacionam entre si por vínculos jurídicos distintos: o fiador e o devedor através de contrato se assim desejarem, pois tal prática apenas é utilizada se a fiança estiver sendo prestada de forma onerosa; o devedor e o credor através de um contrato principal; e o credor e o fiador através da garantia prestada ao contrato principal.

O seguro garantia também possui três partes: (i) o tomador do seguro, aquele que tem o dever de prestar a garantia e a solicita para a seguradora; (ii) a seguradora, que tem o dever de garantir as obrigações do tomador na relação jurídica principal; e (iii) o segurado, que vê os seus direitos garantidos pela apólice emitida pela seguradora e paga pelo tomador do seguro (ou seja, o tomador é o responsável por pagar o prêmio da apólice nessa espécie de seguro). Já no contrato de seguro tradicional, temos apenas uma relação entre segurado e seguradora formalizada através da apólice de seguro, em que o próprio segurado é o responsável pelo pagamento do prêmio de sua apólice.

Distingue-se dos contratos tradicionais de seguro também em seus principais fundamentos de mutualidade e atuária. Nos ramos tradicionais, a mutualidade é a responsável pela dispersão do risco individual de cada segurado no mercado segurador, visando assim à manutenção da liquidez das seguradoras, para que os sinistros, quando e onde ocorram, sejam pagos. A atuária, por sua vez, traz estudos e informações estatísticas dos índices de interesse do mercado, como a sinistralidade de determinada carteira de seguros.

A forma de análise de risco das seguradoras especializadas no ramo de seguro garantia se baseia, além das tradicionais análises econômico-financeiras do tomador do seguro, em uma profunda análise da operação em todos os seus aspectos de viabilidade financeira e operacional e capacidade técnica do tomador do seguro em cumprir com suas obrigações, criando uma análise personalíssima do risco. Dessa forma, não pode ser tratado, em sua totalidade, nos conceitos da mutualidade e atuarial.

Consiste, nos termos do Professor Buranello, na análise de três aspectos de crédito: capacidade, competência e caráter.

A primeira diz respeito à capacidade econômico-financeira. A segunda, à sua competência, aí se entendendo sua capacidade técnica de poder e saber fazer aquilo a que se propõe; e, finalmente, o seu caráter, ou seja, a sua idoneidade, que alguns subscritores consideram um elemento relevante no estudo do risco (BURANELLO, 2006, p. 175).

Como se vê, o seguro garantia é contrato atípico de seguro, pois, apesar de possuir alguns dos elementos formais mais tradicionais como apólice, sinistro e prêmio, o risco não é analisado com o mesmo procedimento dos seguros tradicionais.

Ademais, o próprio conceito de risco é visto de forma diferenciada, pois, conforme já ventilado anteriormente, para um ramo de seguro tradicional, o risco é mensurado estatisticamente, pressupondo-se um número de perdas, ou seja, não há preocupação com cada operação de maneira particular, mas sim com o quadro geral da carteira de segurados. Os seguros convencionais se preocupam com perfis constituídos pelas informações angariadas ao longo de sua experiência passada e, assim, montam sua estratégia futura de taxa, venda e outros elementos.

Já para o seguro garantia, por ser um seguro de obrigações contratuais, o sinistro é caracterizado pela inadimplência das obrigações garantidas, e, portanto, na mesma linha de raciocínio, o risco é o próprio tomador do seguro não cumprir com suas obrigações. A natureza dessa espécie de seguro particulariza a análise do risco, pois a seguradora deverá analisar criteriosamente se a empresa tomadora tem capacidade técnica de cumprir suas obrigações, bem como, se houver sinistro, se terá condição financeira para suportar perdas e para ressarcir a seguradora em caso de execução da garantia, afastando-se dos procedimentos de outros tipos de seguro.

Em conclusão, o seguro garantia possui autêntica natureza fidejussória, porém que se articula e se instrumentaliza por meio de uma apólice de seguro, vinculando--se a disciplina da matéria à atividade securitária, como sempre o foi, desde o seu surgimento no Brasil. Nos dizeres do Professor Buranello, "negar ao seguro garantia, seguro caução ou ainda, pelo próprio apego ao nome, seguro fidejussório, a autêntica natureza de fiança seria encobrir sua verdadeira causa" (BURANELLO, 2006, p. 188).

3.4 Modalidades de seguro garantia

As principais modalidades de seguro garantia existentes no mercado brasileiro são as seguintes:

Garantias contratuais

NOME	DESCRIÇÃO
Seguro Garantia do Construtor, Fornecedor ou Prestador de Serviços (*Performance Bond*)	Garante o fiel cumprimento do contrato, a sua performance, seja esta para construir, fabricar/fornecer ou prestar serviços. Este seguro garante a indenização, até o valor da garantia fixado na apólice, pelos prejuízos decorrentes do inadimplemento das obrigações assumidas pelo Tomador, em contrato de construção, fornecimento ou prestação de serviços, firmado entre Tomador e Segurado, e coberto pela apólice.
Completion Bond	Garante a indenização, até o valor da garantia fixado na apólice, pelos prejuízos decorrentes do inadimplemento das obrigações assumidas pelo Tomador, em contratos de financiamento, relacionados a obras de infraestrutura, tendo como Segurados usuais bancos de fomento ou bancos repassadores. Esta garantia é voltada principalmente para grandes projetos nos quais o seguro é um importante instrumento para a viabilização do financiamento.
Seguro Garantia de Perfeito Funcionamento (*Maintenance Bond*)	Garante a indenização dos prejuízos decorrentes da inadequação da qualidade ou especificações estabelecidas no contrato. Admite-se a utilização do Seguro Garantia nesses casos, por um prazo máximo de até 24 meses após o fornecimento ou entrada em operação.
Seguro Garantia para Concessões Públicas (*Concession Bond*)	Garante a indenização, até o valor da garantia fixado na apólice, pelos prejuízos decorrentes do inadimplemento das obrigações assumidas pelo Tomador, em contratos de concessão pública. Esta garantia é concedida por um período de um ano, podendo ser renovada anualmente até o final da vigência do contrato de concessão.

(continua)

O SEGURO GARANTIA EM PROJETOS DE INFRAESTRUTURA   59

Seguro Garantia de Adiantamento de Pagamento (*Advance Payment Bond*)	Garante a indenização, até o valor da garantia fixado na apólice, pelos prejuízos decorrentes do inadimplemento das obrigações assumidas pelo Tomador em relação aos adiantamentos de pagamentos, concedidos pelo Segurado, que não tenham sido liquidados na forma prevista no contrato principal.
Seguro Garantia de Retenção de Pagamento (*Retention Bond*)	Garante a indenização, até o valor da garantia fixado na apólice, dos prejuízos causados em razão do inadimplemento das obrigações assumidas pelo Tomador, decorrentes da substituição de retenções de pagamento previstas no contrato principal firmado com o Segurado.
Seguro Garantia de Antecipação de Recebíveis	Garante a indenização, até o valor da garantia fixado na apólice, pelos prejuízos decorrentes do inadimplemento das obrigações assumidas pelo Tomador, em contratos de construção, fornecimento de produtos ou prestação de serviços, tendo como Beneficiárias instituições financeiras públicas, privadas ou fundos de investimento.
Seguro Garantia Imobiliário	Garante a indenização, até o valor fixado na apólice, pelos prejuízos decorrentes do inadimplemento do Tomador em relação às obrigações assumidas no contrato de construção de edificações ou conjunto de edificações de unidades autônomas alienadas durante a execução da obra.

Garantias comerciais

NOME	DESCRIÇÃO
Seguro Garantia do Licitante/Concorrente (*Bid Bond*)	Garante a indenização, até o valor da garantia fixado na Apólice, se o Tomador adjudicatário se recusar a assinar o contrato principal, nas condições propostas, dentro do prazo estabelecido no edital de licitação/concorrência.
Seguro Garantia Aduaneiro (*Custom Bond*)	Garante ao Segurado (Receita Federal), até o valor da garantia fixada na apólice, o cumprimento das obrigações do Tomador vinculadas ao pagamento do imposto de importação, se os bens ou equipamentos admitidos em regime de admissão temporária (para serem utilizados somente durante o prazo de prestação dos serviços) não retornarem ao país de origem após o término do prazo de prestação dos serviços.
Seguro Garantia Judicial (*Court Bond*)	Garante o pagamento de valor correspondente aos depósitos em juízo que o Tomador necessite realizar no trâmite de procedimentos judiciais. A cobertura desta apólice, limitada ao valor da garantia, somente terá efeito depois de transitada em julgado a decisão ou o acordo judicial favorável ao Segurado, cujo valor da condenação ou da quantia acordada não haja sido pago pelo Tomador.

(continua)

Seguro Garantia Administrativo	Constitui objeto deste seguro a prestação de garantia pelo Tomador para atestar a veracidade de créditos tributários e para a interposição de recurso voluntário em processo administrativo, no âmbito Federal, Estadual e/ou Municipal, na forma da legislação em vigor.

3.5 O seguro garantia como elemento integrante do pacote de garantias em estruturas de *Project Finance*

O pacote usual de garantias requerido em uma estrutura de *Project Finance* envolve um conjunto grande de garantias, requeridas pelos financiadores (bancos ou investidores no mercado de capitais). As garantias são essenciais para assegurar a financiabilidade dos projetos, mitigando os riscos que os financiadores não estão dispostos a assumir, e podem ser diferentes na fase pré-operacional e operacional.

A estrutura de garantias na fase pré-operacional inclui garantias de projeto (exemplo: ações, ativos, recebíveis, contratos, seguros, conta reserva de serviço da dívida e conta reserva de operação e manutenção) e garantias dos acionistas (fiança corporativa, fiança bancária, *Equity Support Agreement – ESA*, ou, em português, Contrato de Suporte dos Acionistas – ou *Completion Bond*). Estruturas de *Project Finance* que requerem garantias dos acionistas, pelo menos na fase pré-operacional, são denominadas *limited-recourse* (regresso limitado ao acionista), enquanto estruturas nas quais não é requerida nenhuma garantia dos acionistas são chamadas de *non-recourse* (sem regresso ao acionista).

A estrutura de garantias na fase operacional diferencia-se geralmente em função da não exigência de garantias dos acionistas, sendo, portanto, a estrutura nessa fase geralmente *non-recourse*.

As estruturas de garantias requeridas nas fases pré-operacional e operacional em financiamentos de projetos no Brasil envolvem composições de garantias, como apresentado na tabela a seguir.

FASE PRÉ-OPERACIONAL	Garantias dos acionistas	Fiança corporativa ou fiança bancária ou *ESA* ou *Completion Bond*
	Garantias de projeto	Penhor/alienação fiduciária as ações da SPE ou da *Holding* controladora das SPEs
		Cessão fiduciária dos direitos creditórios/recebíveis, com constituição de conta centralizadora
		Cessão fiduciária dos contratos do projeto
		Cessão fiduciária dos contratos de seguro
		Alienação fiduciária dos ativos imobilizados do projeto
		Cessão fiduciária dos direitos emergentes da concessão/ autorização
		Conta reserva de serviço da dívida (3 a 6 meses de serviço da dívida)
		Conta Reserva de O&M (3 meses de despesas de O&M)
		Step in Rights
FASE OPERACIONAL	Garantias dos acionistas	Não exigidas normalmente
	Garantias de projeto	As mesmas da fase pré-operacional

A alternativa da substituição da fiança corporativa ou da fiança bancária pelo *Completion Bond* (em uma variante em que o seguro tivesse liquidez e condicionalidade semelhantes a uma fiança bancária) como garantia dos acionistas na fase pré-operacional, apesar de ter sido avaliada positivamente pelo BNDES, ainda não foi implementada efetivamente num caso concreto.

Caso (i) o contrato de construção seja na modalidade EPC *turn key lump sum*, (ii) todas as garantias de projeto estejam constituídas de forma satisfatória ao financiador, e (iii) a depender da avaliação do risco de crédito e da experiência dos acionistas, eventualmente o financiador pode se satisfazer, na fase pré-operacional do projeto, com apenas um *ESA* limitado a um percentual do valor do investimento total do projeto, dispensando garantias fidejussórias.

Há nesse contexto também o debate sobre a eventual necessidade de apresentação de uma garantia para os chamados riscos não gerenciáveis, que poderia ser apresentada, por exemplo, pela Agência Brasileira Gestora de Fundos Garantidores e Garantias S.A. (ABGF), para que o financiador efetivamente ficasse confortável em aceitar somente um *ESA* limitado dos acionistas na fase pré-operacional. A garantia da ABGF funcionaria como uma antecipação de recursos antes do julgamento do mérito de um pleito de reequilíbrio econômico-financeiro.

No caso de projetos *brownfield*, que já estão na fase de operação, e nos quais são necessários investimentos para melhorias e aumento de capacidade, como no caso de rodovias, pode haver eventualmente uma flexibilidade maior na montagem do pacote de garantias. Por exemplo, no caso de concessões de rodovias, ocasionalmente o financiador poderia exigir, além das garantias de projeto, garantias corporativas ou fiança bancária somente até a conclusão de todas as obras de duplicação ou somente até a execução de 10% das obras de duplicação, requisito para o início da cobrança de pedágio. Já no caso de aeroportos, eventualmente somente um *ESA* (limitado ou ilimitado) para sobrecusto ou alavancagem menor que a esperada no financiamento de longo prazo poderia ser suficiente para, combinado com as garantias de projeto, dar o conforto necessário aos financiadores.

A Figura 3.1 apresenta as diferentes modalidades de seguro garantia usualmente requeridas em estruturas de *Project Finance*.

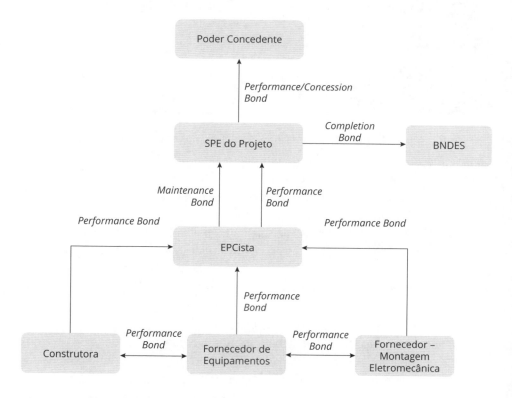

Figura 3.1 Principais modalidades de seguro garantia em estruturas de *Project Finance*.

Os contratos de concessão usualmente preveem que o valor das garantias como o *Performance Bond* (ou Garantia de Execução Contratual) pode ser reduzido ao longo do tempo, conforme o atingimento de marcos contratuais, tais como metas de duplicação em uma rodovia ou o início de operação de unidades geradoras em uma usina hidrelétrica (UHE).

Além do seguro garantia em suas diversas modalidades, outros seguros são usualmente requeridos em estruturas de *Project Finance*. A definição correta da composição desse pacote de seguros, aliada à correta calibragem das coberturas e dos valores segurados, é fundamental para garantir aos financiadores e investidores que os principais riscos que afetam o projeto foram devidamente identificados e mitigados, e sua ocorrência não prejudicará a continuidade e a viabilidade do projeto.

O pacote de seguros típico em uma estrutura de *Project Finance* é composto, entre outros, pelos seguintes tipos de seguros, os quais devem ser mantidos vigentes durante todo o prazo da concessão ou até a emissão do termo de aceitação final do empreendimento (no caso de um contrato de construção ou fornecimento), com coberturas, condições, valores segurados e franquias adequados aos riscos envolvidos em cada fase do projeto.

- Seguro de riscos de engenharia, na modalidade *all risks*, para danos decorrentes de acidentes durante a fase de execução das obras civis ou da instalação e montagem dos equipamentos, incluindo testes de aceitação e comissionamento. Pode incluir também cobertura adicional tipo *Advance Loss of Profits* (ALOP) ou cobertura de perdas de lucros esperados, que usualmente cobre perda de receitas ou despesas adicionais (como, por exemplo, despesas de juros), resultantes de atrasos em relação à data esperada de entrada em operação comercial do projeto em função da ocorrência de riscos cobertos na apólice.
- Seguro de responsabilidade civil para danos pessoais e materiais causados a terceiros.
- Seguro patrimonial, na modalidade *all risks* ou na modalidade riscos nomeados, para danos materiais, cobrindo perda, destruição ou dano em todos ou em qualquer bem integrante da concessão.
- Seguro de transportes, para perdas e danos em equipamentos e materiais em transporte para o canteiro de obras, incluindo também coberturas de responsabilidade civil do transportador e coberturas adicionais como *Delay in Start Up* (DSU) (semelhante ao ALOP).

Em uma concessão, os seguros têm normalmente como beneficiários a concessionária e o poder concedente (como cossegurados nas apólices), mas a concessionária pode ceder seus direitos e obrigações nas apólices em benefício dos financiadores do projeto, sob condição suspensiva.

64   CAPÍTULO 3

3.6   O *Completion Bond*

O *Completion Bond*, que na sua versão tradicional é um seguro garantia que garante o término da obra ou o pagamento de indenização pecuniária, em ambos os casos respeitando-se o limite máximo de indenização definido na apólice (usualmente chamado de importância segurada), tem como valor segurado 100% do valor do principal do financiamento. Essa modalidade de seguro garantia deixou de ser aceita pelo BNDES em função de sua percepção negativa em relação ao instrumento, principalmente relacionada à sua condicionalidade e rol de exclusões.

A introdução de uma variante do *Completion Bond*, menos condicional e mais líquida, é uma alternativa possível em substituição à fiança bancária. Tal instrumento cobriria, da mesma forma que uma fiança, não somente o valor do principal, mas também os juros, as penalidades e os demais encargos previstos no contrato de financiamento, não excluiria riscos de força maior/caso fortuito e vigeria não somente durante o período até o *Completion* Físico do projeto, mas também durante o período entre o *Completion* Físico e o *Completion* Financeiro do projeto. A possibilidade de existência formal de um período de cura, durante o qual a seguradora tentaria mediar uma solução entre tomador e segurado para o problema que gerou a expectativa de sinistro, é um mecanismo que pode ajudar a viabilizar o novo *Completion Bond*.

A utilização de um seguro garantia como o *Completion Bond* em substituição à fiança bancária traria vantagens importantes aos *sponsors* de projetos, ao liberar linhas de crédito bancárias que poderiam ser utilizadas para financiar outros projetos (questão crítica atualmente, dado que os grandes *sponsors* de projetos já estão muito alavancados e com restrições para darem mais garantias em financiamentos), além de não gravar o balanço e não afetar *covenants* de dívidas. Adicionalmente, a chancela de uma seguradora especializada na análise de projetos, que não tem uma visão somente financeira, é um conforto importante para o financiador e outros agentes, em relação à solidez da estrutura do projeto.

3.7   Desafios atuais e tendências

O mercado de seguro garantia tem aberto espaço e cresce a cada ano em ritmo médio de 10 (dez) a 15% (quinze por cento), chegando a 2014 no total de R$ 1,296 bilhão, muito embora tal crescimento, pelo menos nos últimos 3 (três) anos, não esteja atrelado especificamente ao seu escopo e conceito original, qual seja fomentar o crescimento da infraestrutura. O instrumento, ao longo de seus poucos anos de vida, adaptou-se, e ainda se adapta, às condições econômicas apresentadas no país onde ele prospera. Em nosso caso, os governos de Fernando Henrique Cardoso, 1994 a 1998 e respectiva reeleição até 2001, fomentaram a primeira grande movimentação do Brasil em prol de um projeto de infraestrutura mais organizada por meio dos mecanismos das concessões, permissões e autorizações, transferindo a administração de diversos setores da economia, tradicionalmente monopolizados pelo Estado, para a administração privada, seguindo a tendência já sedimentada no cenário mundial de descentralização e desestatização de setores, os quais podem e devem sair das mãos do governo para ganhar eficiência e produtividade nas mãos do setor privado. Aqui prosperaram os primeiros seguros garantia para projetos de infraestrutura no setor elétrico, óleo e gás, construção civil de grande porte, entre outros setores que tiveram seu primeiro contato com o produto.

Tal tendência seguiu durante todo o governo Lula e respectiva reeleição, porém com grande participação das estatais de cada setor de infraestrutura, adicionado a um fato novo de mercado. Um produto que não era, até então, utilizado em grande escala, por falta de arcabouço jurídico, passou, após alterações relevantes de legislação em 2006, a ser uma grande alternativa de receita para o mercado de seguro garantia: o seguro garantia judicial. O seguro garantia judicial atualmente é responsável por grande parte do faturamento das seguradoras, em alguns casos chega a representar 70% (setenta por cento) a 80% (oitenta por cento) do faturamento total dessa linha de negócio, demonstrando dois pontos importantes a serem debatidos. O crescimento do seguro garantia é proporcional ao crescimento da economia brasileira, visto que boa parte de seus produtos e também de seu prêmio emitido por ano depende dos investimentos realizados pelo governo em projetos para alavancar o crescimento do país; e pela simples análise do crescimento do produto judicial conclui-se que estamos diante de um nicho de mercado promissor, o qual pode dominar o cenário nos próximos anos.

O motivo para tanto é relativamente simples. O atual estágio da economia de pouco crescimento, aliado a gastos públicos recordes, com grave desequilíbrio fiscal, resulta em tentativa de maior arrecadação para equilibrar as contas; consequentemente, as discussões judiciais também cresceram, impulsionando o crescimento do seguro garantia judicial, sendo atualmente a área tributária o "carro--chefe" dessa modalidade.

Além disso, o contexto atual do setor de construção, seja imobiliária, grandes obras do setor elétrico ou naval, obras rodoviárias e de infraestrutura em geral, não é favorável, haja vista os casos de corrupção e lavagem de dinheiro que cada vez ganham mais espaço na mídia, afastando os grupos seguradores mais sérios de projetos que envolvam empresas indiciadas e/ou investigadas. O exemplo atual mais clássico é a operação "Lava Jato", adicionando à grave crise econômica causada pelo desequilíbrio fiscal e pelas ações pouco efetivas no combate à estagnação da produção industrial uma crise ética e moral de enorme proporção em setores estratégicos para o desenvolvimento da infraestrutura básica que permitiria o crescimento saudável do país.

CAPÍTULO 3

Além dos pontos elencados acima, deve ser ressaltado o crescimento da competição no mercado. O forte investimento do mercado ressegurador no Brasil, especialmente a partir do respectivo marco legal positivado pela LC nº 126/2007, inundou o mercado brasileiro de crédito disponível para ser utilizado pelas seguradoras. Em 2000, apenas dez seguradoras conseguiram atingir ou ultrapassar a marca de R$ 1 milhão (um milhão de reais) de faturamento, e o mercado atingiu naquele ano R$ 30 milhões (trinta milhões de reais) em prêmios emitidos, comparando a 2015, quando tivemos mais de trinta seguradoras competindo com uma fatia dos quase R$ 1,6 bilhão (um bilhão e seiscentos milhões de reais) em prêmios. Tal competição é resultado da atratividade do retorno de capital, consequência da baixa sinistralidade do mercado, que ficou em torno de 15% em 2015, da remuneração mais adequada em comparação a outros países da América Latina e do potencial de crescimento do Brasil, em que pese o país ainda não atingir as expectativas de tal potencial, ou seja, enquanto tivermos a combinação colocada acima, teremos disponibilidade de capital de resseguro para crescimento do setor.

Para manter a atratividade, o retorno do capital investido necessariamente precisa se manter em níveis aceitáveis aos investidores, o que em última instância significa precificar adequadamente as operações, de acordo com o risco em análise, bem como gerenciar de forma adequada os riscos aceitos, mitigando a possibilidade de eventual falha de processos e, em consequência, de elevação da sinistralidade. Hoje há no mercado muitas seguradoras novas, com corpo técnico enxuto, operando no limite de sua capacidade operacional e terceirizando atividades de suporte. O resultado pode ser catastrófico para as entrantes, bem como para o mercado, visto que, sem nenhum diferencial competitivo, sua estrutura de custos as leva a recorrer à única vantagem competitiva que lhes resta: reduzir preços.

Por último, vale ressaltar o desafio institucional e regulatório. O seguro garantia, embora tenha crescido exponencialmente nos últimos três anos, ainda encontra dificuldades de entendimento por parte de alguns setores da economia, os quais, em contrapartida, também não buscam aproximação com entidades legitimadas a representar o mercado, como são os casos das Federações de Seguro ou de Resseguro, Sindicatos de Corretores ou até mesmo entidades de classe como a Ordem dos Advogados do Brasil, para buscar maiores informações e entender como esse setor funciona de fato. É preciso aproximar beneficiários, tomadores do seguro garantia e seguradores, para que o produto se desenvolva de forma a adequar-se às necessidades de cada parte envolvida. Esse é o primeiro passo para o desenvolvimento de arcabouço jurídico que atenda aos anseios da sociedade. Um exemplo desse processo pôde ser visto quando da promulgação da Portaria PGFN nº 164/2014, momento no qual mercado segurador (privado) e governo (público) entraram em acordo para legitimar a aceitação do produto em situações específicas de necessidade dos contribuintes.

Ante os pontos abordados, conclui-se que o mercado de seguro garantia está em crescimento, porém ele não é sustentável no longo prazo, na medida em que não podemos entender como saudável a dependência extrema de um produto (seguro garantia judicial) para um crescimento constante. É preciso, em primeiro lugar, que o país retome o rumo do crescimento econômico. Consequentemente, o mercado irá retomar os investimentos, primeiramente nos produtos tradicionais, aperfeiçoando-os para melhor atender aos anseios dos segurados, bem como também proteger os tomadores de ações irresponsáveis de seus contratantes. A reforma do seguro garantia, por meio da Circular SUSEP nº 477/2013, é um exemplo de aproximação bem-sucedida entre mercado e governo, e que contribuiu também significativamente para o aperfeiçoamento dos processos de regulação de sinistros, para que se tornem mais claros, precisos e isentos. Outra medida a ser tomada pelo mercado é o investimento em novas frentes de trabalho, como as negociações junto ao BNDES para que o referido banco de fomento volte a aceitar o produto como alternativa para garantir seus contratos de financiamento para projetos de infraestrutura no modelo *Project Finance*, entre outras possibilidades de novos produtos ainda em desenvolvimento, bem como retomada de modalidades pouco utilizadas atualmente, como é o caso do Seguro Garantia Aduaneiro.

REFERÊNCIAS

BRASIL. Lei Complementar no 126/2007. Disponível em: <http://www.planalto.gov.br/ccivil_03/leis/lcp/lcp126.htm> Acesso em: 15 maio 2015.

BURANELLO, Renato Macedo. *Do contrato de seguro*. São Paulo: Quartier Latin, 2006.

CIRCULAR SUSEP nº 477/2013. Disponível em: <http://www2.susep.gov.br/bibliotecaweb/biblioteca.aspx>. Acesso em: 15 maio 2015.

"HEARD ACT" e "MILLER ACT". Disponível em: <https://www.law.cornell.edu/uscode/text/40/3131> e <http://www.gsa.gov/graphics/pbs/miller_brochure.pdf>. Acesso em 15 maio 2015.

POLETTO, Gladimir Adriani. *O seguro-garantia*: em busca de sua natureza jurídica. Funenseg, 2003.

PORTARIA PGFN nº 164/2014. Disponível em: <http://www.pgfn.fazenda.gov.br/seguro-garantia>. Acesso em: 15 maio 2015.

PROJETO DE LEI nº 543/1999. Disponível em: <http://www.camara.gov.br/proposicoesWeb/fichadetramitacao?idProposicao=15574>. Acesso em: 15 maio 2015.

SCHALCH, Débora (org.). *Seguros e resseguros*: aspectos técnicos, jurídicos e econômicos. São Paulo: Saraiva, Virgília, 2010.

PARTE II

CONTRATOS: PROCESSO REGULATÓRIO, MODELAGEM JURÍDICA E REEQUILÍBRIO

4

LIMITES (INFORMAIS) À ESCOLHA DA FORMA DE REEQUILÍBRIO DAS CONCESSÕES DE SERVIÇO PÚBLICO

Frederico de Silveira Barbosa

4.1 Introdução

É comum os regulamentos ou contratos de concessão de serviço público estabelecerem que o poder concedente escolherá a alternativa de reequilíbrio (compensação dos impactos no caixa da concessionária) a ser implementada nos casos de desequilíbrios econômico-financeiros que necessitem ser compensados em benefício da concessionária.

Em função das formas de equilíbrio geralmente disponíveis – indenizações, prorrogações de prazos, aumento de tarifas, modificação dos compromissos da concessionária etc. – e desde que o poder concedente não opte, como forma de reequilíbrio, por modificar os compromissos da concessionária que guardem conexão direta com as características do serviço público oferecido, essa escolha geralmente envolverá o seguinte dilema: **outorgar o direito de cobrar tarifas dos usuários** – tarifas maiores ou por períodos mais longos – ou **fazer uso de recursos fiscais** – pagamentos pelo poder público, imediatos ou a prazo, ou redução de pagamentos ou participações que lhe sejam devidos pela concessionária.

Nesses casos e considerando a aquiescência da concessionária quanto à opção de reequilíbrio do poder público – cuja (des)necessidade não é objeto de análise aqui –, faz-se necessária a seguinte indagação, que balizará a condução deste texto: **há limites à discricionariedade do poder concedente quanto à forma de reequilíbrio (alteração do prazo contratual, indenização, alteração de tarifa) do contrato de concessão?**

Ainda que possa parecer um tema essencialmente técnico, ou reservado à compreensão de especialistas, a abrangência dos impactos dessas escolhas no domínio do interesse público demonstra, cada vez mais, a necessidade da inscrição desses processos decisórios, mesmo que em níveis atenuados de complexidade, na pauta do debate público, como se verá na parte final deste capítulo.

Dedicados a conduzir a análise (talvez menos em direção reta a uma resposta do que a uma saudável problematização) daquela questão central, as seções deste capítulo obedecerão à seguinte ordenação de temas: (i) o equilíbrio econômico--financeiro dos contratos de concessão, (ii) o desequilíbrio e reequilíbrio econômico-financeiro, (iii) os métodos de cálculo do desequilíbrio e do reequilíbrio, (iv) algumas situações concretas de reequilíbrio pela ocorrência de eventos de risco assumidos pelo poder público, a fim de dar concretude à questão colocada, e (v) os limites à discricionariedade quanto à escolha da forma de reequilíbrio.

4.2 Desenvolvimento

4.2.1 Equilíbrio econômico-financeiro dos contratos de concessão de serviço público[1]

A **concessão de serviço público** é o contrato bilateral pelo qual o poder concedente outorga ao concessionário o direito de explorar e obtém o direito de exigir a prestação adequada do serviço concedido, e pelo qual o concessionário, por sua vez, obriga-se à prestação do serviço, tendo ele direito à remuneração condizente com a proposta apresentada e aceita pelo concedente.[2] Firmado o instrumento, nos termos e sob as condições dos respectivos editais e contratos, as partes passam a se sujeitar não apenas às normas morais e legais, pré ou pós-contratuais, mas também às normas de natureza contratual.

Como a **equação do equilíbrio econômico-financeiro do contrato de concessão** representa a relação entre os encargos e retribuições contratuais inicialmente estimados para a concessionária, ela é fruto das percepções, formalizadas ou não, que levaram as partes à celebração do contrato.[3]

---

[1] Muitas das ideias desenvolvidas neste texto vêm sendo aplicadas ou foram debatidas no âmbito de projetos multi ou transdisciplinares de pesquisa, ensino ou extensão (consultoria, assessoria e pareceres) de que participei nos últimos 15 anos. Nessas ocasiões, tive a enorme satisfação de compartilhar ideias e conhecimentos com inúmeros outros pesquisadores ou profissionais, principalmente com Francisco Anuatti Neto e Roberto Guena de Oliveira, mas também com Heraldo Gilberto de Oliveira, Ricardo Celoto, Rodrigo Celoto, Vernon Kohl, Joe Yoshino, Iran Siqueira Lima, Carlos Luque, José Roberto Savoia, Jullyana Sant'Anna, Bruno Giovanetti, Mario Engler Pinto Jr., Carlos Tahan, Mauro Ricardo Machado Costa, Caio Augusto de Oliveira Casella, Marcelo Bianconi, Eli Robeto Pelin, Alberto Weiman Gergull, Antonio Martins Cortada, Pétrick Pontes, Bruno Ramos Pereira, Felipe Fercolin, Marília Kotait, Fabio Pedutto Sertori, Ivo Fruchi Mattos, Lucas Navarro Prado, Claudia Polto da Cunha, Dario Alexandre Guerrero, Isamu Otake, Tomás Bruginski de Paula, Rafael Chelles Barroso, Denise Cardoso, Vinicius Martins, Humberto Laudares, Francisco Vidal Luna, entre outros. Certamente aprendi muito com eles, mas todos os equívocos ou devaneios deste texto – que a quase totalidade desses ilustres amigos desconhece – são exclusivamente de minha responsabilidade.

[2] Celso Antônio Bandeira de Mello afirma que a concessão de serviço público é "o instituto através do qual o Estado atribui o *exercício* de um serviço público a alguém que aceita prestá-lo em nome próprio, por sua conta e risco, nas condições fixadas e alteráveis unilateralmente pelo Poder Público, mas sob garantia contratual de um equilíbrio econômico-financeiro, remunerando-se *pela própria exploração do serviço*, em geral e basicamente mediante tarifas cobradas diretamente dos usuários do serviço" (MELLO, 2007, p. 680).

[3] De forma semelhante, Celso Antônio Bandeira de Mello nos indica que "[e]ntende-se por equilíbrio ou equação econômico-financeira, conforme conceituação feliz de Marcel Waline: '[...] a relação que foi estabelecida pelas próprias partes contratantes no momento da conclusão do contrato, entre um conjunto de direitos do contratado e um conjunto de encargos deste, que **pareceram equivalentes**, *donde o nome de equação* [...]" (MELLO, 2007, p. 680-681) (destaque nosso).

A garantia do equilíbrio econômico-financeiro visa assegurar que as condições efetivas da proposta apresentada no certame licitatório sejam respeitadas pelo Poder Concedente, que não pode alterá-las unilateralmente. Essas condições efetivas, contudo, não estão integralmente expressas no documento, intitulado "proposta", formalmente apresentado na licitação, o qual, normalmente, contém expressa concordância da licitante com os termos do edital e da respectiva minuta contratual. A realidade jurídico-normativa da proposta apresentada em licitação envolve o edital, a minuta do contrato de concessão, a regulação setorial e a lei geral – isto é, envolve o direito de maneira geral: tanto o subjetivo quanto o objetivo.[4]

Nesse sentido, a apresentação da proposta da concessionária em processo competitivo[5] e a respectiva aceitação dela pelo poder público produzem tanto o acordo de vontades em si (o contrato de concessão) quanto o relevante pressuposto da equivalência entre encargos e retribuições da concessionária no momento da formação do contrato. Esse pressuposto é tão forte quanto houver sido rigoroso o teste de mercado inerente à seleção da ocupante da posição contratual da concessionária. É evidente que fatores importantes da equação econômico-financeira do contrato resultam do teste de mercado realizado – tarifa máxima, valor a ser pago pela outorga do serviço, contraprestação exigida, por exemplo.

---

[4] Nesse contexto, **uma das principais condições efetivas da proposta é a alocação de riscos** estipulada pela lei, pela regulação e pelo contrato, alocação essa que é protegida pelo princípio da proteção do ato jurídico perfeito e não pode ser alterada unilateralmente pelos governos, mesmo que não esteja estampada no documento formal intitulado "proposta"; por seu turno, não há qualquer razão legal ou fática para concluir que a análise de desequilíbrios deva ser feita exclusivamente por meio das supostas percepções (projeções financeiras) do licitante, formalizadas no documento intitulado "proposta vencedora". **É coerente com a legislação ordinária e com as regras constitucionais o reconhecimento da não obrigatoriedade de utilização das projeções financeiras que acompanham a proposta vencedora** para fins de análise de desequilíbrios e implementação de medidas de reequilíbrio, salvo disposição contratual em sentido contrário.

No plano constitucional, as regras se limitaram em remeter ao legislador ordinário a regulação do respeito às condições efetivas da proposta. No plano legal, o equilíbrio econômico-financeiro é assegurado na Lei de Licitações, para os contratos administrativos em geral, e na Lei Geral de Concessões, que estipulam a necessidade de preservação – manutenção em equilíbrio – da tarifa da proposta vencedora pelas regras de reajuste e revisão tarifária previstas na lei, no edital e no contrato, bem assim, ressaltando que a principal utilidade do instituto do equilíbrio econômico-financeiro refere-se à proteção contra as alterações unilaterais do contrato, que, sempre que forem atendidas as condições do contrato, referido equilíbrio se considera assegurado. Não há qualquer comando legal no sentido de que o fluxo a ser utilizado para fins de reequilíbrio econômico-financeiro deva ser o integrante da proposta da concessionária, portanto.

[5] A livre concorrência que resta nas prestações monopolísticas de serviços públicos geralmente depende exclusivamente do processo de escolha do concessionário, cujo caráter competitivo é pressuposto deste livro.

76　CAPÍTULO 4

Os encargos e retribuições efetivos da concessionária – inicialmente estimados pelo Governo ou pela concessionária ao prepararem a licitação e a proposta, respectivamente e quase sempre representados pela estimativa das entradas e saídas de caixa pertinentes à exploração da prestação do serviço público durante a vigência do contrato de concessão – sofrem variações, por melhores que tenham sido as avaliações realizadas anteriormente à formação do contrato. Por isso, é relevante à execução contratual saber se as consequências positivas ou negativas dessas variações (i) devem afetar o patrimônio da concessionária – ou seja, se devem ser arcadas por ela, ser de sua responsabilidade e risco –, (ii) serão arcadas pelo poder concedente e/ou (iii) serão suportadas pelos usuários.

Destarte, **a noção de equilíbrio econômico-financeiro do contrato de concessão** não se completa apenas com os encargos e retribuições da concessionária estimados anteriormente à formação do contrato, por mais que essas estimativas tenham, eventualmente, levado as partes a pressupor o equilíbrio da relação entre os encargos e retribuições contratuais e justificado a entrada de cada uma na relação contratual. A completude da noção de equilíbrio ainda depende do regramento legal, regulatório e contratual que explícita ou implicitamente distribui às partes envolvidas os riscos pertinentes à execução do objeto contratual.[6]

O contrato estará equilibrado quando a concessionária tiver cumprido seus encargos, sofrido as consequências dos riscos por ela assumidos **e não estiver suportando impactos positivos ou negativos de riscos que não lhe tenham sido inicialmente atribuídos,** isto é, daqueles retidos pelo poder concedente, transferidos ao usuário ou, de alguma forma, compartilhados entre esses e a concessionária.

Como as consequências para a concessionária advindas de riscos que não são seus devem ser compensadas, é natural que **a manutenção do contrato em situação de equilíbrio** dependa algumas vezes da adoção de medidas que visem manter ou restaurar o equilíbrio inicialmente alcançado.

Classificamos essas medidas ou mecanismos contratuais que visam preservar o equilíbrio econômico-financeiro dos contratos de concessão entre aquelas que objetivam (i) o compartilhamento dos riscos (reajustes[7] e revisões periódicas ou

---

[6] Diremos, doravante, que os riscos foram alocados a cada uma das partes ou compartilhados por meio de mecanismos contratuais, regulatórios ou legais.

Embora o contrato de concessão seja flexível, a alocação e compartilhamento dos riscos não é absolutamente livre. Como, por exemplo, é desejável que as PPPs transfiram aos concessionários os riscos que estes são mais capazes de gerir que o poder público, é também natural que os gestores públicos tenham que fundamentar suas opções quanto ao desenho contratual.

[7] O artigo 23, IV, da Lei Geral de Concessões (Lei nº 8.987/1995) estabelece como cláusula essencial do contrato de concessão aquela que disponha sobre o preço do serviço e os **critérios e procedimentos para o reajuste** e a revisão das tarifas. O reajuste *tarifário*, geralmente realizado com periodicidade anual, tem por objetivo *compartilhar* o risco de inflação entre concessionário e usuário; em outras

ordinárias,[8] por exemplo) e (ii) a <u>compensação da concessionária</u> pela ocorrência de riscos que não lhe haviam sido alocados (revisões extraordinárias, reequilíbrios ou recomposições de equilíbrio).

A construção da equação de equilíbrio econômico-financeiro de cada relação de concessão – dado o seu caráter essencialmente contratual – **pauta-se pela flexibilidade**, pois envolve, como hoje se reconhece de forma mais ampla, variadas possibilidades de alocação e compartilhamento dos riscos e respectivos oferecimentos de incentivos, inclusive no que se refere ao tratamento das consequências econômico-financeiras dos eventos de risco. Esse tratamento costuma envolver regras específicas sobre (i) os modos de mensuração dos efeitos de eventos de risco que fazem surgir na esfera da concessionária o direito a compensações e (ii) as próprias formas de compensação.

As medidas preservadoras do equilíbrio econômico-financeiro dos contratos envolvem ações que geralmente, e de forma similar à representação dos encargos e retribuições originais da concessionária, podem ser representadas tanto por ajustes nas funções inicialmente previstas como por funções acrescidas à equação econômico-financeira inicialmente identificada.

---

palavras, dada a falta de controle que geralmente o concessionário terá sobre os preços dos insumos (e suas variações) envolvidos na prestação dos serviços, seja por perda de valor da moeda, seja por razões de mercado, acorda-se previamente que o preço do serviço *será atualizado (modificado, alterado, reajustado)*. Supõe-se assim que o preço (administrado) do serviço terá menor probabilidade de apresentar grande distanciamento do preço dos insumos.

Embora seja complexa a apuração do impacto da inflação no preço ("administrado") de cada serviço público, dada a conveniência de transferir para o concessionário o risco de variação dos preços dos insumos e ao poder público e ao consumidor o de variação do preço do serviço, muitas vezes são aplicados índices econômicos oficiais, a exemplo do IPCA, IGP-M e/ou INCC, previamente definidos em contrato ou em regulamentação específica. O reajuste não neutraliza o efeito da inflação, pois provavelmente será inferior ou superior à magnitude do impacto inflacionário exato sofrido pelo serviço público. Além disso, como é periódico (anual), até sua aplicação, o impacto inflacionário foi sentido pela concessionária, sem compensação retroativa. Ademais, o reajuste geralmente não tem por fim verificar as condições da concessão, incluindo os aspectos quantitativos dos fatores empregados na prestação do serviço público.

[8] A Lei nº 8.987/1995 estabelece em seu artigo 9º, § 2º, que "os contratos poderão prever mecanismos de revisão das tarifas, a fim de manter-se o equilíbrio econômico-financeiro". Muitos contratos determinam a realização da revisão ordinária, periódica, das tarifas, geralmente a partir da análise das condições da concessão: estágio de implantação dos serviços, sua qualidade, técnicas disponíveis e aplicadas, quantitativos e preços dos insumos empregados, eficiência desejada etc. Então, pela aplicação de método coerente, consistente e transparente, obtém-se periodicamente uma nova tarifa. Normalmente, nas ocasiões em que se realiza a revisão, não se aplica o reajuste tarifário. Como mecanismo de preservação do equilíbrio econômico-financeiro do contrato, a revisão é mais potente e precisa que o reajuste, pois os preços dos insumos, os ganhos de produtividade da concessionária (quantitativos) relativos à administração, operação e manutenção dos serviços, as modificações nos planos de investimentos e outros aspectos específicos são diretamente verificados e considerados na definição do novo preço do serviço público.

CAPÍTULO 4

A identificação da equação do equilíbrio econômico-financeiro do contrato de concessão em cada momento da execução contratual envolve a formulação das funções nas quais os encargos e retribuições passados e futuros da concessionária e *outros parâmetros* da equação são representados. Dessa forma, permite-se, conforme requisitado, que os efeitos econômico-financeiros positivos e negativos dos riscos associados à concessão sejam considerados, especialmente daqueles **não** alocados à concessionária ou compartilhados por esta com o poder concedente.

A equação do equilíbrio econômico-financeiro do contrato precisa ser mutável, sem o que não servirá à manutenção do próprio equilíbrio ao longo do período contratual. Isso ocorre independentemente da verificação de alterações decorrentes de decisões políticas que afetam vetores específicos (receita, custos e investimentos) da equação de equilíbrio econômico-financeiro. Assim, a equação será modificada tanto, de forma deliberada, por modificações na estrutura tarifária, estabelecimento de gratuidades, ampliação das exigências sobre o nível de serviço ou realização de expansões, quanto pela ocorrência de eventos de força maior, caso fortuito, modificações tributárias (fato do príncipe) etc.[9]

Embora seja desejável que as alterações da equação econômico-financeira realizadas com o fim de manter o equilíbrio econômico-financeiro contratual – reajustes e revisões ordinárias ou extraordinárias – **sejam reguladas** pelo contrato, pela regulação setorial ou pela lei, assegurando-se, por exemplo, maior isonomia, previsibilidade e segurança, essas modificações, **principalmente quando possuem finalidade compensatória**, muitas vezes são implementadas sem que haja prévio detalhamento contratual ou regulatório, casos em que cada ajuste da equação depende de acordo das partes e celebração de termo contratual aditivo. Importante observar que, quando há uma autoridade reguladora independente constituída, as alterações da equação econômico-financeira do contrato podem ser arbitradas e implementadas por ato do regulador, dispensando acordo entre concessionária e concedente.

---

[9] É importante tomar o cuidado de não tratar como sinônimos "equilíbrio" e "equação" econômico-financeira, sob pena de se afirmar a imutabilidade da própria equação, a toda evidência inexistente.

Celso Antônio Bandeira de Mello, por exemplo, não obstante o extremo rigor que aplica ao tema, trata "equilíbrio ou equação econômico-financeira, conforme conceituação feliz de Marcel Waline: '[...] a relação que foi estabelecida pelas próprias partes contratantes no momento da conclusão do contrato, entre um conjunto de direitos do contratado e um conjunto de encargos deste, que pareceram equivalentes, *donde o nome de equação; desde então esta equivalência não mais pode ser alterada*'" (MELLO, 2007, p. 680-681) (destacamos).

Ora, pelo que desenvolvemos até agora, a "equivalência" que não pode ser alterada é mais próxima do "equilíbrio" do que da "equação", na medida em que, ao que nos parece, para manter o primeiro "inalterado", a segunda certamente precisará sofrer modificações, por exemplo, por meio do acréscimo ou modificação de suas funções, isto é, pela implementação de revisões ordinárias ou extraordinárias.

LIMITES (INFORMAIS) À ESCOLHA DA FORMA DE REEQUILÍBRIO DAS CONCESSÕES DE SERVIÇO PÚBLICO

Ao passo que **o grau de formalização do acordo quanto ao equilíbrio econômico-financeiro do contrato** depende dos detalhamentos da lei, da regulação e de cada contrato que a formaliza, ou seja, **depende das definições normativas** contidas na lei, na regulação e no contrato relativas aos riscos e às suas consequências, **a consistência, a coerência e a legitimidade desses acordos e sua aceitação** pelos usuários, pelos órgãos de controle e pela sociedade **dependem, também, tanto do saber subjacente a essas questões quanto da percepção dos envolvidos**.

4.2.2 Desequilíbrio e reequilíbrio econômico-financeiros

Como anunciado no tópico anterior, os impactos nas concessões decorrentes da efetivação de eventos de risco alocados contratualmente ao poder concedente – por exemplo, eventos da natureza ou exigências políticas – ensejam processos de reequilíbrio ou compensação. Nesses casos, o ideal será que o reequilíbrio neutralize os efeitos do desequilíbrio, tanto em termos econômicos como financeiros.

Valor presente do Fluxo de caixa do desequilíbrio

+

Valor presente do Fluxo de caixa do reequilíbrio

ZERO

Assim, por exemplo, se por uma decisão política for concedida isenção tarifária nos primeiros anos da execução do contrato de concessão – supondo que a concessão de isenções tarifárias seja risco do poder concedente, como normalmente ocorre –, a concessionária deverá ser indenizada pelos prejuízos econômico-financeiros sofridos. Em termos de prejuízos econômicos, a compensação pode se dar por meio (i) da transferência de recursos fiscais equivalentes às tarifas não recolhidas, (ii) da outorga do direito de cobrar tarifas adicionais dos usuários nos exercícios posteriores, seja por meio do aumento das tarifas previstas ou da prorrogação do prazo da concessão, ou (iii) do cancelamento de obrigações da concessionária relativas a investimentos ou ao nível de serviço, reduzindo os desembolsos esperados. Em qualquer caso, se o fluxo de caixa livre verificado compensar a perda de receita do início da concessão, em termos econômicos, ter-se-á equilibrado a concessão.

Em termos financeiros, por outro lado, nem toda forma de compensação será adequada. A implementação do direito de cobrar tarifas maiores ou por mais tempo (aumento de tarifas ou prorrogação contratual), por exemplo, necessariamente depende da captação de recursos adicionais pela concessionária, os quais precisam ser remunerados adequadamente até que sejam retornados ao concessionário. Mas a

CAPÍTULO 4

obtenção desses recursos adicionais nem sempre será viável. Elementos como a alavancagem da concessionária, a disposição a pagar dos usuários ou o custo de capital envolvido podem impedir que o reequilíbrio por meio da outorga do direito de cobrar tarifas maiores ou por mais tempo seja financeiramente viável. Assim, costumamos dizer que, em regra, desequilíbrios passados e contrários à concessionária apenas podem ser "acumulados" para reequilíbrio futuro mediante sua concordância.

4.2.3 Mensuração dos desequilíbrios e reequilíbrios: principais métodos utilizados no Brasil

No Brasil, por muitos anos utilizou-se, especialmente no setor de transporte, o "método do fluxo de caixa da proposta" para mensurar os desequilíbrios e promover os reequilíbrios contratuais. Por esse método, os efeitos dos eventos de desequilíbrio são mensurados no fluxo de caixa que acompanhou a proposta do concessionário apresentada na licitação, mediante a aplicação da Taxa Interna de Retorno (TIR) lá indicada. Por outro lado, o "método do fluxo de caixa marginal", que começa a ser utilizado em maior extensão,[10] utiliza, para os cálculos, a melhor informação sobre os valores efetivos, marginais, relativos aos impactos do evento de desequilíbrio, isto é, busca-se estimar os impactos do evento de desequilíbrio nos custos, na receita e nos investimentos da concessionária, assim como o custo de capital corrente.

Para ilustrar as diferenças resultantes da aplicação de cada método, vejamos os resultados apurados em cada um dos métodos quando da criação de um imposto que incida sobre o serviço público prestado por uma concessionária, cujo aspecto quantitativo é representado pela alíquota de 5% e base de cálculo equivalente às receitas tarifárias. Para ilustração do fluxo de caixa marginal, suponhamos (i) que a receita tarifária efetiva da concessionária no primeiro ano de incidência do imposto

---

[10] Em 2011, por exemplo, a ANTT editou a Resolução nº 3.651, de 07 de abril de 2011 (disponível em: <http://www.antt.gov.br/index.php/content/view/4651/Resolucao_n__3651.html>, que aprovou a metodologia de recomposição do equilíbrio econômico-financeiro dos contratos de concessão de rodovias federais da 1ª Etapa, da 2ª Etapa – Fase I, e do Polo Pelotas, em decorrência da realização de investimentos e serviços que não foram acordados pelas partes, quando da assinatura do contrato.

Segundo a metodologia aprovada pela Resolução, a recomposição do equilíbrio contratual, na hipótese de inclusão de investimentos ou serviços não previstos na proposta inicial, passou a ser realizada por meio da adoção de um Fluxo de Caixa Marginal, projetado em razão do evento que ensejar a recomposição, sendo considerados (i) os fluxos dos dispêndios marginais resultantes do evento que deu origem à recomposição; e (ii) os fluxos das receitas marginais resultantes da recomposição do equilíbrio econômico-financeiro.

A ARTESP também aprovou sobre o Fluxo de Caixa Marginal para novos investimentos nas concessões a Resolução ARTESP nº 001, de 25 de março de 2013 (disponível em: <http://www.artesp.sp.gov.br/Media/Default/legislacao/Documento/Resolucao%20Artesp%20n%C2%BA%2001-13%2025-03-13%20211042-12-1.pdf>).

LIMITES (INFORMAIS) À ESCOLHA DA FORMA DE REEQUILÍBRIO DAS CONCESSÕES DE SERVIÇO PÚBLICO   81

seja de 360 e (ii) que o imposto incidente (5% x 360) seja dedutível dos tributos sobre a renda (alíquota de 34%). Para fins de comparação, imaginemos duas hipóteses de fluxo de caixa da proposta: uma na qual a receita estimada pela licitante, para o exercício em questão, tenha sido de 200; outra na qual essa receita seria de 500. Os resultados verificados podem ser observados na figura abaixo.

Figura 4.1   Metodologias e as informações utilizadas para o cálculo.

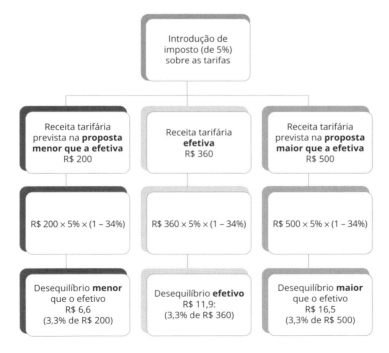

Figura 4.2   Cálculo do desequilíbrio nas diferentes metodologias – Introdução de novo imposto.

Importante observar que, qualquer que seja o método aplicado, o eventual reequilíbrio implementado exclusivamente por meio do aumento das tarifas a partir do momento em que o imposto passa a incidir produziria o mesmo impacto na receita efetiva da concessionária. Para compensar a incidência tributária, verificada de 5% das receitas, bastará majorar as tarifas em 5,26%, caso em que a concessionária obteria uma receita marginal adicional equivalente, nos cenários acima expostos, a 10,53, 18,95 ou 26,32. Como essa receita sofreria a incidência do próprio imposto ensejador do desequilíbrio (5% sobre as receitas), assim como dos tributos sobre a renda de 34%, seria assegurado um resultado líquido à concessionária, na planilha de cálculo, de 6,6, 11,9 e 16,5, ou seja, os mesmos valores de desequilíbrio acima mencionados. Esses resultados são mostrados no diagrama da Figura 4.3, seguinte.

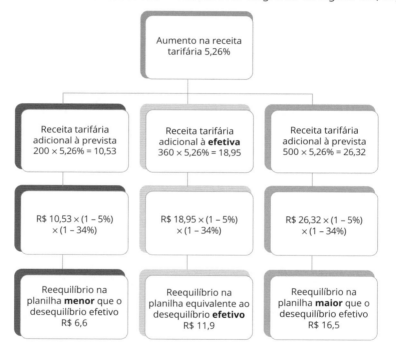

Figura 4.3 Reequilíbrio de tarifa nas diferentes metodologias – Reequilíbrio via tarifa.

Esses resultados mostram que, caso o poder público, para compensar um tributo de 5% que venha a incidir sobre a receita tarifária, aumente a tarifa em 5,26%, tal aumento será suficiente para compensar o desequilíbrio verificado, sendo irrelevante a utilização, em tais cálculos, do método do fluxo de caixa da proposta (valores da proposta) ou do fluxo de caixa marginal (valores efetivos).[11]

---

[11] Note-se que, nos exemplos construídos, para evitar que eles tornem-se desnecessariamente complexos, desconsideramos efeitos adicionais das modificações introduzidas, como a elasticidade preço-demanda.

Importante ainda ressaltar que, obviamente, mesmo que se promova as contas pelo método do fluxo de caixa da proposta – que indicam, em nossos exemplos, valores de desequilíbrio/reequilíbrio de 6,6 e 16,5 –, os valores que efetivamente serão percebidos pela concessionária serão aqueles resultantes de sua demanda efetiva de usuários, ou seja, de 11,9.

Outra relevante consideração a ser feita é que, caso se opte pela compensação do mencionado desequilíbrio via pagamentos ou subsídios mensais a serem pagos pelo poder público simultaneamente ao recolhimento do imposto que passou a incidir, os resultados indicados pelo método do fluxo de caixa da proposta certamente mostrar-se-ão inadequados, visto que não equivalem ao prejuízo efetivo da concessionária. Assim, certamente seria questionado pela concessionária se, para cada 11,9 de desequilíbrio efetivo, fosse indenizada em apenas 6,6 – tal como deveria ser questionado pelo Poder Concedente se, na mesma situação de desequilíbrio, tivesse que pagar para a concessionária 16,5.

Em síntese, ao realizar contas como essas, sempre será necessário que o poder público verifique as limitações do método utilizado para evitar tanto a geração de prejuízos aos seus parceiros quanto o pagamento superior aos valores devidos.

Desnecessárias maiores delongas para alertar no sentido de que essas distorções podem ser bastante ampliadas se considerados os efeitos da aplicação da taxa de desconto (para pagamento à vista) ou de capitalização (para pagamento mediante extensão do prazo do contrato) dos valores de desequilíbrio apurados ou estimados. Como vimos, convencionou-se que o método do fluxo de caixa da proposta implica a utilização da TIR indicada no plano de negócios da proposta para, por exemplo, promover o desconto dos valores de desequilíbrio antecipados ou a remuneração dos desequilíbrios passados que serão apenas futuramente compensados.

Destarte, inegável que, nos casos em que houver que ser utilizada a TIR da proposta e esta for maior que o custo de capital corrente, eventuais *reequilíbrios de longo prazo* – pagamentos parcelados, mediante emprego de recursos fiscais; compensações tarifárias, mediante, por exemplo, aumento de tarifas ou prorrogações contratuais – ensejarão, em comparação com os impactos efetivos sofridos pela concessionária, compensações maiores que as necessárias.

Esse problema não é exclusivo dos casos de aplicação do fluxo de caixa da proposta. Mesmo nos casos do fluxo de caixa marginal, vale notar que, certamente, serão observadas situações nas quais o custo de capital ou de oportunidade da concessionária é maior que os custos de capital ou de oportunidade do governo (ou mesmo dos usuários). Nesses casos, poderá ser vantajoso antecipar a realização de reequilíbrios que, em termos contratuais, poderiam ser dilatados, ainda que, para tanto, o poder concedente tenha que captar recursos por outros meios.

Os exemplos seguintes são ilustrativos da importância da comparação entre os custos de capital para o governo e para concessionária, a fim de se assegurar o melhor uso dos recursos públicos, entendidos como tais tanto os recursos fiscais quanto os recursos dos usuários dos serviços públicos.

Suponhamos, primeiramente, sendo necessária a compensação da concessionária em R$ 100, que seu custo de capital (taxa de remuneração da concessionária) seja de 12% a.a., e que o custo de capital do Estado seja de 6% a.a. Nesse caso, ainda que o pagamento parcelado seja, sob a ótica da concessionária, equivalente ao pagamento à vista, sob a perspectiva do Estado, quanto maior for o prazo de pagamento – no exemplo considerados em 10, 15 ou 20 anos –, maior será o valor presente do fluxo de reequilíbrio.

Tabela 4.1 Efeito do prazo no valor efetivamente pago – TIR Concessionária: 12% *versus* Custo de Capital do Estado: 6%

Valor presente do desequilíbrio	R$ 100		

Taxa de remuneração da concessionária	**12%**		

Custo de capital do Estado	6%		

Prazo de pagamento (anos)	10	15	20
Prestação anual	(R$ 17,7)	(R$ 14,7)	(R$ 13,4)
Valor presente de pagamento**	R$ 130	R$ 143	R$ 154

* Taxa de remuneração da concessionária (TIR da proposta ou custo de capital corrente)
** Segundo o custo de oportunidade do poder concedente

Importante observar que são muito expressivas as diferenças nos resultados verificados se se modificar o custo de capital da concessionária. Assim, vejamos o que ocorre se, mantidas todas as premissas e propósitos, se elevasse o custo de capital da concessionária para 18% a.a.

Tabela 4.2 Efeito do prazo no valor efetivamente pago – TIR Concessionária: 18% *versus* Custo de Capital do Estado: 6%

Valor presente do desequilíbrio	R$ 100		

Taxa de remuneração da concessionária	**18%**		

Custo de capital do Estado	6%		

Prazo de pagamento (anos)	10	15	20
Prestação anual	(R$ 22,3)	(R$ 19,6)	(R$ 18,7)
Valor presente de pagamento**	R$ 164	R$ 191	R$ 214

* Taxa de remuneração da concessionária (TIR da proposta ou custo de capital corrente)
** Segundo o custo de oportunidade do poder concedente

O aspecto mais importante a se observar nesses dois exemplos – que diferem entre si, exclusivamente, pela elevação da taxa de remuneração da concessionária de 12% para 18%, o que produz, por seu turno, expressiva elevação nos valores de "prestação anual" a que essa fará jus pelo parcelamento do desequilíbrio – refere-se à enorme diferença entre os valores (reais) presentes dos pagamentos apurados pela taxa de 6% a.a. (mais a inflação).

Ressalta-se, ademais, que as taxas de remuneração adotadas nos exemplos são taxas que poderão ser encontradas, sem muitas dificuldades, em inúmeros contratos de concessão em vigor, especialmente – mas não exclusivamente – em casos nos quais os processos de desequilíbrio/reequilíbrio são realizados segundo o método do fluxo de caixa da proposta; assim como que o "custo de capital do estado adotado" tanto pode representar o custo de capital da União Federal quanto ser uma boa medida do custo de oportunidade dos usuários, visto que 6% (mais inflação) é uma taxa bem próxima da atual remuneração das Notas do Tesouro Nacional, emitidas pela primeira e normalmente compradas pelos usuários.

Ora, se R$ 100 seriam suficientes para pagar, à vista, um determinado desequilíbrio, seu parcelamento em 20 anos representará, para o poder público, o pagamento de R$ 154 ou R$ 214, dependendo da taxa de remuneração da concessionária (12 ou 18%). Nesses casos, natural que o poder concedente – principalmente se normalmente lhe seja assegurada essa alternativa pelo contrato de concessão – analise a possibilidade de tomar recursos mediante o pagamento de juros de 6% a.a. (mais inflação), viabilizando o pagamento da concessionária à vista.

Se se pretendesse que as tarifas recolhidas em médio/longo prazo dos usuários pagassem esse desequilíbrio, poder-se-ia pensar na emissão de um título de dívida pela concessionária, **garantido pelo Poder Concedente**, cujo resgate seria promovido mediante tarifas adicionais a serem pagas pelos usuários.[12] O importante é

---

[12] Com fins semelhantes, recentemente, o Governo Britânico, por intermédio da Secretaria de Estado de Transportes, passou a garantir **incondicionalmente** as obrigações financeiras da Network Rail Infrastructure Limited – responsável por operar, manter e aprimorar a infraestrutura de trilhos, sinalizações, estações e pontes que compõem a malha ferroviária de todo o Reino Unido (Inglaterra, Escócia e País de Gales) –, utilizando-se de um mecanismo de garantia financeira chamado "Financial Indemnity Mechanism (FIM)". O fim dessa operação foi permitir à Network Rail tomar recursos no mercado a uma taxa de juros mais baixa do que seria possível para uma empresa do setor privado, atendendo-se, assim, tanto aos interesses dos usuários, na medida em que reduzirá a tarifa cobrada, quanto aos do governo britânico e da Network Rail, ao se permitir a realização de financiamentos de maneira mais eficiente.

Informações disponíveis em:

<http://www.networkrail.co.uk/about-us/governance/>

<https://www.gov.uk/government/uploads/system/uploads/attachment_data/file/347092/facility-agreement.pdf>

<www.parliament.uk/briefing-papers/sn02129.pdf>.

pontuar que não será razoável, em cenários como os ora analisados, simplesmente parcelar os desequilíbrios perante as próprias concessionárias a custos elevados, indefensáveis, quando for viável realizar esses reequilíbrios arcando com custos de capital mais próximos daqueles representativos do custo de capital do poder concedente (quando se tratar do emprego de recursos fiscais) ou do custo de oportunidade dos usuários (quando do emprego de recursos tarifários).

Em síntese, nossos Governos precisam ser forçados a demonstrar tanto que estão dispostos a considerar detidamente – entre outros elementos – a taxa representativa de seu custo de capital ou o custo de oportunidade dos usuários, conforme for o caso, na tomada de decisão sobre a forma de reequilíbrio, quanto que, ao enfrentar o dilema de promover o reequilíbrio por meio do emprego de recursos fiscais ou de recursos tarifários, estariam fazendo escolhas sensatas. A necessidade dessas considerações ou fundamentações ficará mais clara a partir dos exemplos a seguir expostos.

4.2.4 Exemplos de reequilíbrio

Os casos escolhidos para ilustrar o dilema acima mencionado envolvem as seguintes ocorrências (eventos de risco):

1. **Modificações tributárias** (recolhimento pela concessionária de novas incidências tributárias sobre os serviços ou a receita da concessionária), que afetam o vetor **receita** (líquida) do fluxo de caixa da concessionária.
2. **Exigência de novos investimentos**, que, causadores de desembolsos de caixa adicionais, afetam tanto o vetor "investimento" quanto o vetor "custos" – de manutenção e outros – do fluxo de caixa da concessionária.
3. **Não realização de reajustes tarifários**, que afetam o vetor receita do fluxo de caixa da concessionária.
4. **Escassez hídrica**, causadora de aumento de custos de provisão dos serviços de energia elétrica e, eventualmente, de perda de receita.
5. **Escassez hídrica**, causadora de aumento de custos de provisão dos serviços de abastecimento de água e de perda de receita.

Esses exemplos foram extraídos de casos concretos que afetaram e que, na maioria dos casos, ainda estão a afetar os poderes concedentes ou os usuários, como se vê no Quadro 4.1, a seguir apresentado, que permite verificar se foram ou estão sendo levados em consideração os custos de capital envolvidos ou como se deu a solução do dilema entre reequilibrar mediante o emprego de recursos fiscais ou tarifários.

LIMITES (INFORMAIS) À ESCOLHA DA FORMA DE REEQUILÍBRIO DAS CONCESSÕES DE SERVIÇO PÚBLICO   87

Quadro 4.1 Casos de desequilíbrios e opções reequilíbrio.

	Casos de desequilíbrios e opções de reequilíbrio				
	Exemplo 1	*Exemplo 2*	*Exemplo 3*	*Exemplo 4*	*Exemplo 5*
Desequilíbrio verificado (risco assumido pelo poder concedente)	Incidência de novos impostos municipais sobre pedágios de rodovias estaduais	Desembolsos relativos a investimentos não previstos inicialmente em rodovias	Não realização de reajustes em função das manifestações de junho de 2013	Elevação do custo de aquisição de energia elétrica devido à escassez hídrica	Aumento no custo de energia elétrica e redução na demanda decorrente da crise hídrica
Necessidades	Compensar a concessionária pela (i) perda de receita, (ii) pelo aumento de custos e/ou (iii) pelos desembolsos com investimentos (incluindo eventual remuneração do capital)				
Possibilidades de reequilíbrio	(i) Direito de cobrar tarifas dos usuários e/ou (ii) compensações financeiras (recursos fiscais)				
Método de cálculo previsto	Fluxo de caixa da proposta			Fluxo de caixa efetivo	
Taxa de remuneração	Taxas das propostas, com valores bastante elevados, muitas vezes superando 20% a.a.		12% a.a.	WAAC contemporâneo definido pelo regulador para as concessionárias	
Solução adotada	Prorrogação de prazos contratuais (direito de cobrar tarifas por mais tempo)	Redução de valores devidos pelas concessionárias ao governo (compensações financeiras), de forma praticamente imediata à realização dos desembolsos efetivos adicionais	Aumento dos subsídios públicos (compensação financeira)	Captação de recursos de terceiros (endividamento) por distribuidoras, seguido da realização de subsídios públicos (compensação financeira) e de aumentos tarifários (ainda não empregados)	Revisão extraordinária para compensar as perdas da companhia com (i) aumento no custo de energia elétrica; e (ii) redução na demanda decorrente da crise hídrica

(continua)

Questionamentos apresentados	Além de inúmeras críticas públicas e do Legislativo, o próprio poder condedente, embora por argumentos formais, está a questionar – judicialmente – a opção adotada	Desconhecemos questionamentos	Questionamentos gerais face à deterioração das finanças públicas	A medida foi implementada sem que se definisse previamente como as distribuidoras pagariam os empréstimos (tarifas ou novos repasses). Num primeiro momento, por razões político-eleitorais, foram concedidos subsídios públicos; num segundo momento, muito recente, foi decidido que haverá novos empréstimos e elevação de tarifas	Críticas em relação à decisão inicial de estabelecer uma política de concessão de descontos para redução do consumo, que ocasionou a perda de faturamento, para, posteriormente, promover o reequilíbrio da empresa, por meio da concessão de ajuste extraordinário sobre a tarifa para compensar o desequilíbrio provocado
Observações		A elevada taxa de descontos foi a razão de se ter optado pela realização de compensações financeiras simultâneas aos desembolsos, mediante emprego de recursos fiscais	Se os pagamentos tiverem sido realizados no curto prazo via recursos fiscais, não sofreu efeitos desse custo de capital		A concessionária alega que a concessão de descontos tarifários para os consumidores que reduziram o consumo não foi o objeto de reequilíbrio

No Exemplo 1, inúmeras críticas públicas e do Legislativo foram feitas quanto à opção de reequilíbrio adotada pelo governo estadual. Essas críticas envolvem dois aspectos principais: considerando que o método de reequilíbrio adotado era o do fluxo de caixa da proposta e a demanda prevista era superior à demanda efetivamente verificada, o desequilíbrio verificado era maior que o efetivo; além disso, tendo em vista as elevadas taxas de desconto previstas e a opção de reequilíbrio mediante concessão de prazo adicional (direito de cobrar tarifas por prazo mais longo), pode-se afirmar que o valor do reequilíbrio – se trazido o fluxo a valor presente por taxa de descontos adequada à medição do custo de capital para o Governo ou para o usuário, ou mesmo por taxa de remuneração condizente com o custo de capital contemporâneo da concessionária – será muito maior que o valor do desequilíbrio verificado para a concessionária. A toda evidência, se o pagamento desse desequilíbrio tivesse se dado mediante aumento de tarifas (como demonstrado acima), em vez da concessão de prazos adicionais que chegam a 8,5 anos, os usuários pagariam muito menos.

Os questionamentos quanto a esse processo de reequilíbrio são variados, tendo ocorrido até mesmo uma CPI na Assembleia Legislativa paulista. Contudo, as críticas finais verificadas apontam uma preocupação muito maior quanto ao método de apuração do desequilíbrio – fluxo de caixa da proposta, que ensejou, na maioria dos casos, majoração dos valores base de desequilíbrio – do que quanto à opção de reequilíbrio pela prorrogação da concessão (direito de cobrar tarifas por mais tempo). Vale observar, ainda, que a agência reguladora desses contratos iniciou processo com vistas à declaração da nulidade dos termos aditivos firmados, sob o fundamento de que, segundo a literalidade do artigo 9º, § 3º, "ressalvados os impostos sobre a renda, a criação, alteração ou extinção de quaisquer tributos ou encargos legais, após a apresentação da proposta, quando comprovado seu impacto, **implicará a revisão da tarifa**, para mais ou para menos, conforme o caso". No entender da ARTESP, em se tratando de majoração de impostos, não poderia ter sido prorrogada a concessão, sendo de rigor a majoração das tarifas.

É provável que o interesse dos usuários não tenha sido bem zelado nesse caso. A opção equivocada pelo reequilíbrio mediante concessão de prazo adicional (direito de cobrar tarifas adicionais dos usuários) permitiu que as falhas do método da proposta produzissem efeitos. Não bastasse esse aspecto, (i) as elevadas taxas de remuneração aplicadas (em torno de 20% a.a., mais a inflação), muito distantes do custo de capital corrente por ocasião da celebração dos aditivos, (ii) o tempo que faltava para se iniciar o pagamento – que produziu o efeito de um longo período de carência, superior a 10 anos, no qual "os juros seriam capitalizados" – e (iii) o longo período de pagamento – até 8,5 anos de execução contratual adicional – fizeram o "passivo dos usuários" avolumar-se de tal modo que o valor que hoje deve ser pago às concessionárias mediante tarifas de pedágio, em todos os casos, representa múltiplos do desequilíbrio original.

Cremos que, se, à época, simulações adequadas houvessem sido feitas e um processo apropriado de comunicação com o público tivesse sido implementado, jamais os usuários teriam optado por financiar, no âmbito dos contratos de concessão e a taxas tão elevadas, custos com impostos da geração atual, transferindo-os para usuários futuros, alguns dos quais nem tinham nascido quando a operação foi realizada.

Os problemas verificados no âmbito do Exemplo 1 levaram a que, no âmbito do Exemplo 2, se optasse por assegurar à concessionária compensações financeiras, mediante o emprego de recursos fiscais, de forma imediata à realização dos desembolsos com novos investimentos. Nesse caso, além de não haver questionamentos, não se permitiu que os cofres públicos sofressem as mesmas e drásticas consequências sofridas pelos usuários no primeiro exemplo.

De todo modo, impossível não perceber que seria muito mais fundamentado – desde que a taxas aceitáveis, obviamente – eventual financiamento, no âmbito de contratos de concessão, da realização de novos investimentos – caso do Exemplo 2 –, do que de impostos correntes – caso do Exemplo 1. Essa incoerência, contudo, justifica-se pela necessidade, absolutamente compreensível, de evitar o endividamento do Estado ou dos usuários com base em taxas de remuneração tão elevadas quanto as previstas nos contratos em questão.

O Exemplo 3, se admitido que não haveria alternativa para compensar a não realização dos reajustes – hipótese essa falsa, pois há espaço para redução dos custos de operação dos ônibus, como, por exemplo, por meio da eliminação do emprego dos cobradores –, ilustra situação na qual a única forma de reequilíbrio era o emprego de recursos públicos (subsídios). A impossibilidade de outorga do direito de cobrar tarifas é patente, visto que a causa do desequilíbrio foi, justamente, a não concessão de reajuste tarifário. Ademais, dado o elevado peso dos custos operacionais e a irreversibilidade dos equipamentos empregados na prestação dos serviços, não se poderia postergar o aumento para ocasião em que os investimentos estivessem pagos, como foi possível no caso das incidências tributárias do Exemplo 1.

No âmbito do Exemplo 3, assim, a principal questão que se coloca diz respeito ao subsídio público do custo operacional do transporte público no montante capaz de compensar a perda de receita tarifária. Naturalmente, esse recurso público é escasso, e seu emprego em outras atividades, mesmo que relacionadas ao transporte público (corredores, VLTs etc.), provavelmente encontraria fundamentos mais sólidos.

Os dois últimos exemplos, enumerados como 4 e 5, são mais complexos. Se ignorados os efeitos perversos de sinalizações econômicas inadequadas (baixas tarifas em situações de demanda crescente e oferta reduzida), pode-se admitir que a causa de ambas as situações de desequilíbrio é a mesma, uma vez que a escassez hídrica prejudica tanto a produção de água na Região Metropolitana de São Paulo e adjacências quanto a geração de energia hidroelétrica no País. Em ambos os casos, inegável que se elevam os custos de produção de água e de energia, seja em função dos investimentos adicionais necessários, seja em função de maiores custos operacionais (operação de usinas térmicas para geração adicional de energia elétrica e de sistemas adicionais de bombeamento para extração de volumes mortos de água). Também, em ambos os casos, verifica-se perda de receita para as concessionárias, principalmente no caso do abastecimento de água.

Situações como essas exigem elevação das tarifas, tanto com o intuito de assegurar recursos necessários para a realização dos investimentos e para arcar com os custos operacionais adicionais quanto para sinalizar adequadamente a escassez. Em ambos os casos, contudo, não foi essa a solução adotada no primeiro momento.

No que tange à elevação dos custos de geração de energia elétrica (Exemplo 4), embora caiba às distribuidoras apenas repassá-los aos consumidores, optou-se por represar esses aumentos, concedendo às distribuidoras empréstimos bilionários para viabilizar o pagamento dessas contas junto às geradoras, a juros do mercado de curto prazo (CDI, mais 1,9% e, numa segunda operação, 2,35%).

Nunca foi esclarecido com qualquer grau de precisão quem pagaria esses empréstimos. Sem que se tenha nem sequer indicado qualquer capacidade do Tesouro de assumir esses custos, ao longo de 2014, cogitou-se levianamente a aplicação de recursos públicos, pelo menos até que passasse a eleição. Passada a eleição, foi anunciado que o pagamento desses empréstimos deverá ser realizado exclusivamente por meio do aumento de tarifas.

Necessário ressaltar, ainda, que o aumento tarifário provavelmente se dará por meio de mecanismo denominado Conta de Desenvolvimento Energético (CDE), que, sempre que aplicado, tem implicado subsídio tarifário das regiões norte e nordeste pelas regiões sul, sudeste e centro-oeste. Portanto, os custos envolvidos para os usuários das regiões financiadoras dos subsídios podem ser ainda maiores que aqueles que se espera pela indicação das taxas acima. Não há razões gerais capazes de fazer com que esses últimos usuários concordem com a rolagem desses custos nos termos em que proposta pelo Governo Federal.

No que tange à produção de água (Exemplo 5), optou-se, inicialmente, em fevereiro de 2014, pela concessão de desconto tarifário para os consumidores que reduzissem o consumo, sem que se tenha estabelecido quem é que arcaria com esse custo. Em janeiro de 2015, em razão da persistência da crise hídrica, o regulador autorizou o concessionário a aplicar *Tarifa de Contingência* (multa) para os usuários já abrangidos pelo Programa de Incentivo à Redução no Consumo de Água que ultrapassassem determinados valores médios de consumo. Embora essas medidas tenham colaborado com a redução do consumo, elas – principalmente

CAPÍTULO 4

a primeira[13] – prejudicaram sensivelmente o caixa da prestadora de serviços, ampliando o **desequilíbrio econômico-financeiro da concessão já sofrido pela Companhia em função das restrições da capacidade de oferta e da redução normal do consumo**.

Destarte, com fundamento em regra que assegura à concessionária a revisão extraordinária das tarifas (cl. 53, "f", do Contrato celebrado com a Capital, por exemplo) – caso esse em que deverá ser compensada mediante o provável emprego do WACC definido pela ARSESP (próxima a 8%, mais inflação) –, em 06 de março de 2015 a Sabesp apresentou à ARSESP pleito de Revisão Tarifária Extraordinária, com o fim de preservar o equilíbrio econômico-financeiro da empresa, o qual foi atendido parcialmente pela agência reguladora, permitindo-se a cobrança de tarifas adicionais de 6,9154%,[14] para compensar a "redução no volume faturado" e o aumento das tarifas de energia elétrica.[15]

Ainda que não tenha requerido reequilíbrio para compensar todos os prejuízos que teve, como, por exemplo, os "bônus" tarifários concedidos, a Companhia vem defendendo publicamente que as medidas de reequilíbrio autorizadas pela ARSESP – inferiores às requeridas – não são suficientes para compensar os desequilíbrios sofridos e objeto de pleito de reequilíbrio.[16]

Importante observar que, no caso do saneamento básico oferecido pela Sabesp, há, pelo menos no âmbito do arranjo estabelecido com o Estado e a Capital, regra explícita segundo a qual todo desequilíbrio econômico-financeiro será resolvido por meio de tarifas. Nesse contexto, há que se indagar até que ponto fez sentido iniciar o enfrentamento da crise hídrica apenas com a concessão de descontos se, ao final, haveria necessidade de aumento de tarifa para compensar a "perda de faturamento".

Nesse contexto, provavelmente teria sido mais proveitoso ter iniciado mais cedo a aplicação da tarifa de contingência anunciada pelas autoridades apenas

---

[13] Apenas os "bônus" para redução do consumo tiveram um custo, em 2014, superior a R$ 370 milhões (conforme noticiado por matérias dos jornais *El País* (<http://brasil.elpais.com/brasil/2015/04/01/politica/1427909454_574837.html>) e *Estadão* (<http://sao-paulo.estadao.com.br/noticias/geral,com-a-crise-lucro-da-sabesp-cai-pela-metade-e-rodizio-nao-esta-descartado,1658724>).

[14] Tarifa autorizada pela Deliberação ARSESP nº 561, disponível em: <http://www.arsesp.sp.gov.br/LegislacaoArquivos/ldl5612015.pdf>.

[15] Não foram pleiteados reequilíbrios relativos a novos investimentos realizados.

[16] Em entrevista concedida ao jornal SPTV – 1ª edição, da TV Globo, o atual presidente da Sabesp, Jerson Kelman, alegou que o reajuste concedido pela ARSESP foi insuficiente, ocasionando, dessa forma, a postergação de algumas obras de saneamento previstas para serem iniciadas em 2015.

<http://g1.globo.com/sao-paulo/noticia/2015/05/sabesp-diz-que-vai-adiar-obras-de-saneamento-apos-reajuste-menor.html>

<http://sao-paulo.estadao.com.br/noticias/geral,com-reajuste-menor-que-o-pedido-sabesp-vai-atrasar-obras,1681850>.

após um ano do início da concessão de descontos, medida essa que, se bem dosada, teria evitado ou ao menos amenizado o desequilíbrio verificado, evitando que os próprios beneficiários do desconto agora arquem com tarifa adicional (6,9154%) destinada a reequilíbrio.

Não é difícil perceber, no âmbito dos Exemplos 4 e 5, que as decisões adotadas foram nitidamente influenciadas pelo jogo político – que provocou uma postergação de medidas supostamente desagradáveis para os consumidores, adotadas apenas após as eleições nacionais e estaduais –, tampouco que os consumidores, se devidamente informados e esclarecidos de que teriam que arcar posteriormente com os custos desses desequilíbrios por meio do aumento de tarifas, talvez não tivessem concordado em postergar um aumento necessário, financiando-o às taxas indicadas, para, futuramente, ter um aumento maior ainda.

Em especial no caso do Exemplo 4 e tal como no caso do Exemplo 1, custos operacionais parecem ter sido financiados por meio dos contratos de concessão, e não apenas os investimentos em infraestrutura que tivessem por propósito beneficiar sucessivas gerações. É de se ressaltar, ainda, que se o próprio governo tomasse esses empréstimos com o fim de financiar (postergar!) custos operacionais e, com os recursos poupados, tivesse subsidiado as tarifas de energia elétrica ora analisadas, certamente incorreria em violação à Lei de Responsabilidade Fiscal, que apenas permite o endividamento público em prol de despesas de capital.

Tal como no caso do Exemplo 1, os governos fizeram com o bolso dos usuários dos serviços aquilo que não devem fazer com seu próprio bolso.

Sob o ponto de vista da coerência e da neutralidade, não se pode dizer que viemos empregando da melhor forma os mecanismos de reequilíbrio econômico-financeiro. Estes, em vez de serem direcionados ao simples fim de neutralizar os desequilíbrios, têm sido empregados de forma que permitem inúmeras outras transferências de rendas, fazendo-nos lembrar das palavras de Ulrich Beck (1998, p. 10) no sentido de que "[u]m paradoxo central da sociedade do risco é que esses riscos são gerados pelos processos de modernização que tentam controlá-los".

Sob o prisma da neutralidade, o reequilíbrio pode ser desequilibrador.

4.2.5 Limites à discricionariedade do Poder Concedente quanto à forma de reequilíbrio

Ainda que não haja sempre regras claras sobre as opções dos nossos governantes no que tange às escolhas sobre as formas de reequilíbrio, não podemos nos esquecer de que, "[...] como colegisladores democráticos, os cidadãos não podem fechar-se às exigências informais que resultam de uma orientação pelo bem comum".

Embora a filosofia política de Habermas não seja fonte do direito, no primeiro ano da faculdade de Direito costuma-se aprender que, segundo o art. 5º da Lei de

94 CAPÍTULO 4

Introdução às Normas do Direito Brasileiro,[17] "**na aplicação da lei, o juiz atenderá aos fins sociais a que ela se dirige e às exigências do bem comum**". Não falta, assim, fundamento jurídico para que haja efetiva repressão a opções de reequilíbrio que afrontem o princípio republicano.

Desnecessário empreender muito esforço para perceber que os contratos de concessão não se prestam à transferência de tributos ou benefícios tarifários incorridos ou gozados pela geração atual para as futuras, tampouco para permitir que, para economizar 100, faça o usuário gastar mais de 200. É muito improvável que desequilíbrios decorrentes de impactos tributários que afetem a geração atual, investimentos em ativos de longo prazo, benefícios tarifários e escassez hídrica devam ser compensados pela mesma via.

Ao que nos parece, o efetivo direcionamento da república para o bem comum não se realiza se falta publicidade, transparência, motivação (explicitação dos motivos legais e fáticos das decisões) e *accountability*.

Como nos esclarece J. Luis Guasch (2004, p. 36), ao indicar os elementos de uma boa modelagem de contratos de concessão:

> Claims for renegotiation should be reviewed as transparently as possible, possibly through external, professional panels to assist regulators and governments in their analysis and decision making. Any adjustments granted should be explained to the public as quickly as possible.

Essa, infelizmente, nem sempre tem sido a postura de nossos governos.

4.3 Epílogo

A busca desse mais amplo diálogo com a sociedade afetada pelo contrato de concessão é o único mecanismo efetivamente capaz de amenizar os problemas identificados neste texto. Será melhor progredir, pois, considerando as relações de longo prazo inerentes às concessões, não se poderá impedir que, no futuro, áreas previamente imunes ao debate público venham a ser ocupadas pelos interessados, circunstância na qual opções passadas equivocadas poderão ser questionadas e até mesmo modificadas.[18]

---

[17] Decreto-Lei nº 4.657, de 4 de setembro de 1942.

[18] "[...] áreas previamente despolitizadas dos processos de tomada de decisão estão se tornando politizadas através da percepção do risco, e devem ser abertas ao escrutínio público e ao debate. Decisões econômico-corporativas, agendas de pesquisa científica, planos para desenvolvimento de novas tecnologias devem ser todos abertos até um processo generalizado de discussão, e um sistema legal e institucional deve ser desenvolvido para sua legitimação democrática.

[...] Para mim, a democracia técnica (ou ecológica) é a utopia de uma modernidade responsável, uma visão de sociedade na qual as consequências do desenvolvimento tecnológico e a mudança econômica são debatidas antes de decisões chaves serem tomadas" (BECK, 1998, p. 21).

Ainda que, no curto prazo, possa parecer que eventuais indagações, explanações ou consultas públicas sobre temas aparentemente complexos, como sobre a escolha da forma de reequilíbrio, não estão a encontrar espaço na sociedade, servirá o alerta de Luhmann (2006, p. 231), para quem

> Provavelmente é aconselhável cultivar canais de comunicação paralelos e muito distintos que possam funcionar independentemente de os participantes poderem, e da extensão em que podem, mutuamente, reconstruir o universo de suas observações.

Não devemos subestimar a capacidade dos cidadãos-consumidores de interferir na formação do bem comum, interferência essa que certamente modificará a forma de gerir as PPPs e as concessões. Continuamente, deveremos buscar construir *frameworks* capazes de gerir os prováveis conflitos entre a responsabilidade fiscal dos governos, de um lado, e, de outro, tanto os interesses pós-modernos – muitas vezes expressados por vozes polifônicas das classes mais abastadas – quanto os interesses ainda modernos – geralmente presentes nos uníssonos anseios da Sociedade, muitas vezes ainda não assegurados às camadas mais pobres.

Devido ao interesse público inerente à escolha das formas de reequilíbrio dos contratos de concessão, deveremos ser capazes de aprimorar nossas instituições, capacitando-as para, ao executar a função de "**controladoria do interesse público**", articular os complexos interesses do Estado e da Sociedade. Afinal, como nos disse John Stuart Mill (1967, p. 10),

> Lembremos [...] que as instituições políticas são obra dos homens [...] Não acordaram os homens em manhã de estio para com elas deparar completas. Nem se assemelham às árvores que, uma vez plantadas, "estão sempre a crescer", enquanto os homens "estão a dormir". Em qualquer estádio da existência são o que são pela actuação voluntária do homem.

REFERÊNCIAS

AGÊNCIA DE TRANSPORTE DO ESTADO DE SÃO PAULO (ARTESP). Deliberação ARSESP nº 561. Disponível em: <http://www.arsesp.sp.gov.br/LegislacaoArquivos/ldl5612015.pdf.>.

_____. Resolução ARTESP nº 001, de 25 de março de 2013. Disponível em: <http://www.artesp.sp.gov.br/Media/Default/legislacao/Documento/Resolucao%20Artesp%20n%C2%BA%2001-13%2025-03-13%20211042-12-1.pdf>.

AGÊNCIA NACIONAL DE TRANSPORTES TERRESTRES (ANTT). Resolução nº 3.651, de 07 de abril de 2011. Disponível em: <http://www.antt.gov.br/index.php/content/view/4651/Resolucao_n__3651.html>.

96 CAPÍTULO 4

BECK, Ulrich. Politcs of Risk Society. In: FRANKLIN, Jane (ed.). *The Politcs of Risk Society*. London: Polity Press e Institute for Public Policy Research, 1998.

GUASCH, J. Luis. *Granting and Renegotiating Infrastructure Concessions – Doing it Right*. WBI DEVELOPMENT STUDIES – The World Bank Washington, D.C., 2004, p. 36.

LUHMANN, Niklas. *Risk*: a sociological theory. 2ª reimpr. 2006. New York: Transactions, 1993.

MELLO, Celso Antônio Bandeira de. *Curso de direito administrativo*. São Paulo: Malheiros, 2007.

MILL, John Stuart. *O governo representativo*. São Paulo: Arcádia, 1967.

5

PARCERIAS PÚBLICO-
-PRIVADAS E AS CONCESSÕES
RODOVIÁRIAS DO PARANÁ: O
NOVO MODELO E A EVOLUÇÃO
DO PROCESSO REGULATÓRIO

Rejane Karam

5.1 Introdução

A oferta precária de boa infraestrutura de transportes no Brasil é um problema central para o desenvolvimento do país. Cabe aos governos o provisionamento dessa infraestrutura, uma vez que os benefícios sociais superam os ganhos privados que ela proporciona, tanto por suas externalidades positivas quanto pelo seu uso democrático.

Contudo, a incapacidade dos governos de garantir os investimentos necessários para o setor de infraestrutura de transportes, resultado da sua dificuldade em financiar o gasto público com base apenas na arrecadação tributária, evidencia o aspecto conjuntural no qual se insere o processo de concessão de rodovias.

Nesse contexto, surgiu, em 1997, o Programa de Concessão de Rodovias do Paraná, a partir da delegação ao governo do estado de parte da malha rodoviária federal paranaense, no âmbito da necessidade de vultosos investimentos e escassez de recursos públicos.

O conflito de interesses que colocaria em discussão a exequibilidade do processo ficou evidenciado quando ingerências políticas distorceram o Programa proposto a partir de reduções unilaterais de tarifas logo após a assinatura dos contratos, com consequentes termos aditivos que excluíram dele obras importantes. Iniciou-se, a partir desse fato, uma série de confrontos judiciais entre o Estado do Paraná e as empresas concessionárias, tendo como principal prejudicado o usuário das rodovias.

A utilização desse modelo ficou estigmatizada e o problema de financiamento da infraestrutura de transportes pelo governo com demandas cada vez mais crescentes continuou exigindo novos mecanismos que suprissem essa deficiência, que passa não somente pela escassez de recursos, mas pela burocracia estatal e pelo envelhecimento (e consequente esvaziamento) do seu quadro de funcional.

Dessa forma, as Parcerias Público-Privadas surgiram com a promessa de unir a eficiência do setor privado com a satisfação do interesse público na provisão de bens públicos a partir de mecanismos de controle e gestão mais aprimorados em relação às concessões comuns.

O texto a seguir está organizado em quatro partes. Na primeira, busca-se explicitar alguns princípios teóricos básicos da regulação que nortearam grande parte da análise. Tal apanhado visa identificar os possíveis elos existentes entre o modelo de Parcerias Público-Privadas em curso e a teoria sobre o assunto, traçando um paralelo com o Programa de Concessões Rodoviárias do Paraná de 1997. Na segunda parte, discorre-se sobre os conceitos de Concessão e Parcerias Público-Privadas sob a ótica da legislação vigente. Na terceira parte, o histórico das concessões rodoviárias do Paraná. A quarta parte apresenta as características do Programa de Parcerias Público-Privadas do Corredor da PR-323 (Primeira PPP do Estado). Finalmente, apresenta-se a conclusão.

100 CAPÍTULO 5

5.2 A teoria econômica como base para o processo de regulação

Segundo Viscusi *et al.* (1995), economia da regulação refere-se às restrições impostas pelos governos sobre as decisões das firmas em relação a preços, quantidades e entrada e saída. A eficiência alocativa de uma indústria regulada é determinada tanto pelas forças de mercado quanto pelos processos administrativos. Um governo não pode regular todas as decisões, pois é impossível monitorar perfeitamente firmas e consumidores. Existe também a impossibilidade de estabelecer contratos perfeitos. Decorre disso que as forças de mercado têm papel relevante em relação ao grau de intervenção do governo.

Para Possas *et al.* (1998), o objetivo central da regulação de atividades econômicas não é promover a concorrência, mas aumentar o nível de eficiência econômica dos mercados, apesar de que em muitos casos esses objetivos são coincidentes, uma vez que um aumento da concorrência – espontâneo ou como resultado de política – com frequência conduz a uma maior eficiência.

Da mesma forma, Pires e Piccinini (1999, p. 219) entendem que a regulação deve estar focada em três pontos: "[...] incentivar e garantir os investimentos necessários, promover o bem-estar dos consumidores e usuários e aumentar a eficiência econômica".

Segundo esse enfoque, seus objetivos são:

- buscar a eficiência econômica, garantindo o serviço ao menor custo para o usuário;
- evitar o abuso do poder de monopólio, assegurando a menor diferença entre preços e custos, de forma compatível com os níveis desejados de qualidade do serviço;
- assegurar a universalização do serviço;
- assegurar a qualidade do serviço prestado;
- estabelecer canais para atender às reclamações dos usuários ou consumidores sobre a prestação dos serviços;
- estimular a inovação (identificar oportunidades de novos serviços, remover obstáculos e promover políticas de incentivo à inovação);
- assegurar a padronização tecnológica e a compatibilidade entre equipamentos;
- garantir a segurança e proteger o meio ambiente (PIRES; PICCININI, 1999).

Para esses autores, a grande complexidade da tarefa regulatória advém principalmente da assimetria pró-produtores, que diz respeito às dimensões externa e interna às firmas, correspondendo, respectivamente, à seleção adversa e ao perigo moral. No que diz respeito à seleção adversa, o agente regulador não tem o mesmo nível de informação da firma regulada, no que tange aos fatores exógenos relacionados à eficiência da firma, tais como parâmetros tecnológicos, comportamento da demanda etc. O perigo moral, por sua vez, decorre do fato de que somente a firma regulada conhece determinados parâmetros endógenos, como os referentes a custos, medidas administrativas etc. O resultado dessa assimetria é a possibilidade de manipulação de tais informações, incorrendo em vantagens indevidas na revisão dos contratos ou na definição de metas regulatórias.

Viscusi *et al.* (1995) definem três estágios para o processo regulatório:

i. um arcabouço legal que irá reger a indústria regulada;
ii. a implementação dessa legislação, por meio da agência reguladora;
iii. a desregulação, ou seja, a retirada do Estado do setor regulado.

O aspecto importante a ser destacado em relação aos estágios a que Viscusi *et al.* (1995) se referem é o de etapas sucessivas e sequenciais. Ou seja, no processo de construção da atividade regulatória, o segundo estágio depende do primeiro e o terceiro não deverá ocorrer sem que os dois primeiros tenham ocorrido.[1]

Segundo Viscusi *et al.* (1995), os instrumentos de regulação estão geralmente centrados nos seguintes aspectos:

i. controle de preços (tarifas), visando evitar a prática de fixação de preços abusivos por parte do monopolista;
ii. controle de quantidades;
iii. condições de entrada e saída no mercado, por meio da criação de barreiras institucionais visando assegurar o aproveitamento dos ganhos de eficiência ao longo de toda a cadeia produtiva, permitindo, inclusive, a adoção de subsídios cruzados;
iv. controle de qualidade do serviço prestado. Apesar da sua importância, esse mecanismo regulatório sofre restrições devido ao elevado custo de sua implementação.

Pires e Piccinini (1999) acrescentam alguns aspectos relevantes, somando-se às colocações de VIscusi *et al.* (1995), de forma a garantir uma regulação eficaz, e destacam instrumentos como:

v. agências independentes. Devido ao aumento da complexidade da indústria, com a entrada do setor privado, as agências necessitam de total independência

---

[1] No caso das concessões de rodovias paranaenses, que será apresentado adiante, isso não se estabeleceu, uma vez que o processo ocorreu sem que houvesse um marco regulatório para o setor.

em relação a todos os agentes envolvidos, para garantir a defesa do bem-estar da sociedade e mediar conflitos. A independência das agências implica autonomia financeira, diretorias estáveis, corpo técnico especializado, transparência, e, finalmente, suas funções e atribuições devem estar bem definidas por marco regulatório preexistente;

vi. monitoramento dos contratos de concessão de forma a garantir uma adequada fiscalização da qualidade dos serviços prestados, do cumprimento dos planos de investimento e das metas de universalização dos serviços. Essa atividade é bastante complexa e envolve elevados custos regulatórios. Contudo, na medida em que existam definições de metas de desempenho e códigos de conduta para atendimento ao usuário, bem como penalidades para possíveis falhas na prestação dos serviços contempladas nos contratos e embasadas por um marco regulatório, o monitoramento dos contratos poderá ser extremamente facilitado.

O controle de preços é considerado um importante instrumento regulatório para a garantia do funcionamento eficiente do mercado. Nesse sentido, Pires e Piccinini (1999) destacam a necessidade da introdução de mecanismos de incentivos à eficiência dinâmica,[2] de forma a permitir a apropriação dos consumidores de parte dos ganhos de produtividade.

5.2.1 Teoria da captura

Segundo essa abordagem, existe a captura do Estado quando a regulação é pró-produtor. Ou seja, o Estado encontra-se indevidamente a serviço do interesse privado, passando a "confundir" os interesses de determinados grupos com os de toda a sociedade.

Na sua forma original, a Teoria da Captura apresentava a deficiência de simetria em relação ao regulador benevolente. Se antes o agente regulador era visto como essencialmente voltado para o bem-estar social, agora ele passa a ser visto como a entidade que apenas sancionava passivamente os interesses privados das empresas reguladas. Como o processo regulatório é extremamente complexo e envolve vários grupos de interesse, não foi difícil encontrar evidências empíricas que contrariassem essa interpretação mais superficial do processo de captura. No entanto, para a maior parte dos casos analisados, a hipótese da captura se mostrou essencialmente válida (VISCUSI *et al.*, 1995).

---

[2] *Eficiência Dinâmica* ou *Seletiva* implica a capacidade enquanto ambiente competitivo de induzir e de selecionar inovações de produto/processo que possam levar a eventual redução futura de custos e preços e à melhoria da qualidade dos produtos (POSSAS *et al.*, 1998).

Destacam-se três modelos desenvolvidos com base nessa abordagem: os de Stigler (1971), Peltzman (1976) e Becker (1983). Todos questionam a eficiência da regulação, devido ao risco de captura do regulador por parte dos grupos de pressão (PINTO JR. *et al.*, 1999).

Segundo Viscusi *et al.* (1995), na versão desenvolvida por Stigler (1971) há duas premissas iniciais:

i. o Estado tem o poder de coerção. Caso um grupo de interesse consiga fazer com que o Estado use seu poder de coerção em seu favor, ele poderá incrementar seu bem-estar; e

ii. os agentes são racionais e, portanto, escolhem as suas ações de maneira a maximizar suas utilidades.

Dessas duas premissas resulta a hipótese de que a regulação é requerida em resposta às demandas de grupos de interesses, agindo no sentido de maximizar suas rendas. Tem-se, portanto, uma ampliação do papel da regulação e de sua dimensão política.

5.2.2 As agências de regulação

A crescente competição na área de serviços públicos pode levar, em muitos casos, à transformação de um monopólio público num monopólio privado. Nesse caso, é imprescindível reconhecer a importância do Estado regulador em contraponto ao modelo de Estado empresário antes predominante. Por conta disso, a privatização deve ser acompanhada da criação de um marco regulatório que promova a concorrência onde é possível e, na impossibilidade de fazê-lo devido a peculiaridades técnicas e econômicas da indústria, que reproduza essas condições de competição por meio da regulação (PIRES; PICCININI, 1999).

Segundo esses autores, a regulação dos serviços públicos de infraestrutura, na qual o caráter interventivo é denominado *regulação ativa*, não promove necessariamente a concorrência, mas tende a substituí-la por mecanismos e metas regulatórias.

Ao mesmo tempo que devem ser estabelecidos novos marcos regulatórios, reunindo normas e critérios ordenadores de cada atividade delegada ao empresário privado, surgem as agências reguladoras, organismos constituídos pelo Poder Público, com o objetivo de melhorar a governança regulatória, sinalizando o compromisso dos legisladores de não interferir no processo regulatório e tranquilizando os investidores potenciais e efetivos quanto ao risco de não cumprimento dos contratos administrativos pelo poder concedente, além de intermediar os conflitos entre as empresas concessionárias e os usuários (OLIVEIRA, 2003).

CAPÍTULO 5

A determinação de um modelo de regulação para o caso brasileiro não é uma tarefa fácil, uma vez que não há na legislação disponível princípios, diretrizes e regras gerais a que se deve obedecer ao ordenamento de tais agências reguladoras, o que dificulta o alcance de certa uniformidade em relação a questões essenciais, tais como: i) seus objetivos, funções e principais atribuições; ii) sua estrutura organizacional e de custeio; iii) a formatação jurídica do órgão e o grau de independência em relação ao poder público.

Associada a isso, a situação da atividade regulatória entre os setores de infraestrutura no Brasil é bastante desigual, considerando ainda os "[...] diferentes *timings* e modelagens das reformas em cada segmento que os constitui" (PIRES; PICCININI, 1999).

Os autores acima salientam os grandes desafios que o setor de transportes, especificamente, vem atravessando para a constituição de um ambiente regulatório adequado à atração de investimentos privados e à promoção da eficiência setorial e do bem-estar dos usuários. Apesar da inserção de diversas concessionárias privadas nas diferentes áreas do setor de transportes, a regulamentação existente ainda demonstra precariedade, principalmente nos âmbitos estadual e municipal.

Além de contarmos com um marco legal de instituições relativamente jovens – a Lei Geral de Concessões (Lei nº 8.987/1995), a Lei de Parcerias Público-Privadas (Lei nº 11.079/2004) e a criação das agências reguladoras que remontam a menos de duas décadas –, percebe-se que as novas modelagens de concessão que estão despontando exigem novos marcos legais e novo preparo institucional dos governos.

No que se refere às atividades econômicas (em sentido estrito) que se submetem à fiscalização dos entes reguladores, saliente-se que a missão das agências é regular, normatizar, controlar e fiscalizar as atividades desenvolvidas por particulares, tendo em vista o interesse público e a defesa dos interesses dos consumidores, almejando a manutenção da qualidade dos serviços e produtos ofertados, os preços justos, o respeito aos menos privilegiados e às minorias, entre outros.

Na esfera federal, a opção regulatória adotada foi a criação de agências setoriais, que atuam em determinadas atividades e segmentos específicos. Sob essa ótica, por meio da Lei nº 10.233 de 05 de junho de 2001, foi criada a Agência Nacional de Transportes Terrestres (ANTT), vinculada ao Ministério dos Transportes e cuja natureza jurídica é de autarquia em regime especial, caracterizado por independência administrativa, autonomia financeira e funcional e mandato fixo de seus dirigentes (GARCIA, 2004).

Na área de transportes, para os setores aquaviário e aeroviário, existem duas outras entidades reguladoras, a saber: a Agência Nacional de Transporte Aquaviário (ANTAQ) (criada pela mesma lei que deu origem à ANTT) e a Agência Nacional de Aviação Civil (ANAC).

De modo geral, a partir do modelo jurídico-institucional das três primeiras agências criadas em meados dos anos 1990, a Agência Nacional de Energia Elétrica (Aneel), a Agência Nacional de Telecomunicações (Anatel) e a Agência Nacional do Petróleo (ANP), outras quatro agências federais e 28 agências estaduais foram implementadas até hoje. Uma questão em debate sobre regulação no Brasil diz respeito ao próprio caráter inovador das agências, ou seja, até que ponto elas constituem um novo formato institucional e gerencial de atuação regulatória do Estado na economia e até que ponto são realmente dotadas de independência e dos mecanismos de controle adequados ao exercício da regulação em seus respectivos setores.

A Lei nº 19.233/2001 criou ainda o Departamento Nacional de Infraestrutura de Transportes (DNIT), também de natureza autárquica, que veio substituir o antigo Departamento Nacional de Estradas de Rodagem (DNER). Estão sob atuação do DNIT as rodovias, ferrovias e vias navegáveis federais.

As competências entre DNIT e agências reguladoras não sofrem superposição, uma vez que somente a parte de infraestrutura não concedida ou arrendada está sob a tutela do DNIT, cujo objetivo é executar políticas voltadas à administração da infraestrutura do Sistema Nacional de Viação (SNV), compreendendo sua operação, manutenção, restauração, adequação e ampliação de capacidade mediante a construção de novas vias.

Segundo Fiani (2003b), a segmentação da atividade reguladora no setor de transportes em nível federal, no Brasil, que caracteriza uma herança institucional, "[...] favorece a captura da agência, através da constituição de redes de política restritas apenas a um determinado segmento do setor de transporte".

Fiani destaca o conceito de redes de política, ou *policy networks*, desenvolvido por Waarden como as ligações que se estabelecem entre o setor público e o privado no momento da implementação de uma política. As redes de política permitem estabelecer canais de acesso aos processos de tomada de decisão. Em termos de formulação de políticas públicas que atendam aos interesses mais gerais da população, Fiani (2003b) apresenta como situação ideal o *pluralismo de pressões*, ou seja, um número relativamente grande de grupos de pressão, todos com certa importância, de tal forma que nenhum deles, isoladamente, consegue impor sua força. Esse tipo de situação transforma a agência reguladora em mediador entre os interesses concorrentes. Para garantir o pluralismo de pressões, é necessário que as agências responsáveis por um determinado setor abram o maior número de canais de acesso aos processos de tomada de decisão.

No caso das agências criadas para atender ao setor de transportes, ANTT e ANTAQ, o autor salienta que, com uma área de atuação tão limitada, dificilmente poderão promover um pluralismo de pressões.

Além disso, cabe salientar que a segmentação da atividade reguladora no setor de transportes acarreta problemas decorrentes da complementaridade dos diferentes tipos de transporte.

106 CAPÍTULO 5

5.2.2.1 A Agência Reguladora de Serviços Públicos Delegados de Infraestrutura do Paraná (AGEPAR)

Por meio da Lei Complementar nº 94, de 23 de julho de 2002, foi criada a Agência Reguladora de Serviços Públicos Delegados de Infraestrutura do Paraná (AGEPAR), cuja regulamentação se deu por decreto governamental em 21 de novembro de 2012, data a partir da qual entrou em atividade efetivamente.

Sua função regulatória recai sobre as rodovias concedidas, ferrovias concedidas, terminais de transportes rodoviários, ferroviários, aeroviários, marítimos e fluviais, o transporte rodoviário coletivo intermunicipal de passageiros, a exploração da faixa de domínio da malha viária e inspeção de segurança veicular. Além disso, sua competência poderá ser estendida a outros serviços de infraestrutura que vierem a ser definidos por lei específica.

A exemplo de outras agências no Brasil, a AGEPAR é caracterizada por possuir independência nas tomadas de decisão, autonomia administrativa, financeira, técnica, funcional, além de possuir poder de polícia, com mandato fixo e estabilidade para seus dirigentes.

Observe-se que no Paraná optou-se por um modelo de regulação multissetorial, ao contrário do que ocorre em nível federal, que de certa forma segmentou as atribuições da ANTT, focando-a no transporte terrestre.

Em outros estados, esse modelo de regulação foi também adotado. Como exemplo, citamos: a Agência Reguladora de Serviços Públicos Concedidos do Estado do Rio de Janeiro (ASEP), a Agência Estadual de Serviços Públicos Delegados do Rio Grande do Sul (AGERGS), a Agência Reguladora de Saneamento e Energia do Estado de São Paulo (ARSESP), a Agência Reguladora de Serviços Públicos Delegados do Ceará (ARCE) e a Agência Estadual de Serviços Públicos do Espírito Santo (AGESP).

Note-se que um dos principais pressupostos para a qualidade da função regulatória é a constituição de um corpo técnico especializado. As agências multissetoriais já nascem com um desafio maior na medida em que deverão constituir quadros mais robustos com especialistas em áreas relativas a serviços públicos diversos.

5.3 O instituto da concessão e as novas Parcerias Público-Privadas

O conceito doutrinário de concessão de serviço público é definido como:

> o instituto através do qual o Estado atribui o exercício de um serviço público a alguém que aceita prestá-lo em nome próprio, por sua conta e risco, nas condições fixadas e alteráveis unilateralmente pelo Poder Público, mas sob garantia contratual de um equilíbrio econômico-financeiro, remunerando-se pela própria

exploração do serviço, em geral e basicamente mediante tarifas cobradas diretamente dos usuários do serviço (MELLO, 1990).

Concessão envolve dois conceitos distintos: concessão de obra pública e de serviço público. A distinção pode ser feita considerando ser a obra pública um produto, um bem estático, enquanto o serviço público constitui uma atividade, um bem dinâmico, cuja utilidade advém de uma prestação, sendo uma ação de intermediação que proporciona sua utilidade aos usuários (LEE, 1996).

A concessão comum refere-se à associação dos dois conceitos descritos acima. Trata-se da concessão de serviços públicos, precedida da execução de obra pública, conforme referenciado no artigo 2º da Lei nº 8.987, de 13 de fevereiro de 1995.

Nas concessões públicas não ocorre a transferência da titularidade do bem ou serviço, mas somente da sua execução. Portanto, a transferência da atividade executória a terceiros não retira da Administração Pública o poder de retomar a exploração da obra ou do serviço (GARCIA, 2004).

A viabilidade financeira de uma concessão comum depende fundamentalmente dos custos correspondentes à sua implantação e das receitas a realizar com sua exploração, incluindo a disponibilidade desses valores no fluxo de caixa do empreendimento. Como alternativa de negócio para exploração pela iniciativa privada, o empreendimento deverá apresentar rentabilidade financeira, cuja dimensão dependerá do volume de recursos a serem investidos inicialmente e do número de usuários a serem beneficiados (MACHADO, 2002).

No caso do setor rodoviário, um exemplo de negócio rentável é a concessão para conservação e operação de rodovias que já receberam investimentos públicos em ampliação e melhoramentos. De forma oposta, quando se trata de projetos de implantação de rodovias cujo interesse seja mais em nível estratégico ou social, no sentido de viabilizar o desenvolvimento de uma região, os benefícios são indiretos e o volume de tráfego é baixo e, portanto, não é o fator que define a viabilidade econômica do projeto. Nesse caso, os investimentos necessários são elevados e implicariam níveis tarifários inviáveis.

A concessão comum é aplicável, portanto, apenas em situações em que as rodovias apresentem condições favoráveis, principalmente de demanda, para viabilização técnico-financeira do procedimento.

5.3.1 Parceria Público-Privada

A Lei Federal nº 11.079, de 30 de dezembro de 2004, instituiu em nosso sistema legal as Parcerias Público-Privadas (PPPs). Contudo, a referida lei não trouxe uma definição de PPPs em seu texto, sendo a conceituação mais completa a trazida por Marçal Justen Filho:

CAPÍTULO 5

> Parceria público-privada é um contrato organizacional, de longo prazo de duração, por meio do qual se atribui a um sujeito privado o dever de executar obra pública e (ou) prestar serviço público, com ou sem direito à remuneração, por meio da exploração da infraestrutura, mas mediante uma garantia especial e reforçada prestada pelo Poder Público, utilizável para obtenção de recursos no mercado financeiro (JUSTEN FILHO, 2005, p. 549).

De acordo com a Lei nº 11.079/2004, artigo 2º, as PPPs possuem dois tipos de modalidades de concessão: Patrocinada e Administrativa.

Concessão Patrocinada: contrato de **concessão** de **serviços** públicos em que o parceiro privado planeja, executa e **opera** uma atividade de caráter público, precedida, ou não, de obra pública, em que parte da remuneração do serviço entregue a população será paga pelo parceiro público, na forma de contraprestação adicional, em espécie. O usuário pagará o restante dos custos do investimento por intermédio de uma tarifa decorrente do uso do equipamento público. Nesse caso, a Administração poderá complementar o custo da tarifa, em busca de um valor mais acessível à população.

Este é o modelo mais utilizado e a presença do recurso público é obrigatória para caracterizá-lo. Um exemplo clássico é a Concessão Patrocinada de Rodovias, em que o poder público subsidia parte da tarifa paga pelo usuário.

Administrativa: Contrato de Concessão em que a **Administração Pública** é a usuária direta ou indireta do serviço público concedido, ainda que envolva o projeto, a execução, a instalação e a operacionalização da obra ou serviço. O parceiro privado será remunerado unicamente pelos recursos públicos orçamentários, após a entrega do contratado. Exemplo dessa modalidade é a construção de um presídio. A Administração Pública é a usuária indireta e os presos são usuários diretos.

Em que pese, na prática, ambas as modalidades serem norteadas pelos princípios gerais da Lei de Concessões nº 8.987/95, a distinção entre a concessão comum e a PPP tem destaque na mesma lei:

> Não constitui parceria público-privada a concessão comum, assim entendida a concessão de serviços públicos ou de obras públicas de que trata a Lei nº 8.987, de 13 de fevereiro de 1995, quando não envolver contraprestação pecuniária do parceiro público ao parceiro privado (Lei nº 11.079/2004: art. 2º, § 3º).

A Lei nº 11.079 permite com mais facilidade distinguir as normas gerais obrigatórias para União, Estados, Distrito Federal e Municípios e as normas federais aplicáveis apenas à União. No Capítulo VI, com "disposições aplicáveis à União" existem dispositivos que tratam especificamente do órgão gestor das PPPs, do Fundo Garantidor, das garantias a serem prestadas pelo parceiro público e dos limites para a contratação de PPPs. Esses dispositivos não são de aplicação obrigatória aos demais entes da federação, que poderão disciplinar a matéria dentro de sua própria competência legislativa.

Nessa linha de ação, o Estado do Paraná instituiu a Lei nº 17.046, de 11 de janeiro de 2012, na qual dispõe sobre normas para licitação e contratação das PPPs do Paraná, criando o Programa Paraná Parcerias.

A regulamentação do Programa Paraná Parcerias se deu por meio dos seguintes atos: Decreto nº 5.272, de 16 de julho de 2012, que cria o Conselho Gestor de Parcerias Público-Privadas (CGPPP), vinculado à Secretaria de Estado do Planejamento; Decreto nº 6.823, de 21 de dezembro de 2012, que institui o Procedimento de Manifestação de Interesse (PMI) em projetos de PPPs, e o Decreto nº 8.241, de 16 de maio de 2013, que cria a Coordenação de Parcerias Público-Privadas (CPPP) no âmbito da Secretaria de Estado do Planejamento, alterando o Decreto nº 6.823, no qual as competências dessa Coordenação eram tratadas no âmbito decisório de várias outras Secretarias de Estado conjuntamente: Secretaria da Fazenda, Secretaria do Planejamento, Secretaria de Infraestrutura e Logística, Casa Civil e Procuradoria-Geral do Estado, através da Unidade Técnica de PPP.

A partir dessa alteração no regulamento estabelecido houve uma concentração de poderes que gerou entraves ao processo de institucionalização da PPP como um Programa de Governo, na medida em que os desdobramentos burocráticos da PPP envolvem vários níveis de tomadas de decisão em órgãos estratégicos da estrutura do Poder Executivo.

5.4 O programa de concessão de rodovias do estado do Paraná

Entre o início dos anos 1980 e meados dos anos 1990 os investimentos da União, destinados ao setor rodoviário, caíram de 2,5 bilhões de dólares/ano para 0,4 bilhão de dólares/ano. (LEE, 1996). Como reflexo dessa política em nível nacional, no Paraná observou-se a deterioração das principais rodovias, associada ao sucateamento dos órgãos públicos responsáveis.

Em 1995, a malha rodoviária do Estado do Paraná era composta por 15.284 km de rodovias pavimentadas; desse total, 9.740 km eram rodovias estaduais e 3.096 km correspondiam à malha rodoviária federal. As rodovias federais compunham as principais ligações do Estado, com os maiores volumes de tráfego, inclusive por suas características físicas e estruturais, com pistas largas e acostamentos de ambos os lados (SETR, 1995).

O Programa de Concessão de Rodovias do Paraná iniciou-se a partir da delegação ao Governo do Estado, em 1996, de parte da malha rodoviária federal paranaense, no âmbito da necessidade de vultosos investimentos em confronto com a propalada escassez de recursos públicos.

As rodovias que constituem o Programa de Concessões do Paraná formam um polígono chamado de *Anel de Integração*, que liga as principais cidades paranaenses (Ponta Grossa, Londrina, Maringá, Cascavel e Guarapuava) à capital do Estado e ao Porto de Paranaguá. O Programa foi concebido inicialmente englobando 2.035,5 km de estradas pavimentadas a serem concedidas, sendo 1.691,6 km de rodovias federais e 343,9 km de rodovias estaduais.

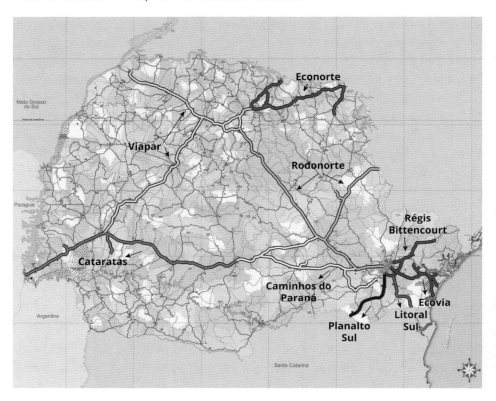

Figura 5.1 Mapa esquemático do Estado do Paraná com o anel de integração.

Em agosto de 1996, foi licitado o Programa indicando os locais das 26 praças de pedágio e as respectivas tarifas básicas a serem cobradas, ambos determinados por um grupo de técnicos ligados diretamente ao Governador (não pertencentes ao quadro de funcionários do DER/PR) que teria se baseado unicamente em um estudo de viabilidade anteriormente contratado. A extensão global de rodovias concedidas foi dividida em seis lotes, com prazo de exploração de 24 anos.

O critério de julgamento para definição das propostas vencedoras foi o de maior *oferta*. Ou seja, a empresa vencedora de cada lote foi aquela que ofertou a maior extensão de rodovias de acesso aos lotes do Programa, a serem reabilitadas e mantidas pela concessionária durante o período de contrato. A *oferta* corresponde ao total de 308,29 km de rodovias.

Após a finalização dos trabalhos de recuperação inicial, executados nas rodovias principais no 1º semestre de 1998, e da construção e instalação das praças de pedágio, a cobrança foi iniciada na 2ª quinzena de junho de 1998.

Não foi previsto pagamento em dinheiro pela outorga da concessão e/ou retenção de parcela das receitas decorrentes da exploração das rodovias (como é o caso das concessões em São Paulo) e também não foi considerado o julgamento pela menor tarifa, cujos valores foram previamente estabelecidos no Edital de Concorrência. A escolha do julgamento pela maior oferta de trechos de acesso, em detrimento da opção pela menor tarifa, apesar do seu amparo legal, foi criticada pelo Tribunal de Contas da União, que posteriormente determinou à ANTT, a partir da delegação de novos trechos de rodovias federais, que exigisse a utilização do critério de menor valor da tarifa de pedágio no julgamento das propostas de licitação para concessão.

Os Contratos de Concessão de Obras Públicas, celebrados entre o Estado do Paraná, por intermédio do DER/PR, tendo a União como interveniente, através do Ministério dos Transportes, e as Empresas Concessionárias vencedoras no processo licitatório nos diversos lotes, assinados em 14/11/1997, em virtude da inexistência de outros dispositivos reguladores, constituem o instrumento regulatório de que dispõe o Governo no sentido de regulamentar as relações entre o poder concedente e as concessionárias, visando basicamente ao cumprimento pela contratada do disposto no Programa de Exploração do Lote (PER), mediante a cobrança de pedágio nas rodovias sob concessão. Ou seja, trata-se de regulação por contrato.

O método adotado para a análise de viabilidade foi o da Taxa Interna de Retorno (TIR), em que se considera um empreendimento atrativo financeiramente quando a TIR for maior ou igual à Taxa de Mínima Atratividade da Empresa (TMA), baseado num fluxo de caixa.

No caso das concessões, o fluxo de caixa consistiu nas *entradas*, representadas pela cobrança do pedágio ao longo do período de concessão, e nas *saídas*, que constituem as obras e os serviços a serem realizados pelas concessionárias, de acordo com as necessidades detectadas nos trabalhos de campo. O montante de *entradas* considerado para o Estudo de Viabilidade compreendeu a projeção do fluxo de veículos e as tarifas de pedágio adotadas para um horizonte de concessão de 24 anos.

Ressalte-se que o tráfego projetado foi minorado pela inserção de dois fatores inibidores/redutores do tráfego esperado, cuja explicação não é apresentada no citado trabalho:

i. considerou-se uma parcela de usuários que poderiam reduzir o número de viagens em função da cobrança do pedágio (efeito fuga), com base em pesquisa de opinião realizada pelo Instituto Bonilha em Ago./95 em 14 trechos rodoviários do Estado;

ii. a migração de parte do tráfego que utiliza as rodovias a serem concedidas para a FERROESTE, caracterizando uma mudança no modal de transporte.

Além da omissão dos índices adotados, também não consta dos estudos a metodologia utilizada quanto à magnitude e duração do efeito fuga, uma vez que a cobrança do pedágio impactaria o tráfego apenas em curto ou médio prazo, considerando-se um período de concessão de 24 anos.

O "Estudo da Receita", que integra o Estudo de Viabilidade do Programa, cita ainda que a evolução do tráfego é de fundamental importância para a determinação do equilíbrio econômico-financeiro do negócio. Contudo, na sequência alega que

> os estudos de tráfego para esse tipo de trabalho servem como balizadores do potencial de receita e sua variação, por trecho de concessão, não precisando, necessariamente, ser muito detalhados, uma vez que a responsabilidade sobre a projeção caberá à futura Concessionária, que assumirá, contratualmente, o "risco do tráfego" (DER, 1996c).

Considerando que a determinação do tráfego é um dos componentes para a definição da tarifa básica e que o seu comportamento poderá tanto apresentar redução quanto aumento na sua evolução, caberia ao Estado não somente uma análise detalhada do tráfego atual e futuro, como o acompanhamento dessa evolução para posteriores ajustes.

Por outro lado, as despesas consideradas ao longo da concessão foram majoradas, principalmente os investimentos iniciais, representados pelas intervenções para recuperação emergencial e pelos melhoramentos que teriam por objetivo a operação das vias.

Com base nesses pressupostos, sem que seja mencionado qualquer estudo de demanda, o Estudo de Viabilidade considera "conservadoramente" adequado um acréscimo da ordem de 40% ao custo orçado para os serviços de Recuperação de Emergência, com base nas tabelas convencionais.

Ainda assim, considerando os elementos minoradores do tráfego e majoradores dos custos, acima expostos, que minimizaram os riscos, o Estudo indicou viabilidade para o empreendimento a uma TIR da ordem de 22%.

O Departamento de Estradas de Rodagem do Paraná, até a implantação do Programa de Concessão de Rodovias, teve sua estrutura voltada exclusivamente para a construção, restauração e conservação da malha viária estadual. Com o esvaziamento dos recursos destinados ao setor rodoviário paranaense, a exemplo do que ocorreu em nível nacional, somaram-se três fatores que contribuíram significativamente para o desmantelamento da máquina pública. São eles: i) a descontinuidade de planejamento em políticas públicas; ii) o envelhecimento e a consequente redução do quadro de pessoal do DER/PR; e iii) a falta de treinamento e cursos de atualização para o quadro de pessoal remanescente, provocando um atraso tecnológico.

Dessa forma, o corpo técnico do DER/PR, que até então jamais tivera experiência técnico-administrativa voltada para a concessão de rodovias, ou seja, na gestão de contratos também institucionalmente necessitava de uma nova organização. Contudo, com a extrema rapidez com que o Programa de Concessão foi iniciado, a sua coordenação ficou a cargo da Diretoria de Conservação do DER, que posteriormente, na reestruturação do órgão, passou a se chamar Diretoria de Operações, na qual foi criada a Coordenadoria de Concessão e Pedagiamento, responsável, atualmente, pela coordenação e gerenciamento das ações relativas ao Programa de Concessões.

Destaque-se que a assimetria de informações entre os agentes públicos e as concessionárias tornou-se o pano de fundo do Programa de Concessões do Paraná, uma vez que o órgão rodoviário pouco foi envolvido no processo de estruturação do Programa e, além disso, não foi devidamente treinado para exercer a função de gestor de contratos de longo prazo com tamanha complexidade.

Contudo, o ambiente de desconfiança nos contratos de concessão se mostrou quando, em julho de 1998 (três meses antes das eleições), o governo do estado promoveu uma redução tarifária de 50% através de Termo de Alteração Unilateral, que gerou como consequência uma disputa judicial entre o DER/PR e as Concessionárias, caracterizando a fragilidade na gestão do Programa de Concessões.

Em março de 2000, após decisão judicial em favor das concessionárias foram assinados Termos Aditivos aos Contratos de Concessão para ajustar os níveis tarifários alterados pelo Termo Unilateral. Para possibilitar o equilíbrio econômico-financeiro dos contratos, foram reformulados os cronogramas de investimentos inicialmente previstos.

Em 2002, novamente foram celebrados Termos Aditivos aos Contratos de Concessão, por conta da incorporação de novos trechos a serem explorados. Assim como em 2000, essa nova alteração na estrutura do Programa, cuja finalidade é o reequilíbrio dos contratos, resultou em diminuição dos investimentos previstos, representada pelo cancelamento e/ou a postergação de obras de melhorias e ampliação de capacidade das vias.

Com a incorporação dos novos trechos,[3] o Programa de Concessão de Rodovias do Paraná totaliza, atualmente, 2.492,52 km de rodovias. As principais vias concedidas estão distribuídas em 2.184,23 km, e as rodovias de acesso (oferta) somam 308,29 km (SETR, 2005).

No período compreendido entre 2003 e 2010, em função da estratégia de gestão governamental, que não primava pela contratação de empresas de consultoria,

---

[3] A inclusão de novos trechos de rodovias federais ao Programa de Concessão foi precedida de Termos Aditivos aos Convênios de Delegação firmados entre o Ministério dos Transportes e o Estado do Paraná.

evidenciou-se um desequilíbrio de forças em favor do ente privado em relação ao público, uma vez que o DER/PR não dispunha de estrutura de fiscalização suficiente para garantir minimamente a gestão e o cumprimento das metas estabelecidas nos contratos.

Em 2011, já com uma nova gestão no governo do estado, optou-se por construir um ambiente favorável à proposição de processos de revisão amigável, como resultado do estabelecimento de diálogo com as empresas concessionárias, cujo objetivo era resgatar e antecipar obras de ampliação de capacidade que foram retiradas ou postergadas para o final do contrato, buscando propiciar ao usuário, no mínimo, a melhoria da infraestrutura rodoviária do sistema pedagiado.

A partir do trâmite administrativo desses processos, o DER/PR contratou apoio especializado para realizar estudos, pesquisas e promover a prestação de serviços técnicos auxiliando-o no restabelecimento do equilíbrio econômico-financeiro dos contratos de concessão.

Concomitantemente a recém-regulamentada AGEPAR, com o objetivo de mediar as negociações em andamento e sem um quadro técnico estruturado para tal, contratou também apoio especializado para apresentar as possibilidades de acordo entre os entes regulados.

Contudo, os estudos contratados pelo DER/PR e pela Agência apresentaram resultados com discordâncias metodológicas na medida em que consideravam conceitos diferentes na utilização do fluxo de caixa marginal para o cálculo das diferenças de valores devidos nos contratos.

O descompasso nos entendimentos e a exposição de posições contraditórias entre o DER/PR e a AGEPAR trouxeram à tona questionamentos quanto ao papel a ser desempenhado pela Agência e seu grau de especialização técnica na função regulatória, instigando os atores envolvidos no processo sobre a necessidade de se rediscutir o arranjo institucional adequado para o tratamento da temática regulatória no estado.

5.5 Concessão patrocinada do corredor da PR-323 – a primeira PPP do sul do Brasil

Levando em conta a experiência do primeiro Programa de Concessões e todos os seus desdobramentos, qualquer movimento de instituir novos processos de pedagiamento no Estado do Paraná precisaria passar por um estágio de intenso convencimento, a começar pelos técnicos do próprio governo até as representações da sociedade organizada.

Contudo, há que se considerar que, embora ainda estejamos convivendo com a necessidade de obras que promovam a ampliação de capacidade nas rodovias (duplicações) do Anel de Integração, aliado a elevados preços das tarifas de pedágio, o instituto da concessão de serviços públicos passou a ser assimilado e aceito pela sociedade e pela própria máquina estatal no enfrentamento dos desafios impostos pela crescente demanda por infraestrutura de transportes.

A partir da estruturação do marco regulatório da PPP em nível estadual, no final de 2012 iniciou-se uma movimentação entre as empresas construtoras interessadas em apresentar Procedimentos de Manifestação de Interesse (PMIs) para trechos rodoviários da malha paranaense, selecionando, obviamente, aqueles corredores com maior tráfego. Foram protocolados três PMIs para os seguintes corredores rodoviários: Corredor Norte/Noroeste PR-323, Corredor Sul PRC-280 e Corredor Norte PR-445/PR-092. As análises dos estudos foram realizadas conjuntamente pela Secretaria de Planejamento (Coordenadora-Geral) e pela Secretaria de Infraestrutura e Logística/DER, que instituiu o Grupo Técnico Setorial (GTS) para tanto. A conclusão dos estudos levou os técnicos a optarem por apenas um dos projetos, o mais viável técnica, política e economicamente: o Corredor da PR-323 que liga a cidade polo de Maringá (norte) a Francisco Alves (oeste), conforme Figura 5.2 abaixo, com 219,9 km de extensão.

Figura 5.2   Mapa de Localização do Corredor da PR-323 no Estado do Paraná.

Os estudos do Corredor da PR-323 foram elaborados pela Empresa e analisados pelo Governo em menos de um ano. O aprendizado com os erros cometidos no primeiro Programa de Concessões fez com que algumas etapas fossem facilitadas, a partir do envolvimento dos técnicos de diversas áreas do DER/PR nas decisões técnicas ao longo das análises. Por outro lado, o Governo do Estado propiciou capacitação aos servidores envolvidos no projeto, em que pese ser um modelo ainda muito novo para o cenário institucional brasileiro.

O Corredor da PR-323, por ter características técnicas favoráveis, consolidou-se ao longo da última década com um volume de tráfego considerável como uma alternativa ao sistema pedagiado de rodovias paranaenses, como pode ser observado na Figura 5.3:

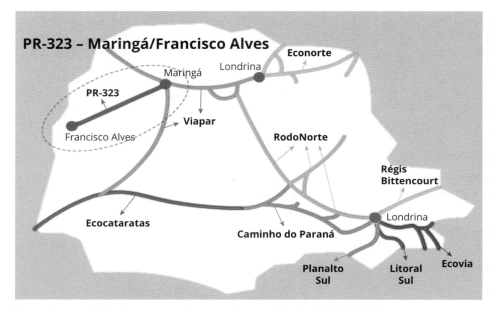

Fonte: Empresa Odebrecht, apresentado ao estado no âmbito da PMI, 21/11/2011.

Figura 5.3   Mapa esquemático das rodovias pedagiadas do Estado do Paraná.

Ao longo dos trabalhos de preparação da PPP da PR-323, a transparência na divulgação do projeto foi também decisiva para o convencimento da sua desvinculação com o antigo programa. Foram realizadas duas audiências públicas que não tinham obrigatoriedade legal, antecedidas da consulta pública que disponibilizou por 30 dias na *web* os documentos do projeto.

O processo licitatório foi realizado sem grandes surpresas e com um grau de aceitação da sociedade maior do que as expéctativas. Esse cenário favorável é atribuído a alguns fatores preponderantemente realçados nas audiências públicas: i) a cobrança de pedágio se iniciará somente após a duplicação dos trechos correspondentes; ii) TIR de 8,1% (comparativamente bem inferior ao primeiro Programa); iii) apresentação detalhada de todas as obras e seus tempos de execução à população.

Elementos inovadores sob o aspecto da gestão do Programa trouxeram ao órgão público rodoviário mais segurança e ao usuário mais confiabilidade nos resultados dos trabalhos que deverão ser desenvolvidos pela Concessionária durante as obras de duplicação e também durante todo o período da operação da rodovia.

Um desses elementos é o Quadro de Indicadores de Desempenho (QID), que compõe um dos anexos do contrato com a concessionária.

Os indicadores de desempenho do programa paranaense estão divididos em quatro áreas, e a cada área atribuiu-se um peso para o cálculo da NOTA DO QID: i) Área Operacional com peso de 80%; ii) Área Ambiental com peso de 10%; iii) Área

Social com peso de 5%; e iv) Área Financeira com peso de 5%, conforme ilustra a Figura 5.4, a seguir:

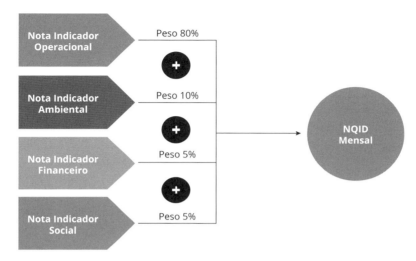

Fonte: Extraída da Apresentação realizada em Audiência Pública em Umuarama em 05/12/2013 (elaborada pela Coordenação de Parceria Público-Privada da Secretaria de Estado do Planejamento).

Figura 5.4 Indicadores de desempenho do programa paranaense.

O valor a ser pago pelo Estado como contraprestação é determinado, portanto, de acordo com a nota do QID atribuída ao desempenho da concessionária na execução dos serviços do contrato durante o mês anterior, conforme o sistema de avaliação mensal de desempenho previsto. Esse método serve como estímulo à busca da melhor qualidade na prestação dos serviços.

> Do valor total de **CONTRAPRESTAÇÃO ADICIONAL À TARIFA** recebida pela **CONCESSIONÁRIA**, 30% (trinta por cento) será referente à **CONTRAPRESTAÇÃO ADICIONAL À TARIFA VARIÁVEL** e poderá variar negativamente, como penalidade à eficiência, de acordo com o **QUADRO DE INDICADORES DE DESEMPENHO – QID** (Contrato nº 21/2014 – Anexo H – negritos conforme original).

O indicador operacional é o que representa maior peso na nota do QID e reflete as condições de trafegabilidade, segurança e conforto para o usuário da rodovia. Para a avaliação dos indicadores operacionais, havendo cumprimento de todos os requisitos, a nota do QID de cada subgrupo será 10, e, em caso contrário, caso exista descumprimento de algum dos requisitos analisados, a nota do QID será diretamente proporcional aos itens cumpridos.

A nota do QID para os indicadores operacionais é calculada conforme apresentado na Figura 5.5, a seguir:

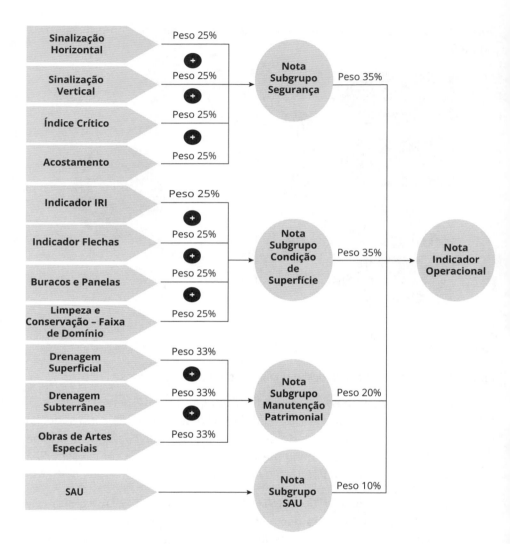

Fonte: Extraída da Apresentação realizada em Audiência Pública em Umuarama em 05/12/2013 (elaborada pela Coordenação de Parceria Público-Privada da Secretaria de Estado do Planejamento).

Figura 5.5 Nota do QID para os indicadores operacionais.

Outro aspecto modernizador no modelo de PPPs que se observa aplicado no programa do Paraná é a utilização da **Banda de Tráfego**.

A variação do volume de tráfego no Corredor da PR-323 será calibrada por uma *banda* na qual se distribuem os riscos do aumento ou da redução do tráfego ao longo do período de concessão. Se o tráfego variar positivamente, tanto o Estado como a concessionária se beneficiarão dos resultados; da mesma forma, se houver uma redução do tráfego, as perdas serão compartilhadas.

Esse compartilhamento está assim distribuído:

Fonte: Extraída da Apresentação realizada em Audiência Pública em Umuarama em 05/12/2013 (elaborada pelo Grupo Técnico Setorial da Secretaria de Estado de Infraestrutura).

Figura 5.6 Banda de tráfego.

A aferição da variação de demanda tem como referência a comparação entre o tráfego previsto no projeto e o tráfego real.

No caso da PPP da PR-323, conforme indica a figura acima, a variação das receitas tarifárias de até 20% para mais ou para menos será suportada pela concessionária durante todo o período de concessão. Caso a variação das receitas tarifárias supere esse patamar tanto para mais ou para menos, o mecanismo de mitigação de risco será o seguinte:

- Quando ocorrer uma variação positiva de receitas tarifárias, os valores equivalentes à receita adicional decorrente dessa variação, após descontada toda a tributação incidente (ISS, PIS/COFINS, IR/CSLL), serão assim divididos: 70% para o poder concedente e 30% para a concessionária. Quando a variação for negativa, o "prejuízo será dividido entre as partes, sendo 50% para cada um".
- Caso ocorra uma queda brusca no tráfego, cujas receitas tarifárias tenham uma redução maior que 70%, o mecanismo de mitigação de risco será 100% do poder concedente.

Esses mecanismos de distribuição de riscos, considerando o tráfego real, são, comparativamente ao processo anterior de concessão, uma grande inovação, uma

CAPÍTULO 5

vez que naquele processo o risco do tráfego é todo da concessionária e, portanto, não há compartilhamento de ganhos quando ocorre um aumento da receita tarifária, que é o que historicamente acontece.

Para o Grupo Técnico que analisou e organizou a PPP da PR-323, a decisão por seguir em frente com apenas um dos estudos dos PMIs protocolizados no Governo, apesar de enfrentar inúmeros percalços de ordem política, foi baseada também na experiência anterior em que foi concebido um Programa de grandes proporções em obras/investimentos, incompatíveis com a estrutura institucional, jurídica e regulatória disponíveis no setor público e cujo cenário atual não é muito diferente.

Ou seja, a opção por um único projeto (PPP da PR-323) e a decisão de desenvolvê-lo até sua plena funcionalidade se basearam inicialmente na limitada disponibilidade dos técnicos envolvidos diretamente, que administravam outras atividades conjuntamente. Contudo, na maturação dos estudos ficou evidenciada a necessidade de sedimentar o conhecimento recém-adquirido e exercitar as boas práticas, tornando o Programa como um todo menos refratário às intempéries do sistema, sejam elas internas, sejam elas externas ao setor público.

Cabe, portanto, outra tarefa de extrema relevância para o planejamento público, além da estruturação de equipes técnicas especializadas, a priorização de projetos para PPPs.

Contudo, ainda sob o aspecto do ineditismo, o processo de estruturação das garantias da PPP da PR-323 ainda não foi concluído, embora o contrato já tenha sido assinado, o que o torna sem eficácia para efeitos legais.

Nesse contexto, um dos principais atores no cenário das políticas públicas, a Secretaria de Estado da Fazenda, por ter sido inserida no processo de tomadas de decisão tardiamente, refletiu no desequilíbrio de conhecimento e informações técnicas sobre o tema, resultando para o processo na perda de um aliado importante na formatação da estrutura orçamentária e financeira do Programa.

Por outro lado, a perfeita integração das equipes técnicas (Coordenação de PPP/SEPL e Grupo Técnico Setorial/SEIL-DER), mantidas as competências de cada uma das partes no processo, foi fundamental para o aprimoramento do conhecimento sobre essa nova modalidade e o consequente sucesso na implantação da PPP da PR-323. Inclusive, a formação de uma equipe coesa e alinhada permitiu a suavização de ingerências políticas inerentes a esse tipo de relação institucional. Nesse caso, o erro persistiu apenas em não trazer para a equipe técnica integrada pessoas ligadas ao setor financeiro do Estado que, pela falta de conhecimento e entendimento de todo o processo técnico, têm dificuldades em incorporar esse novo componente orçamentário às contas públicas do Governo.

Este é outro tema relevante e pouco explorado no campo das discussões teóricas sobre o assunto PPPs: o seu peso orçamentário e financeiro para o setor público. Ao contrário das concessões comuns, cujo retorno financeiro fica a cargo da cobrança de tarifas pagas pelo usuário do serviço prestado, como já dissemos anteriormente, a PPP implica o pagamento pelo Estado de parte ou do todo da remuneração devida. Portanto, quando se trata de PPP, é imprescindível que se tenha clara a definição de prioridades orçamentárias e o dimensionamento do impacto financeiro dessa despesa nas contas do Estado.

Uma forma de desoneração desse processo, que geralmente é bastante oneroso para o orçamento público, por envolver obras e serviços de grande vulto financeiro, seria rever as questões tributárias que permeiam a prestação desses serviços.

Assim como nas concessões comuns e nas demais PPPs a tributação é extremamente alta, na PPP da PR-323 ela equivale a cerca de 27% de todos os custos do Programa. Isso representa a maior porcentagem em relação às demais categorias de gastos, como se observa na Tabela 5.1, a seguir:

Tabela 5.1 Parceria Público-Privada: corredor da PR-323

INVESTIMENTOS	% DO TOTAL
OPEX – Operação, administração, conservação	22%
CAPEX – Obras (duplicação, restauração, marginais, viadutos e pontes)	25%
Financiamento + custo do capital	26%
Impostos federais (COFINS, PIS, IR + CSLL) e municipal (ISS)	27%

Considerando que antes de conceber um Programa de Concessão ou de PPP o setor público não conta com a entrada desses recursos tributários, e, ainda, que haverá uma desoneração de custos para o Governo, uma vez que o conceito básico é de que em qualquer que seja o modelo adotado há que se ter maior economia na prestação do serviço do que se fosse executado diretamente pelo setor público, o peso dos impostos sobre projetos dessa natureza pode inviabilizar algumas modelagens.

No caso das PPPs, o modelo é totalmente novo. A perspectiva dessa arrecadação não existe até que esteja implantado o Programa. Portanto, poderia ser, no mínimo, avaliada a redução da carga tributária para buscar a negociação com a concessionária em dividir o bônus com o usuário da rodovia, que, ao final, é o maior prejudicado.

Voltando à questão das inovações, para o gestor público existe um novo componente no modelo de PPPs que gera maior conforto na tomada de decisões.

Trata-se da avaliação da vantagem econômico-financeira do Projeto pelo que se chama de *Value for Money*, ou seja, avaliação da alternativa mais vantajosa financeiramente para o Estado, comparando a modelagem através de PPP e através da modalidade de obra pública.

122 **CAPÍTULO 5**

Quanto à gestão e operacionalidade futura do Programa pelo parceiro público, as *falhas de governo* que envolvem a assimetria de informações e externalidades (positivas e negativas) poderão ser compensadas pelo compartilhamento de riscos que o modelo de PPP preconiza (QID, Banda de Tráfego) e deverão ter seus efeitos amenizados pelo estabelecimento de regras mais claras e bem alinhadas com o parceiro privado, em que pese a identificação e correção de erros de procedimento que estão na fase anterior ao início da gestão do Programa, que deverá ocorrer quando da eficácia do Contrato.

A atividade regulatória a partir da participação da AGEPAR em todo o processo de constituição da PPP da PR-323 foi no âmbito do acompanhamento da estruturação do Programa como mero expectador. Somente após o lançamento do Edital é que efetivamente foram feitas análises e questionamentos de ordem prática, embora seja importante destacar que a estruturação legal em nível estadual das PPPs tenha sido concomitante à própria regulamentação da Agência.

5.6 Conclusão

Ainda que tenhamos dificuldades com os marcos regulatórios tanto das Concessões Comuns como das PPPs, faltam-nos as práticas, a difusão da informação e principalmente o fortalecimento institucional por meio da constituição de equipes preparadas e de conhecimento do gestor público sobre o assunto.

A fragilidade da infraestrutura de transportes em face das demandas que o ritmo de desenvolvimento impõe nos leva a buscar nessa nova modalidade a viabilização de projetos que exigem grande volume de investimentos para segmentos nos quais a concessão comum não se aplica, a exemplo de rodovias cujo volume de tráfego não gera receita tarifária que faça frente às obras e aos serviços necessários à segurança dos usuários.

Embora a assimetria de informações pró-concessionária e a falta de articulação intergovernamental ainda assombrem os tomadores de decisão, o modelo de PPP é inovador nos métodos de controle de qualidade que remetem a punições pecuniárias quando não atendidos os parâmetros estabelecidos e na estruturação da matriz de riscos que torna mais transparente e objetiva a competência de cada parte.

Ainda assim, os desafios que se apresentam à luz da recente experiência da PPP da PR-323 são os mesmos aplicáveis ao primeiro programa de concessões rodoviárias:

- aperfeiçoamento e adequação da regulamentação estadual vigente;
- fortalecimento da gestão pública desde a concepção até a operação dos projetos;
- clara definição de papéis dos entes reguladores/regulados.

Atendidos esses pressupostos, a constituição de um ambiente regulatório adequado à atração de investimentos privados e o consequente sucesso na relação público-privada não só representam a consolidação do modelo de PPPs como o resgate de elementos norteadores das primeiras concessões e a ampliação das condições de diálogo que remontam a um novo arranjo institucional capaz de articular ações públicas e privadas que garantam a realização dos projetos de infraestrutura tão necessários ao crescimento econômico do Estado.

O parágrafo final de fechamento deste artigo representa a leitura de uma realidade vivida por mim e pelo Governo do Paraná, sob a ótica da literatura existente. Contudo, o que pudemos observar ao longo de nossa experiência de vida pública é que as situações se repetem, os modelos são copiados, os erros são ignorados e as carências/dificuldades são praticamente as mesmas em quase todos os níveis de governo, o que nos leva a crer que essas recomendações podem servir como premissas para outros entes governamentais, inclusive por conta do embasamento teórico que as norteia.

REFERÊNCIAS

BANCO NACIONAL DE DESENVOLVIMENTO ECONÔMICO E SOCIAL (BNDES). *As concessões rodoviárias*. Brasília, 2001.

BRASIL. Constituição da República Federativa do Brasil. Brasília, Imprensa Nacional, 1988. Disponível em: <http://www.planalto.gov.br>. Acesso em: 04 ago. 2004.

DEPARTAMENTO NACIONAL DE ESTRADAS DE RODAGEM (DNER). *Concessão da infraestrutura rodoviária*. Brasília, 1993a.

_____. *Concessão de obras e serviços rodoviários*: estudo preliminar. Brasília, 1993b.

BRESSER PEREIRA, L. C. *A crise da América Latina*: Consenso de Washington ou crise fiscal? Aula Magna no XVIII Encontro Nacional de Economia da ANPEC, Brasília, 4 de dezembro 1990.

CAPELETTO, G. J. Regulação de serviços públicos e seus pontos importantes. *Revista Marco Regulatório*, Porto Alegre, AGERGS, nº 3, 2000.

CUÉLLAR, L. *As agências reguladoras e seu poder normativo*. São Paulo: Dialética, 2001.

DEPARTAMENTO DE ESTRADAS DE RODAGEM (DER). *Programa de concessão de rodovias do Estado do Paraná*. Versão Preliminar. Curitiba, 1995.

_____. *Programa de concessão da infraestrutura de transportes no Estado do Paraná*. Curitiba, 1996a.

_____. Programa de concessão de rodovias para o Estado do Paraná. In: *Estrutura de pedagiamento*. Curitiba, 1996b.

CAPÍTULO 5

_____. _____. In: *Relatório Final – Estudo de Viabilidade*. Curitiba, 1996c.

_____. _____. In: *Relatório Final – Modelo de Operação e Conservação*. Curitiba, 1996d.

_____. _____. In: *Relatório Final – Estudos de Tráfego*. Tomos I a III. Curitiba, 1996e.

_____. *Dados gerais da concessão*. Curitiba, 2000.

_____. *Sistema de Gestão, Fiscalização e Decisão para o Programa de Concessão de Rodovias do Estado do Paraná*. Curitiba, 2001a.

DI PIETRO, M. S. Z. Aspectos legais da concessão de serviços públicos. In: *Concessões de serviços públicos e regulamentação*. Belo Horizonte: Fundação João Pinheiro, 1999.

_____. *Parcerias na administração pública*: concessão, permissão, franquia e outras formas. 4. ed. São Paulo: Atlas, 2002.

FIANI, R. *Teoria da regulação econômica*: estado atual e perspectivas futuras. Rio de Janeiro: NUCA-IE-UFRJ, Texto para Discussão nº 423, 1998.

_____. O Anteprojeto das agências reguladoras: uma avaliação crítica. Rio de Janeiro. NUCA-IE-UFRJ. Ciclo de Seminários sobre reestruturação do setor elétrico. 2 de outubro de 2003(a).

_____. Uma avaliação crítica da teoria de Rent Seeking. Trabalho apresentado em Seminário promovido pelo Instituto de Economia – UFRJ, em 23 de setembro de 2003(b).

GARCIA, F. A. *Regulação jurídica das rodovias concedidas*. Rio de Janeiro: Lumen Juris, 2004.

JUSTEN FILHO, M. *Curso de direito administrativo*. São Paulo: Saraiva, 2005.

KNOEPFELMACHER, R. Anel de Integração – Comissão de Peritos. *Parecer referente aos aspectos ligados ao financiamento* – Versão Final. Curitiba: DER, 1999.

KRAUSE, E. B. *Agências de regulação*: conceito, legislação e prática no Brasil. Porto Alegre: Mercado Aberto, 2001.

LEE, S. H. *Concessão de rodovias à iniciativa privada*: critérios para limitação de tarifas em processos de licitação. Florianópolis: UFSC, 1996. Dissertação de Mestrado.

MACHADO, K. *Concessões de rodovias*: mito e realidade. São Paulo: Prêmio, 2002.

MELLO, C. A. B. Concessão de obra pública: Parecer. *Revista de Direito Público*, São Paulo, ano 24, nº 96, 1990.

MORAES, L. R. A reestruturação dos setores de infraestrutura e a definição dos marcos regulatórios. In: RESENDE, F.; DE PAULA, T. B. (eds.). *Infraestrutura*: perspectivas e reorganização. Brasília: IPEA, 1997.

OLIVEIRA, G. Características de uma boa agência reguladora. *Folha de S.Paulo*, São Paulo, 29 de setembro de 2001.

_____. Regulação pró-concorrencial e o novo ciclo de abertura comercial no Brasil. Trabalho apresentado no Seminário BID/FGV: *O Brasil e os riscos e oportunidades da integração na economia mundial*, em 04 de novembro de 2003.

OLIVEIRA, G.; OLIVEIRA FILHO, L. C. *Parcerias Público-Privadas*: experiências, desafios e propostas. Rio de Janeiro: LTC, 2013.

PINTO JR., H. Q.; SILVEIRA, J. P. *Elementos da regulação setorial e de defesa da concorrência*: uma agenda de questões para o setor de energia. Agência Nacional do Petróleo. Nota Técnica nº 06, 1999.

PIRES, J. C.; PICCININI, M. S. A regulação dos setores de infraestrutura no Brasil. In: *A economia brasileira nos anos 90*. BNDES, 1999.

POSSAS, M. L. *Estruturas de mercado em oligopólio*. São Paulo: Hucitec, 1985.

POSSAS, M.; FAGUNDES, J.; PONDÉ, J. Custos de transação e políticas de defesa da concorrência. *Revista de Economia Contemporânea*, UFRJ, v. 2, 1998.

SECRETARIA DE ESTADO DOS TRANSPORTES (SETR). *Estudos para implantação de pedágio nas rodovias do Estado do Paraná*. Curitiba, 1991.

_____. *Sistema Rodoviário Estadual*. Curitiba, 1995.

_____. *Relatório de Atividades – 2004*. Curitiba, 2005.

STIGLER, G. J. The theory of economic regulation. *Bell Journal of Economics and Management Science* 2, Spring, 1971.

VISCUSI, W.; VERNON, J.; HARRINGTON, J. *Economics of regulation and antitrust*. 2. ed. Cambridge: Massachusetts Institute of Technology, 1995.

6

PROPOSTA DE MODELAGEM PARA CONCESSÕES FERROVIÁRIAS NO BRASIL: O SURGIMENTO DE UM "ORNITORRINCO" JURÍDICO?

André Castro Carvalho

6.1 Introdução

A infraestrutura ferroviária brasileira é, seguramente, junto com a portuária, uma das mais relevantes – e também uma das mais menosprezadas no que se refere à possibilidade de engenharias e modelagens que permitam investimentos privados no setor. Desde a década de 1990, quando houve uma profunda reforma no setor com o início das primeiras concessões ferroviárias, pouco se vislumbrou em matéria de expansão desses investimentos.

Mais recentemente, com o Programa de Investimento em Logística (PIL), decidiu-se priorizar os investimentos federais no setor, contando com a maior presença do setor privado por meio do sistema de concessões de serviços públicos. Entretanto, junto com essa tentativa de priorizar o setor, vieram também novas modelagens jurídicas que passaram a ser amplamente criticadas pelos especialistas do setor e pelos próprios *players* desse mercado, fruto, sobretudo, de uma mescla de modelos de concessões e Parcerias Público-Privadas (PPPs). Isso acabou transformando o primeiro e principal projeto do PIL, a concessão ferroviária do trecho entre Açailândia/MA e Barcarena/PA (doravante "Concessão"), em um verdadeiro "ornitorrinco" jurídico.

O que será analisado nessas breves linhas é justamente essa característica inovadora em matéria de modelagem jurídica, bem como algumas outras questões relevantes atinentes ao projeto, que devem (ou deverão) ser enfrentadas em breve tanto pelo órgão regulador como pelo mercado.

6.1.1 Breve histórico do projeto da concessão

A Concessão faz parte do PIL, que foi um programa governamental federal surgido a partir de 2012 como parte integrante da segunda etapa do Programa de Aceleração do Crescimento (PAC II), cujo objetivo principal é o de alavancar os investimentos em infraestrutura de transportes no Brasil (BRASIL, 2013h, p. 1-2). Pode-se afirmar, portanto, que a Concessão é a "menina dos olhos" do PIL para o Governo Federal, visto que é o seu projeto inaugural e mais relevante no setor ferroviário brasileiro, sendo uma das principais prioridades atuais da Agência Nacional de Transportes Terrestres (ANTT).

A Concessão também veio dentro de uma filosofia de segregação vertical da rede – o *vertical unbundling* –, que representa uma desverticalização do processo produtivo das empresas e, dessa forma, amplia o leque de usuários da rede. Isso ocorreu sobretudo em razão de algumas críticas às concessões do modelo anterior, que se pautavam pelo princípio oposto, ou seja, pela verticalização da produção (o que, no limite, poderia acarretar problemas no *open access* (amplo acesso à infraestrutura) por parte da firma monopolista, ou seja, a figura da *bottleneck* ou *essential facility* – em outras palavras, uma infraestrutura escassa e essencial para o

130 CAPÍTULO 6

desenvolvimento de determinada atividade econômica) (BRASIL, 2013i, p. 1). São, portanto, princípios norteadores de uma abordagem principiológica própria das infraestruturas públicas (CARVALHO, 2014, p. 111-112). Não se objetiva aqui discutir qual é ou qual supostamente seria o melhor modelo de exploração ferroviária para a situação atual da infraestrutura ferroviária brasileira (cf., *v. g.*, GUERRA, 2014, p. 87-89): o foco é, por conseguinte, a análise do modelo jurídico implantado a fim de atingir esse desiderato desenvolvimentista.

É importante mencionar que se trata de um projeto *greenfield*, o que o difere da característica nacional em projetos nesse setor – muito mais preferente às modelagens *brownfields*, sobretudo em razão da necessidade de recuperação das principais infraestruturas existentes em meados na década de 1990, o que acabou concentrando o uso das concessões nessa modalidade. Na Índia, por outro lado, os projetos *greenfield* costumam ser a preferência na modelagem das concessões e PPPs (THE ECONOMIST, 2012).

Por se tratar de um projeto *greenfield* de infraestrutura de transportes e com questões de engenharia e demanda sensíveis, "[...] o risco de demanda de tráfego da Concessionária é mitigado, vez que toda a capacidade operacional contratada será adquirida pela empresa pública federal Valec Engenharia, Construções e Ferrovias S.A" (BRASIL, 2013h, p. 2). Pode-se afirmar que esta é a *pedra de toque* do projeto da Concessão: reduzir a quase *zero* o risco de demanda da futura concessionária, o que é o cerne de qualquer concessão comum de serviço público à luz da Lei nº 8.987/1995 (Lei de Concessões).

Seria natural, portanto, que tal estrutura regulatória requeresse a utilização da figura da concessão subsidiada, permitida pela Lei nº 11.079/2004 (Lei de PPPs) sob a figura da concessão patrocinada ou da concessão administrativa. Não foi, contudo, o que ocorreu na prática. A intenção deste capítulo é justamente especular algumas hipóteses pela sua não utilização por parte do Governo Federal.

6.2 Bico de Pato: a escolha pela concessão comum em vez da concessão patrocinada ou administrativa

É da natureza de uma concessão comum de serviço público a cobrança de uma tarifa ao usuário, cujo risco da demanda seja atribuído ao concessionário. Assim estão estruturadas todas as concessões da década de 1990 e as novas concessões federais a partir de 2007, como, por exemplo, no setor de rodovias e aeroportos – outros setores de infraestrutura de transportes.

A primeira versão de minuta de edital e contrato, circulada para a sessão da Tomada de Subsídios, veiculou um conceito de "Tarifa pela Disponibilidade da Capacidade Operacional" (TDCO) e de "Tarifa de Fruição" (TBF) na Cláusula 18.2 do edital (BRASIL, 2013a), replicando-se essa sistemática na minuta do contrato na Cláusula 1.1.1 (BRASIL, 2013b). A ideia da TDCO é que ela seja 100% garantida pela Valec: em termos simplificados, a Valec comprará a capacidade operacional (risco de demanda) da concessionária e negociará diretamente aos interessados, evitando a relação trilateral clássica das concessões comuns (regulador – concessionário – usuário).

Como o critério de julgamento estabelecido é sagrar vitorioso quem oferecer o menor valor apresentado em uma relação entre TDCO e TBF – e considerando que a TBF, que visa principalmente apropriar alguns ganhos de eficiência pela concessionária na operação, não tem um peso muito relevante nessa fórmula –, pode-se afirmar que o risco de demanda do futuro concessionário estaria praticamente eliminado nessa estruturação (Cláusula 17.2.1, BRASIL, 2013a). Em que pese haver a defesa de que a TDCO não se trataria de uma *contraprestação pecuniária* e que, por esse jogo de palavras, não haveria o risco de caracterização como uma PPP (BRASIL, 2013i, p. 7-8), fato é que esse argumento não se sustenta sob uma análise mais detida.

O risco de demanda é um dos elementos-chave das concessões comuns no Brasil, estando presente no ordenamento jurídico pátrio desde o advento da Constituição Federal de 1988. O trecho a seguir demonstra que o caminho para se caracterizar como concessão comum ou PPP é exatamente a questão da assunção do risco de demanda:

> Basta relembrar que, na hipótese de não cumprimento das obrigações estipuladas em contrato, a Concessionária não aufere receitas advindas do pagamento tarifário, seja da Valec ou dos demais usuários. Se considerada fosse como Concessão Patrocinada, e a despeito do não pagamento das tarifas cobradas dos usuários, a Concessionária continuaria recebendo a contraprestação pecuniária (BRASIL, 2013i, p. 8).

Porém, fato incontestável é que o descumprimento de obrigações contratuais também pode ensejar o não pagamento da contraprestação em uma PPP se houver essa estipulação contratual – é dizer, não é exatamente esse o fator definidor de um projeto ser uma PPP ou uma concessão comum de serviço público. O fator definidor é, na realidade, observar se o poder público altera *substancialmente* o risco de demanda, na forma de um subsídio integral ou parcial ao projeto.

Conforme explicita o artigo 2º, II (concessão de serviço público), III (concessão de serviço público precedida da execução de obra pública) e IV (permissão de serviço público) da Lei de Concessões, os concessionários devem assumir o serviço público por sua *conta e risco*. Cintra do Amaral (2012, p. 51-53) demonstra a alteração da tendência existente na Constituição anterior a 1988 (veiculada, sobretudo, pelo

CAPÍTULO 6

Decreto-Lei nº 2.300/1986) para o regime vigente introduzido a partir de 1988, com a atual Constituição:

> Na *tarifa pelo custo*, a concessionária *não corria risco*. Os custos e investimentos por ela incorridos eram cobertos integralmente pela tarifa, acrescidos da *justa remuneração do capital*. Somente era admitido o lucro considerado *justo*, o que importava sua *limitação* pelo poder concedente. Já na política de *tarifa pelo risco*, não existe essa limitação. Em compensação, à concessionária *não é garantido lucro*. Formada a equação econômico-financeira inicial do contrato, com base no edital e na proposta apresentada pela concessionária, ela pode ganhar ou perder. A concessão é outorgada *por sua conta e risco* (CINTRA DO AMARAL, 2012, p. 54).

Eliminar o risco de demanda significa, portanto, uma modelagem que prescinde do conceito basilar de concessão comum de serviço público. A denominação *comum* foi introduzida após o surgimento da Lei das PPPs, dado que as PPPs são, no fundo, concessões *subsidiadas*, visto que, na modelagem de *project finance* das PPPs, não há uma autossustentabilidade própria do projeto. Diversamente, nas concessões comuns, a autossustentabilidade financeira do projeto é uma das suas características principais que faz com que o risco de demanda seja suportado pela parte que tenha maior capacidade de geri-lo nesse tipo de projeto – *i.e.*, o parceiro privado. Dessa maneira, as figuras da *tarifa* e das *receitas alternativas* ou *acessórias* acabam sendo cruciais nessas modelagens.

De outra sorte, no caso das PPPs é necessária a participação financeira do parceiro público com algum subsídio pecuniário que possa tornar o projeto "atraente", tanto para o setor privado (no aspecto da financiabilidade e economicidade) como para o setor público (no aspecto de política pública de transporte, que pode, *e.g.*, estar representada no controle do preço final a ser suportado pelo usuário). Ou o subsídio é *parcial* – e daí se extrai o conceito de concessão *patrocinada* –, com um risco de demanda compartilhado entre setor público e privado, ou o subsídio é *integral* – e daí se extrai o conceito de concessão *administrativa*. A concessão administrativa aproxima-se muito do conceito britânico de *Private Finance Initiative* (PFI), também muito utilizado no Japão e na Malásia (YESCOMBE, 2007, p. 4, 9-10), e é uma alternativa a projetos que possam se tornar atraentes por conta da eliminação do risco de demanda ao concessionário.

A modelagem jurídica adotada no projeto da Concessão assemelha-se ao que é adotado em alguns países europeus em concessões ferroviárias. O próprio Voto à Diretoria Colegiada DCN nº 119/2013 externa claramente essa inspiração:

> Em uma análise de Direito Comparado, verifica-se que esta estrutura jurídica se inspira em experiências de outras jurisdições, especialmente na Europa, em países como Inglaterra, Suécia, Alemanha, França e Espanha, e nas diretrizes exaradas

pela Comissão Europeia (instituição da Comunidade Europeia responsável, inclusive, pela proposição de planos de ação, políticas e alterações legislativas do bloco europeu), a partir de 1991 (BRASIL, 2013i, p. 4).

Logo, eliminar o risco de demanda é uma das estratégias possíveis para modelar PPPs ferroviárias, sobretudo com a possibilidade do uso de aporte e da contraprestação pecuniária paga pelo poder concedente – seja na concessão patrocinada, seja na administrativa. Ocorre que a Lei de PPPs, em seu artigo 3º, § 2º, prescreve textualmente que não é possível se valer dos dispositivos da Lei das PPPs nas concessões comuns – em especial daquilo que é o elemento caracterizador de uma PPP ou concessão, que é propriamente a influência direta no risco de demanda a ser suportado pelo concessionário. Eis o teor do dispositivo:

> Art. 3º As concessões administrativas regem-se por esta Lei, aplicando-se-lhes adicionalmente o disposto nos arts. 21, 23, 25 e 27 a 39 da Lei nº 8.987, de 13 de fevereiro de 1995, e no art. 31 da Lei nº 9.074, de 7 de julho de 1995.
> [...]
> § 2º As concessões comuns continuam regidas pela Lei nº 8.987, de 13 de fevereiro de 1995, e pelas leis que lhe são correlatas, *não se lhes aplicando o disposto nesta Lei* (grifos nossos).

A conclusão a que se pode chegar da leitura desses dispositivos legais é que o ordenamento jurídico brasileiro estabeleceu dois regimes para concessões: um em que é aplicável principalmente a Lei de PPPs para as concessões patrocinadas e administrativas (e *subsidiariamente* a Lei das Concessões), e outro em que é aplicável a Lei de Concessões *exclusivamente*, *sem qualquer aplicação subsidiária da Lei de PPPs*. Por mais que essa sistemática seja criticável e aconteça não somente com concessões e PPPs, mas também, atualmente, com as licitações e o Regime Diferenciado de Contratações (RDC), qualquer proposta que escape a essa sistematização é meramente *de lege ferenda*. Tivemos a oportunidade de externar, em outra ocasião (CARVALHO, 2013), uma crítica a essa existência de multiplicidade de leis para reger assuntos que são similares, o que não acontece na maioria dos países – como no Chile, por exemplo, em que há uma *Ley de Concesiones* que permite uma maior liberdade para modelagens de projetos.

O próprio Tribunal de Contas da União (TCU, 2013), ao analisar a outorga de concessão de serviço público do trecho da EF-354, compreendido entre Lucas do Rio Verde/MT e Campinorte/GO (também incluído no PIL), expediu como determinação à Valec que adote para a concessão em referência – bem como outras dentro do PIL – a contabilidade pública própria das PPPs (independentemente do regime legal adotado), nos termos da Portaria STN nº 614/2006, não permitindo o seu funcionamento sob a lógica *off-balance* (CARVALHO, 2014, p. 454-460). Isso porque,

134 CAPÍTULO 6

pelo modelo proposto, exsurge a necessidade de controlar os passivos financeiros que serão assumidos pela Valec ao longo da execução do contrato – os quais, invariavelmente, terão que ser suportados pelo Erário.

À luz do ora exposto, um projeto de concessão comum que contenha dispositivos de concessão patrocinada será um alvo fácil de questionamentos administrativos e judiciais. Tal problema foi apontado inauguralmente à ANTT na ocasião da Tomada de Subsídios (BRASIL, 2013g, p. 27-28); porém, a modelagem persistiu nas novas minutas de edital e contrato a serem submetidas à audiência pública (BRASIL, 2013c e 2013d). Na Audiência Pública nº 137, de 2013, a mesma problemática foi ressaltada em diversas contribuições de interessados. Entretanto, mais uma vez, as novas minutas de edital e contrato pós-audiência pública mantiveram a referida modelagem (BRASIL, 2013e e 2013f).

Depreende-se, por consequência, que a mescla de institutos de PPPs em concessões comuns deve ser a tônica nessas futuras concessões ferroviárias federais, as quais estarão sujeitas a uma "bateria de testes" em futuros questionamentos administrativos e judiciais – os quais terão um forte lastro normativo na estruturação da argumentação jurídica a fim de combater o modelo. Cabe, no entanto, questionar o porquê de o poder público federal não ter utilizado uma modelagem pura de PPP, a fim de não ficar muito exposto ao risco de se ter o projeto suspenso ou alterado por qualquer interferência administrativa ou judicial.

Uma peculiaridade do processo de PPPs federal no Brasil, diferentemente das concessões comuns, é a existência de um órgão gestor de parcerias público-privadas (Comitê Gestor de Parceria Público-Privada – CGP), nos termos do artigo 14 da Lei de PPPs e do artigo 2º do Decreto nº 5.385, de 2005. Tal órgão é composto por representantes do Ministério do Planejamento, Orçamento e Gestão (MPOG), Ministério da Fazenda (MF) e Casa Civil da Presidência da República, além do representante que tenha competência sobre o projeto em análise (no caso, seria do Ministério dos Transportes – MT). Entre outras atribuições, compete ao CGP definir os serviços prioritários para execução do regime de PPP e os critérios para subsidiar a análise sobre a *conveniência* e *oportunidade* de contratação sob esse regime. Os dois conceitos destacados representam o que se denomina no direito administrativo *mérito administrativo*, o qual é delineado pelo exercício pleno da *discricionariedade administrativa* pelo órgão ou entidade da administração pública. Percebe-se, portanto, que a discricionariedade da Pasta para definição de PPP acaba sendo mitigada, de certa forma, pela existência e atuação do CGP – e pelas atribuições que lhe são inerentes.

No caso das concessões comuns, não há essa necessidade de um órgão gestor na Lei de Concessões, estando o projeto de concessão sob uma gestão quase exclusiva do órgão que possui a "paternidade" sobre o projeto, o que permite que o assunto seja conduzido *interna corporis* dentro da respectiva Pasta.

As PPPs estaduais acabaram se proliferando mais – embora não somente por essa razão – em virtude da facilidade de articulação com esses órgãos (denominados "Conselhos" ou "Comitês" Gestores de Parcerias Público-Privadas" – CGP), nos casos em que as leis estaduais previram tal hipótese, tal como a de Minas Gerais (Lei nº 14.868/2003, artigo 19), São Paulo (Lei nº 11.688/2004, artigo 3º) e Pernambuco (Lei nº 12.765/2005, artigo 19 c/c Decreto nº 28.844/2006, artigo 2º). Nos Governos Estaduais, o processo de tomada de decisão acaba sendo dotado de maior centralização hierárquica, o que permite que haja maior integração entre as "Secretarias finalísticas" e as "Secretarias-meio" – muito embora, repita-se, isso ocorra com algumas ressalvas quanto ao aspecto político do processo decisório.

Já no caso das PPPs federais, essa articulação acaba sendo um pouco mais prejudicada. Um dos principais fatores é que alguns "Ministérios finalísticos" não são coordenados pelo próprio partido da gestão do momento da Presidência da República, mas sim por coligados ou aliados – diferentemente dos "Ministérios-meios", tais como o MF e MPOG, esses historicamente sob a coordenação do mesmo partido de gestão presidencial. Esse fator, por si só, pode ensejar um complicador político que serve para obstar tanto a propositura como o pleno andamento de projetos de PPPs federais (PEREIRA, 2013).

O outro fator é que a presença dos Ministérios-meios na discussão da modelagem da PPP subtrai, em certa medida, a plenitude da competência administrativa do Ministério finalístico. Tal mitigação não ocorre em um projeto de concessão comum, que é conduzido inteiramente sob a responsabilidade do órgão interessado. Isso poderia explicar, por exemplo, a continuidade de projetos de concessão no Governo Federal a partir de 2007 – todavia, nenhum regido pela Lei de PPPs, aprovada em 2004, mas todos disciplinados pela Lei de Concessões, aprovada em 1995. Diante dessa dificuldade, os principais projetos federais de infraestrutura no Brasil que contaram com a participação da iniciativa privada continuaram se valendo da normativa de vinte anos atrás – em detrimento da legislação de PPPs mais recente.

Sendo o conceito de PPPs uma ideia muito relacionada à Inglaterra em virtude do seu desenvolvimento conceitual nesse país, pode-se reproduzir a expressão histórica de que a Lei das PPPs, para a esfera federal, foi uma "lei para inglês ver".

6.3 Cauda de Castor: a Valec como intermediadora e garantidora e o chamado "Risco Valec"

A questão do oferecimento de maiores garantias por parte do poder público para megaprojetos de infraestrutura, em especial no setor ferroviário, é uma tendência a fim de que os projetos realmente possam "sair do papel" e atrair o interesse da iniciativa privada. Muitas vezes, a incidência de riscos relevantes acaba se tornando um fator *deal breaker* para um projeto de grande porte como os ferroviários, ainda

CAPÍTULO 6

mais quando se levam em consideração os elevados riscos socioambientais, de engenharia e de demanda que eles apresentam. Jayme Domingo Filho (2014, p. 28) externa essa tendência nos projetos ferroviários metropolitanos no País:

> De forma a incentivar a participação da iniciativa privada nesta modalidade de projetos, o setor público vem oferecendo mais garantias, particularmente no caso do projeto da linha 4 do Metrô de São Paulo, o governo Paulista ofereceu garantias parciais para a demanda de passageiros e para o risco cambial.

Nesse sentido, outra novidade na modelagem do projeto da Concessão foi a incumbência da Valec como a intermediadora e garantidora do risco de demanda das concessionárias. Sendo o risco de demanda integralmente garantido pelo poder concedente, seria natural que a discussão sobre a garantia de cumprimento dessa obrigação de mitigação do risco viesse à tona. Inicialmente, a Valec atuaria como interveniente anuente na concessão no projeto de Açailândia-Barcarena; entretanto, posteriormente à diligência solicitada pelo TCU no bojo do processo que analisa a outorga de concessão de Lucas do Rio Verde-Campinorte (TCU, 2013), ficou proposta pela Agência a figura da *subconcessão imprópria* do trecho à Valec, que se tornou interveniente subconcedente naquela minuta contratual, visto que o trecho da EF-151 já estaria outorgado à Valec. A subconcessão seria imprópria pelo fato de a relação jurídica contratual dar-se entre poder concedente e subconcessionária, e não entre o concessionário e aquela.

O Anexo 3 do Contrato (BRASIL, 2013f) define que a Valec fará o pagamento trimestral a título de antecipação da capacidade operacional disponibilizada. O não pagamento autorizaria a concessionária a acionar as garantias contratuais previstas, as quais envolvem os bens da Valec, tais como títulos públicos transacionados em mercado, ou mesmo uma conta garantidora, mantida pela própria Valec, dos recebíveis referentes aos créditos dos contratos de subcessão dos direitos de uso.

A Medida Provisória nº 618/2013, convertida na Lei nº 12.872/2013, chegou a autorizar o aumento do capital social da Valec para o montante de até R$ 15 bilhões, de forma a se ter condições de cumprir com os compromissos assumidos com as futuras concessionárias do PIL. O aumento de capital será supostamente utilizado para a emissão de títulos públicos que serão resgatados somente como forma de garantir o pagamento das concessionárias em caso de inadimplemento da Valec (BRASIL, 2013h, p. 99).

A dúvida é saber se esse montante seria suficiente em caso de um *default* coletivo, o que acarretará, naturalmente, uma reação em cadeia nas execuções das garantias contra a Valec por parte das concessionárias envolvidas. Nesse caso, provavelmente, seria necessário um *bailout* (uma espécie de "resgate financeiro") da União à empresa, o qual dependerá da condição política, fiscal e orçamentária vigente no momento. E também não resta evidente se esse montante serviria como uma garantia por um prazo suficiente a não prejudicar o fluxo de caixa do projeto: se a garantia somente cobrir o adiantamento dos pagamentos de um trimestre, por exemplo, pode não ser suficiente a fim de assegurar que a concessionária consiga manter a operação em pleno funcionamento no trimestre subsequente em que a Valec estaria inadimplente e sem bens e capital necessários para oferecer em garantia à nova falta de pagamento.

A questão mais saliente que emerge é que o risco de *default* é mais presente do que se imagina. Em que pese a sua autonomia orçamentária regida pelo regime próprio das empresas privadas (conforme se depreende das competências atribuídas pela Lei nº 11.772/2008), não se descarta o risco de ingerência orçamentária da União na estatal como forma a equilibrar as contas públicas em momentos de crise. Em determinados momentos, é ressaltada pela própria ANTT a necessidade de que haja a inclusão dos valores a serem pagos pela Valec em uma rubrica orçamentária (BRASIL, 2013i, p. 7). Ou seja, nenhuma estatal que tenha uma contabilidade com ampla influência de seu ente político controlador, sem possibilidade de plena *autoadministração financeira* (CONTI, 2006, p. 56), poderá se dotar de autonomia orçamentária necessária para a atuação de uma empresa garantidora.

Como os pagamentos da Valec podem estar sujeitos a (i) disponibilidade orçamentária da União e (ii) disponibilidade de caixa da estatal, quem depende dos próprios pagamentos que ela deve receber dos usuários por força contratual, não se descarta a possibilidade de que a União tenha que aportar continuamente recursos a fim de que ela possa honrar os pagamentos com a concessionária da Concessão, bem como com outras futuras concessionárias dentro de um programa de concessões mais amplo. A própria possibilidade de a Valec operar com prejuízo constante foi aventada na Tomada de Subsídios (BRASIL, 2013g, p. 43-44). Afinal, a Valec estará submetida a toda volatilidade própria do mercado que utiliza o modal ferroviário na sua cadeia produtiva: nos primeiros sintomas de crise desse mercado, o programa de concessões ferroviárias também sofrerá e "descarrilará". Mas a obrigação de garantir o risco de demanda permanecerá com a Valec, independentemente da situação econômica atual desses mercados.

Sensível a esse ponto, o Tribunal de Contas da União (TCU, 2013) expediu a seguinte determinação:

> 9.6. determinar ao Ministério dos Transportes, à Agência Nacional de Transportes terrestres – ANTT e à Valec – Engenharia, Construções e Ferrovias S.A. que, no prazo de 1 ano, encaminhe a este Tribunal estudo tratando das formas de financiamento dos déficits que a Valec incorrerá ao longo da implementação do novo modelo de exploração das ferrovias, *indicando as soluções que serão adotadas para assegurar a previsibilidade e a estabilidade dos pagamentos a cargo da Valec, identificando especialmente a quantidade de recursos da União necessária e suas respectivas fontes* (destacou-se).

138   CAPÍTULO 6

A preocupação da Corte de Contas demonstra como o Risco Valec é presente para o Governo Federal, o que ficou bem ilustrado no Relatório da SefidTransporte: (i) prejuízo nominal significativo da Valec pela compra da capacidade operacional; (ii) risco de trazer ineficiência operacional ao concessionário; (iii) risco de a modelagem acarretar danos ao Erário. Ficou constatado no Relatório que, ao longo da concessão, a Valec nunca será superavitária, com as receitas nunca sendo maiores que as despesas oriundas da compra da capacidade operacional (somente com deságios na licitação da ordem de 40% no valor da TDCO é que a receita ficaria próxima à despesa – mas mesmo assim em anos próximos a 2048).

Outro ponto sensível, conforme ressaltado na Tomada de Subsídios (BRASIL, 2013g, p. 44 *et seq.*), é que a Valec, em que pese ser uma empresa pública, está sujeita ao regime das empresas privadas, nos termos da Lei nº 11.772/2008. Porém, a despeito dessa previsão normativa, o regime preponderante é o das empresas públicas federais, as quais somente podem atuar como prestadoras de garantias conforme as diretrizes do Decreto-Lei nº 2.307/1986 (artigo 2º) c/c o Decreto nº 91.271/1985 (artigo 1º) e o Decreto nº 93.872/1986 (artigo 96), nas quais a Valec não se enquadraria – seria o caso da constituição de garantia de estatal que explore atividade econômica e que preste garantia a SPE por ela constituída para cumprimento de seu objeto social. Restrições semelhantes são veiculadas pela Lei Complementar nº 101/2000, a Lei de Responsabilidade Fiscal, no artigo 40, §§ 6º a 8º.

A conta garantia de recebíveis vislumbrada também apresenta riscos de descontinuidade, dado que é dependente dos créditos dos contratos de subcessão de direito de uso – e, portanto, dependente da adimplência dos usuários do sistema. E, igualmente, não se concebeu um sistema de *escrow account* (sistema de conta garantia independente) a fim de dar autonomia a essa conta de recebíveis, a qual não apresenta uma blindagem suficiente para que seja passível de acionamento como forma de garantia. Ribeiro (2014, p. 4-5), por exemplo, expõe um roteiro para estruturação de garantias em concessões que perpassa questões como (a) a abrangência da garantia, (b) a solvabilidade dos créditos, (c) os valores dos recebíveis, (d) a solidez jurídica das garantias e (e) a reserva de liquidez para um período específico a fim de não afetar o fluxo de caixa da concessionária. Percebe-se, na presente hipótese, que a estruturação da garantia pela Valec não enfrenta todas essas questões a contento.

O mecanismo mais adequado para esse tipo de garantia seria a utilização do Fundo Garantidor de PPPs (FGP), o qual não pode ser utilizado especialmente por duas razões: (i) o FGP, fruto da inexistência de PPPs em execução no poder público federal, não está ainda plenamente operante; (ii) a utilização do FGP em uma concessão comum ultrapassaria qualquer "limiar de tolerância" que supostamente possa haver na hibridez das características concernentes a PPPs em concessões comuns. Somente um instrumento totalmente alheio a interferências governamentais, como o FGP ou uma estatal não dependente com função garantidora, poderia trazer o conforto preconizado aos investidores para esse projeto repleto de riscos e incertezas.

Da mesma maneira, não fica clara a função da Valec em um programa mais amplo de concessões. É importante destacar que o papel da Valec na Concessão é apenas um espectro do que se vislumbra como um grande ente intermediador de capacidade operacional nas novas concessões ferroviárias federais – o que lhe daria, inclusive, novos contornos institucionais na sua operação setorial ferroviária.

Por exemplo: se houver, em última instância, a necessidade de um *default* em alguma das concessões em andamento, há alguma "ordem de preferência" a ser estabelecida para os pagamentos – o que ocorre paralelamente em finanças com os *waterfall payments*? Algo similar ao que ocorre no direito falimentar no concurso de credores? Pode haver o risco de, por uma decisão política, uma concessão ser deliberadamente prejudicada para salvaguardar outra que possa ser considerada mais importante?

Outra questão é que a Valec vem com uma herança de problemas e conflitos jurídicos que acabam não sendo compatíveis com o perfil de uma empresa garantidora, que não pode apresentar qualquer risco de embaraço no acionamento de suas garantias pelos credores. Uma forma de mitigar esse problema seria com a criação de uma nova empresa específica que pudesse fazer essa intermediação financeira e atuar como garantidora nos contratos, mas sem apresentar o passivo contábil e patrimonial existente atualmente em uma estatal que possui, dentro de suas atividades, também a construção e operação de infraestrutura ferroviária no País.

Recentemente, foi criada a Agência Brasileira Gestora de Fundos Garantidores e Garantias S.A. (AGBF) pela Lei nº 12.712/2012 em seu artigo 37 (popularmente conhecida como "Segurobrás"), que é uma entidade com função garantidora para o poder público federal. Já se cogita, inclusive, utilizá-la como garantidora nas concessões de ferrovias mediante o Fundo Garantidor de Infraestrutura (FGIE) no que concerne aos riscos não gerenciáveis, isto é, àqueles que o mercado de seguros não oferece cobertura (O ESTADO DE S. PAULO, 2014). Ela poderia, por sua vez, assumir o risco de demanda originalmente atribuível à Valec – embora talvez nem ela, nem a Valec devessem assumir a posição de *trader* da capacidade operacional, remanescendo a necessidade de uma nova entidade, sem passivos, assumir essa função.

A criação de entidades desse porte, com patrimônio próprio e livre de ônus e encargos anteriores (uma empresa "espelho" da Valec, mas "limpa" e livre de obrigações anteriores), poderia vir na direção de mitigar esse "risco Valec" apontado – embora não o eliminaria, sobretudo quanto à consideração do comportamento da estatal em um programa de concessões mais abrangente. O fato é que a multifuncionalidade da Valec não lhe concede uma blindagem suficiente para seus bens e direitos, caso sejam necessárias medidas judiciais mais gravosas a fim de que o credor possa fazer valer o seu direito de crédito perante a estatal – como a própria execução forçada da garantia prestada. Em suma: o "ornitorrinco" estará intocável.

6.3.1 Conclusão: Pata de quê?

Dentro dos moldes atualmente apresentados, o futuro das concessões ferroviárias federais é uma incógnita. Não se sabe como esse modelo se comportará quando e se testado efetivamente – principalmente dentro de um amplo pacote de concessões ferroviárias federais em plena operação. E o teste efetivo não virá somente com a concretização do projeto de Açailândia/MA e Barcarena/PA, mas sim com a efetiva adjudicação dos demais trechos ferroviários, que envolvem o Plano de Outorga do PIL, tais como os projetos de Estrela D'Oeste/SP – Dourados/MS, Lucas do Rio Verde/MT – Campinorte/GO, Maracaju/MS – Lapa/PR, Rio de Janeiro/RJ – Vila Velha/ES, Feira de Santana/BA – Ipojuca/PE, Uruacu/GO – Campos dos Goytacazes/RJ, Mairinque/SP – Rio Grande/RS, Belo Horizonte/MG – Candeiras/BA, Lapa/PR – Paranaguá/PR, Porto Nacional/TO – Estrela D'Oeste/SP (PIL, 2014).

Em primeiro lugar, a mescla de aspectos cruciais de PPPs em uma concessão comum demonstra uma estratégia jurídica arrojada do Governo Federal, visto que ela poderá facilmente ensejar questionamentos administrativos e judiciais durante a fase licitatória, bem como posteriormente à assinatura do contrato em sua execução. Esse será um risco que o parceiro privado terá que estar ciente em assumir caso venha a participar desse e de outros certames no setor ferroviário em que haja esse tipo de arranjo institucional – é o "bico de pato" que ele deverá carregar consigo durante todo o prazo do contrato. O fato é que o tema não foi mais enfrentado pelos interessados no projeto da Concessão após a Tomada de Subsídios na Audiência Pública (BRASIL, 2013h), o que pode demonstrar certa consternação, por parte dos interessados privados, de que esse será o modelo definitivo a ser testado e aprovado, inauguralmente, sob a sua responsabilidade.

Em segundo lugar, o "risco Valec" parece ser muito mais incerto do que aparenta à primeira vista. Não se tem certezas quanto ao comportamento da estatal no longo prazo, sobretudo com um papel protagonista dentro de um pacote de concessões ferroviárias mais robusto. É possível que as deficiências operacionais que a empresa carrega atualmente venham a prejudicar o seu desempenho futuro como intermediadora e garantidora do risco de demanda nas concessões, o que pode representar um relevante fator para futuras renegociações contratuais por parte dos concessionários prejudicados. É a "cauda de castor" com a qual ele deverá lidar durante o prazo contratual.

O "risco Valec", por sua vez, continuou a ser um assunto amplamente explorado, após a Tomada de Subsídios, na Audiência Pública que discutiu o projeto (BRASIL, 2013h). Supõe-se, por conseguinte, que o mercado ainda não tenha assimilado confortavelmente a ideia de a Valec funcionar como intermediadora e garantidora desses e dos demais projetos de concessões ferroviárias. E, sobretudo, não ficou muito clara a questão da suficiência de bens e capital social (ainda que em títulos públicos) a fim de garantir as concessões em caso de um *default* coletivo.

O fato é que, sob o aspecto legal, ter-se-á um verdadeiro "ornitorrinco" jurídico para análise no caso concreto, um projeto que tenta, na melhor das intenções, unir o melhor dos mundos de cada modelagem jurídica em uma só a fim de que o projeto possa sair do papel e virar realidade. Ou seja, está bem evidente que a "culpa" por tais discussões não é do Governo Federal, mas sim da presença da anacrônica legislação atual sobre o setor, incompatível com a evolução das modelagens em concessões de serviços públicos.

A racionalidade econômica de se tentar agregar essas vantagens somente externa a irracionalidade jurídica que permeia atualmente o sistema normativo de concessões e PPPs no Brasil, o que impõe uma profunda alteração e consolidação para que, inclusive, os tão necessários projetos de PPPs federais possam finalmente desabrochar e trazer benefícios à população brasileira. É dizer: é a pata de qual animal que está por vir?

REFERÊNCIAS

BRASIL. AGÊNCIA NACIONAL DE TRANSPORTES TERRESTRES (2013a). *Minuta de edital de concorrência internacional para concessão de serviço público de exploração da infraestrutura ferroviária, no trecho compreendido entre Açailândia/MA – Barcarena/PA*. Versão para a Tomada de Subsídios nº 5, de 2013. Disponível em: <http://www.antt.gov.br/index.php/content/view/20591/Tomada_de_Subsidio_n__005_2013.html>. Acesso em: 26 ago. 2014.

_____. (2013b). *Minuta de contrato de concessão de serviço público de exploração da infraestrutura ferroviária, no trecho compreendido entre Açailândia/MA – Barcarena/PA*. Versão para a Tomada de Subsídios nº 5, de 2013. Disponível em: <http://www.antt.gov.br/index.php/content/view/20591/Tomada_de_Subsidio_n__005_2013.html>. Acesso em: 26 ago. 2014.

_____. (2013c). *Minuta de edital de concorrência internacional para concessão de serviço público de exploração da infraestrutura ferroviária, no trecho compreendido entre Açailândia/MA – Barcarena/PA*. Versão para a Audiência Pública nº 137, de 2013. Disponível em: <http://www.antt.gov.br/index.php/content/view/21532/137_2013.html#lista>. Acesso em: 26 ago. 2014.

_____. (2013d). *Minuta de contrato de concessão de serviço público de exploração da infraestrutura ferroviária, no trecho compreendido entre Açailândia/MA – Barcarena/PA*. Versão para a Audiência Pública nº 137, de 2013. Disponível em: <http://www.antt.gov.br/index.php/content/view/21532/137_2013.html#lista>. Acesso em: 26 ago. 2014.

_____. (2013e). *Minuta de edital de concorrência internacional para concessão de serviço público de exploração da infraestrutura ferroviária, no trecho compreendido entre Açailândia/MA – Barcarena/PA*. Versão pós-Audiência Pública nº 137, de 2013. Disponível em: <http://www.antt.gov.br/index.php/content/view/21532/137_2013.html#lista>. Acesso em: 26 ago. 2014.

_____. (2013f). *Minuta de contrato de concessão de serviço público de exploração da infraestrutura ferroviária, no trecho compreendido entre Açailândia/MA – Barcarena/PA*. Versão pós-Audiência Pública nº 137, de 2013. Disponível em: <http://www.antt.gov.br/index.php/content/view/21532/137_2013.html#lista>. Acesso em: 26 ago. 2014.

_____. (2013g). *Relatório simplificado da Tomada de Subsídios nº 05, de 2013*. Disponível em: <http://www.antt.gov.br/index.php/content/view/21532/137_2013.html#lista>. Acesso em: 26 ago. 2014.

_____. (2013h). *Relatório da Audiência Pública nº 137, de 2013*. 4 jul. 2013. Disponível em: <http://www.antt.gov.br/index.php/content/view/21532/137_2013.html#lista>. Acesso em: 26 ago. 2014.

_____. (2013i). *Voto DCN no 119, de 2013*. Disponível em: <http://www.antt.gov.br/index.php/content/view/21532/137_2013.html#lista>. Acesso em: 26 ago. 2014.

_____. TRIBUNAL DE CONTAS DA UNIÃO. Acórdão TCU-Plenário no 3.697/2013. Relator Min. Walton Alencar Rodrigues. Processo TC 031.086/2013-6. Sessão 16 dez. 2013.

CARVALHO, André Castro. *Direito da infraestrutura*: perspectiva pública. São Paulo: Quartier Latin, 2014.

_____. Regulamentação para PPPs e concessões deve ser uniforme. *Consultor Jurídico*. 28 dez. 2013. Disponível em: <http://www.conjur.com.br/2013-dez-28/andre-carvalho-regulamentacao-ppps-concessoes-uniforme>.

CINTRA DO AMARAL, Antônio Carlos. *Concessão de serviços públicos*: novas tendências. São Paulo: Quartier Latin, 2012.

CONTI, José Mauricio. *A autonomia financeira do Poder Judiciário*. São Paulo: MP Editora, 2006.

DOMINGO FILHO, Jayme. Identificação dos principais fatores de riscos em projetos de infraestrutura de transporte de passageiros sobre trilhos na modalidade PPP. In: 20a Semana de Tecnologia Metroferroviária. *Prêmio Tecnologia e Desenvolvimento Metroferroviários*, 2014.

GUERRA, Pedro Henrique Giocondo. *O PAC e o setor de ferrovias*: do incrementalismo à proposta de um novo paradigma. Dissertação (Mestrado em Administração Pública e Governo), Escola de Administração de Empresas de São Paulo, Fundação Getulio Vargas, São Paulo, 2014.

O ESTADO DE SÃO PAULO. *ABGF poderá garantir parte das concessões ferroviárias*. Caderno Economia. 8 abr. 2014.

PEREIRA, Bruno. Por que as novas concessões ferroviárias não são contratos de PPP? *PPP Brasil – O Observatório das Parcerias Público-Privadas*. 19 mar. 2013. Disponível em: <http://www.pppbrasil.com.br/portal/content/artigo-por-que-novas-concess%C3%B5es-ferrovi%C3%A1rias-n%C3%A3o-s%C3%A3o-contratos-de-ppp>. Acesso em: 25 set. 2014.

PROGRAMA DE INVESTIMENTOS EM LOGÍSTICA – PIL. Disponível em: <http://pilferrovias.antt.gov.br/>. Acesso em: 25 set. 2014.

RIBEIRO, Maurício Portugal. *Garantias de pagamento público em contratos de PPP*: como estruturar um sistema ideal? 2014. Disponível em: <http://pt.slideshare.net/portugalribeiro/quais-as-garantias-ideais-para-pp-ps-formatado-final-vf-publicado-em-180214>. Acesso em: 25 set. 2014.

THE ECONOMIST. *India's love affair with public-private partnerships faces a stern test*. Dec. 15. 2012.

YESCOMBE, E. R. *Public-private partnerships*: principles of policy and finance. Oxford: Elsevier, 2007.

7

ADOÇÃO DO IFRS NAS DEMONSTRAÇÕES FINANCEIRAS DAS CONCESSIONÁRIAS DE RODOVIAS

Fabiana Lopes da Silva
Fernando Dal-Ri Murcia
Jesusmar Ximenes Andrade

7.1 Introdução

Diversos representantes de entidades contábeis, auditorias, órgãos reguladores, analistas de mercado e usuários das demonstrações contábeis participaram de uma profunda discussão para a modernização da Lei das Sociedades por Ações, Lei nº 6.404/1976, a fim de adequá-la às novas necessidades locais e globais de informação (FIPECAFI e ERNST & YOUNG, 2010), o que culminou com a promulgação da Lei nº 11.638/2007.

Após sete anos de tramitação do Projeto de Lei nº 3.741, foi sancionada pelo Presidente da República, em 28 de dezembro de 2007, a Lei nº 11.638, dando início à convergência das normas brasileiras de contabilidade para as normas internacionais, as *International Financial Reporting Standards* (IFRS) emitidas pelo *International Accounting Standards Board* (IASB).

A Lei nº 11.638/2007 trouxe mudanças significativas na contabilidade brasileira, pois eliminou a influência da legislação tributária na contabilidade, permitiu a adoção de padrões contábeis internacionais (IFRS) e possibilitou maior transparência e qualidade da informação contábil.

Com o passar dos anos, a partir do crescimento da economia global e, principalmente, da maior integração entre os diferentes mercados mundiais, os mercados de capitais e de crédito de diferentes países passaram a demandar a adoção de padrões contábeis unificados. Nesse sentido, o principal benefício é proporcionar a comparabilidade e transparência entre companhias de diferentes países (KPMG, 2008). Atualmente, as normas contábeis mais aceitas no mundo são as IFRS, utilizadas também como padrão contábil pela União Europeia e por inúmeros outros países.

A referida Lei nº 11.638/2007 trouxe também diversas alterações que impediam a adoção de várias IFRSs no Brasil. Entretanto, como a referida Lei foi baseada no Projeto de Lei nº 3.741, de 2000, havia a necessidade de atualização e modificação, o que culminou com a edição da Medida Provisória nº 449 em 2008, posteriormente convertida na Lei nº 11.941/2009. Tais legislações forneceram o arcabouço legal para que as empresas brasileiras pudessem adotar as normas internacionais de contabilidade.

Nesse contexto, as principais entidades contábeis do país se mobilizaram para garantir o processo de convergência das normas brasileiras ao padrão internacional, e para tanto o Conselho Federal de Contabilidade (CFC), por meio da Resolução CFC nº 1.055/2005, criou o Comitê de Pronunciamentos Contábeis (CPC), que tem como objetivo

> o estudo, o preparo e a emissão de Pronunciamentos Técnicos sobre procedimentos de Contabilidade e a divulgação de informações dessa natureza, para permitir a emissão de normas pela entidade reguladora brasileira, visando à centralização e uniformização do seu processo de produção, levando sempre em conta a convergência da Contabilidade Brasileira aos padrões internacionais.

CAPÍTULO 7

O CPC é formado por seis entidades não governamentais (APIMEC, ABRASCA, CFC, IBRACON, FIPECAFI e BOVESPA). Além dos membros atuais, serão sempre convidados a participar representantes dos seguintes órgãos: Banco Central, Comissão de Valores Mobiliários (CVM), Secretaria da Receita Federal e Superintendência de Seguros Privados (SUSEP).

O CPC teve papel fundamental no processo de convergência aos padrões internacionais, pois teve a tarefa de traduzir e adaptar as IFRSs para o contexto brasileiro. Vale destacar que para cada norma IFRS há um Pronunciamento Técnico correspondente emitido pelo CPC.

Entretanto, o CPC não possui poder para exigir (*enforcement*) que as empresas brasileiras adotem os Pronunciamentos Técnicos, uma vez que cabe aos próprios órgãos reguladores, a exemplo, do Banco Central, da CVM, do CFC, aprovar e exigir a sua adoção para as respectivas empresas.

A CVM, por exemplo, emitiu Deliberação aprovando a respectiva norma do CPC e tornando-a obrigatória para as companhias abertas; a Agência Nacional de Energia Elétrica (ANEEL) o fez para as empresas do setor elétrico; a Agência Nacional de Transportes Terrestres (ANTT), para as concessionárias etc.

O processo convergência às normas internacionais no Brasil foi realizado em duas etapas pelo CPC. A primeira ocorreu com as mudanças advindas da Lei nº 11.638/2007, na qual o CPC, até 31 de dezembro de 2008, emitiu 15 Pronunciamentos Técnicos (CPC) e duas Orientações Técnicas (OCPC), a fim de atender às determinações contidas no texto da referida Lei, promovendo até então uma convergência parcial às normas internacionais. Destaca-se que tais normas foram aprovadas pelo CFC e pela CVM.

A segunda etapa foi a emissão pelo CPC das normas restantes em 2009 e 2010, para a implementação completa das normas contábeis internacionais (IFRS) no país, a serem aplicadas na elaboração das demonstrações contábeis do exercício encerrado em 2010. Até fevereiro de 2015, o CPC já emitiu 46 Pronunciamentos Técnicos, 20 Interpretações Técnicas (ICPC) e oito Orientações Técnicas (OCPC).

Para as companhias abertas, a adoção inicial das IFRSs ocorreu em 2010, pois a CVM aprovou todas as normas emitidas pelo CPC e exigiu que as companhias já elaborassem seus demonstrativos consolidados de acordo com o padrão internacional.

De acordo com FIPECAFI e ERNST & YOUNG (2010, p. 172), o tema concessões de serviços permeia diversas normas internacionais de contabilidade, incluindo-se (no mínimo) as seguintes normas:

- IAS 11 – *Construction Contracts* (Contratos de Construção);
- IAS 16 – *Property, Plant and Equipment* (Ativo imobilizado);
- IAS 17 – *Leases* (Arrendamentos);
- Interpretação IFRIC 4 – *Determining whether an Arrangement Contains a Leases* (Como definir se um contrato configura arrendamento);

- IAS 18 – *Revenue* (Receita);
- IAS 20 – *Accounting for Government Grants and Disclosure of Government Assistance* (Contabilidade de concessões governamentais e divulgação de assistência governamental);
- IAS 23 – *Borrowing Cost* (Custos de empréstimos);
- IAS 32 – *Financial Instruments: Presentation* (Instrumentos financeiros: apresentação);
- IAS 37 – *Provisions, Contingent Liabilities and Contingent Assets* (Provisões, passivos e ativos contingentes);
- IAS 38 – *Intangible Assets* (Ativos intangíveis); e
- IAS 39 – *Financial Instruments: Recognition and Measurement* (Instrumentos financeiros: reconhecimento e mensuração).

Entretanto, dada a especificidade dos contratos de concessão de serviços, há algumas lacunas nas normas internacionais quanto à orientação na contabilização de transações no âmbito dos contratos de concessão, por exemplo (FIPECAFI e ERNST & YOUNG, 2010, p. 172):

a. Como a concessionária deve registrar a infraestrutura de serviço público?
b. Como a concessionária deve contabilizar a infraestrutura de serviço público por ela adquirida ou construída?
c. Como a concessionária deve contabilizar a contraprestação recebida segundo os termos do acordo, ou seja, caixa e equivalentes de caixa ou outros itens como direitos sobre a infraestrutura?
d. Como a concessionária deve contabilizar as obrigações assumidas segundo os termos do contrato?

Assim, em resposta a essa falta de orientação, foi emitida em novembro de 2006 a interpretação IFRIC 12 pelo *International Financial Reporting Interpretations Committee* (IFRIC), órgão auxiliar do IASB, a fim de orientar a contabilização dos contratos de concessão de serviços. As interpretações técnicas têm por objetivo esclarecer a aplicação da norma em circunstâncias e contextos específicos.

Em linha com o processo de convergências às normas internacionais de contabilidade, foi emitida no Brasil pelo CPC a Interpretação Técnica ICPC 01 – Contratos de Concessão –, a Orientação OCPC 05 – Contratos de Concessão – e a Interpretação Técnica ICPC 17 – Contratos de Concessão: Evidenciação. A Orientação OCPC 05 foi editada com a finalidade de esclarecer assuntos que geraram dúvidas quanto à adoção da Interpretação Técnica ICPC 01 pelas empresas brasileiras.

No caso específico das empresas brasileiras de concessão rodoviária, a ANTT emitiu o "Manual de Contabilidade Aplicado ao Serviço Público de Exploração da Infraestrutura Rodoviária Federal", a ser adotado pelas concessionárias.

150   CAPÍTULO 7

De acordo com o referido Manual em sua Revisão nº 2 (aprovado pela Resolução nº 3.847, de 20 de junho de 2012), o referido órgão identificou a necessidade de implantar Planos de Contas Padronizados para os modais ferroviários, rodoviários e de transporte rodoviário interestadual e internacional de passageiros, que permitam o controle das atividades objeto das referidas concessões e permissões, contribuindo para o aprimoramento do processo de análise de dados econômico-financeiros das concessionárias e permissionárias.

Vale destacar que, conforme o "Relatório de orientação técnica para o encerramento do exercício de 2012" da ANTT, os manuais foram atualizados para contemplarem as mudanças decorrentes da convergência das normas brasileiras de contabilidade para as normas internacionais de contabilidade. Além disso, menciona que,

> como a convergência foi concluída no exercício findo em 31 de dezembro de 2010, e as empresas foram obrigadas a adotar as normas atuais de contabilidade e a emitir suas primeiras demonstrações financeiras naquela data com saldos comparativos e balanço de abertura ajustados, a revisão dos manuais da ANTT não contempla mudanças nas práticas contábeis já adotadas em 31 de dezembro de 2010.

Os Manuais de contabilidade da ANTT deverão ser aplicados facultativamente para o exercício contábil de 2012 e obrigatoriamente para os exercícios iniciados a partir de 1º de janeiro de 2013, e o referido Manual contempla inclusive as alterações decorrentes da adoção do IFRIC 12/ICPC 01 – Contratos de Concessão.

Portanto, desde 2013, as normas contábeis da ANTT contemplam as alterações trazidas pelas normas internacionais, em especial o ICPC 01. Entretanto, é importante salientar que os manuais de contabilidade das agências reguladoras e igualmente os pronunciamentos contábeis emitidos pelo CPC, baseados nas IFRSs, são apenas normas, regras que prescrevem como as empresas devem fazer sua contabilidade. Na prática, a contabilidade é influenciada por forças políticas e econômicas, em razão, especialmente, da inerente subjetividade que envolve a aplicação dessas normas no caso concreto.

Nesse contexto, a efetiva aplicação correta e consistente das normas contábeis depende de diversos fatores como: a existência de auditoria independente, órgãos de governança como conselho fiscal, conselho de administração e comitê de auditoria atuantes, e especialmente do *enforcement* dos órgãos reguladores, como a CVM, no caso das companhias abertas.

Especificamente nos casos das empresas operadoras de concessões públicas, destaca-se a existência de um regulador setorial específico, como, por exemplo, a ANEEL e ANTT, que possuem um papel importante no que diz respeito ao efetivo cumprimento das normas contábeis nos seus aspectos de reconhecimento, mensuração e *disclosure*. Afinal, boas leis são aquelas que podem ser fiscalizadas, e lei sem punição é apenas conselho!

7.2 Contratos de concessão

Em muitos países tem-se intensificado a participação do setor privado no processo de investimento em infraestrutura e prestação de serviços de utilidade pública à sociedade, não sendo mais, em muitos casos, papel realizado exclusivamente pelo Estado.

Assim, nos contratos de concessão o Estado concede a prestação de serviços a empresas privadas para o fornecimento, por exemplo, de serviços de abastecimento de água, gás natural, energia elétrica, rodovias, ferrovias, aeroportos, entre outros.

No Brasil, a Lei nº 8.987, de 13 de fevereiro de 1995, regulamentada pelo artigo 175 da Constituição Federal, trata do regime de concessão e permissão da prestação de serviços públicos pelo Poder Concedente a empresas privadas e define em seu artigo 2º:

> [...]
>
> II – concessão de serviço público: a delegação de sua prestação, feita pelo poder concedente, mediante licitação, na modalidade de concorrência, à pessoa jurídica ou consórcio de empresas que demonstre capacidade para seu desempenho, por sua conta e risco e por prazo determinado;
>
> III – concessão de serviço público precedida da execução de obra pública: a construção, total ou parcial, conservação, reforma, ampliação ou melhoramento de quaisquer obras de interesse público, delegada pelo poder concedente, mediante licitação, na modalidade de concorrência, à pessoa jurídica ou consórcio de empresas que demonstre capacidade para a sua realização, por sua conta e risco, de forma que o investimento da concessionária seja remunerado e amortizado mediante a exploração do serviço ou da obra por prazo determinado;
>
> IV – permissão de serviço público: a delegação, a título precário, mediante licitação, da prestação de serviços públicos, feita pelo poder concedente à pessoa física ou jurídica que demonstre capacidade para seu desempenho, por sua conta e risco.

Vale destacar também o contrato de concessão definido como Parceria Público-Privada (PPP), o qual é regulamentado pela Lei nº 11.079, de 30 de dezembro de 2004. A referida Lei afirma em seu artigo 2º:

> Art. 2º Parceria público-privada é o contrato administrativo de concessão, na modalidade patrocinada ou administrativa.
>
> § 1º Concessão patrocinada é a concessão de serviços públicos ou de obras públicas de que trata a Lei nº 8.987, de 13 de fevereiro de 1995, quando envolver, adicionalmente à tarifa cobrada dos usuários contraprestação pecuniária do parceiro público ao parceiro privado.

§ 2º Concessão administrativa é o contrato de prestação de serviços de que a Administração Pública seja a usuária direta ou indireta, ainda que envolva execução de obra ou fornecimento e instalação de bens.

§ 3º Não constitui parceria público-privada a concessão comum, assim entendida a concessão de serviços públicos ou de obras públicas de que trata a Lei nº 8.987, de 13 de fevereiro de 1995, quando não envolver contraprestação pecuniária do parceiro público ao parceiro privado.

Quanto às principais diferenças entre PPP e concessão, de acordo com Andrade (2010, p. 34):

> Uma das diferenças entre PPP e concessão "comum" é a contraprestação pecuniária que não deixa de ser um subsídio do poder concedente para auxiliar no equilíbrio econômico-financeiro do contrato. Na Lei de Concessões (8.987/95) não existe a contraprestação pecuniária, o risco do negócio é do parceiro privado, mas existe essa possibilidade desde que seja elaborada uma lei específica para cada contrato, ou seja, não é proibido, mas também não é regra.

De certa forma, pode-se afirmar que uma PPP na modalidade patrocinada é semelhante à concessão (tratada pela Lei nº 8.987/1997), sendo a principal diferença a existência de uma contraprestação pecuniária do parceiro público ao parceiro privado, que tem por objetivo suprir a receita insuficiente a ser auferida com a prestação de serviços (ANDRADE, 2010).

Quanto às concessões de rodovias, no início da década de 1990 foi instituído pela Portaria 10 de 1993 o Programa de Concessões de Rodovias Federais, sendo a entidade reguladora o Departamento Nacional de Estradas e Rodagem (DNER). Já em 1996 foi promulgada a Lei nº 9.277/1996, que delegava trechos de rodovias federais aos Estados para que estes implantassem seus Programas de Concessão (PEDRO, 2012). Posteriormente, o DNER foi extinto e surgiu a Agência Nacional de Transportes Terrestres (ANTT), com competência para outorga, regulação e fiscalização das concessões (PEDRO, 2012).

Nesse contexto, as informações financeiras são fundamentais para a tomada de decisão sobre o investimento privado nos serviços de infraestrutura pública; elas nada mais são do que a tradução econômica simplificada do negócio (PEDRO, 2012).

De acordo com Iudícibus et al. (2010), os contratos de concessão são geralmente regidos por meio de documentos formais que estabelecem níveis de desempenho, inclusive mecanismos de ajuste de preços e resolução de conflitos, base inicial de preços, por via arbitral.

Note-se que esses contratos podem tomar diferentes formas no que diz respeito ao envolvimento das partes e também no tocante às formas iniciais de investimento e financiamento; em razão disso sugerem diversas questões acerca do tratamento contábil a ser dado pelas concessionárias.

Andrade (2010, p. 15) destaca a necessidade de estabelecer regras a serem aplicadas a serviços de concessões, tais como:

- reconhecimento da infraestrutura como propriedade do parceiro privado ou do público;
- reconhecimento e mensuração das receitas e despesas correlacionadas;
- capitalização dos custos dos empréstimos;
- método de amortização dos ativos construídos e/ou ampliados, entre outros.

Com a adoção das normas internacionais de contabilidade proporcionando uma melhoria de comparabilidade das demonstrações financeiras das empresas nos países, mas dada a ausência de uma norma específica que tratasse dos serviços de concessão, foi divulgada a Interpretação Técnica IFRIC 12, que trouxe definições quanto à mensuração e ao reconhecimento dos contratos de concessão.

7.3 ICPC 01 (R1) – IFRIC 12

Desde o surgimento das concessões de serviços a comunidade empresarial e acadêmica tem debatido sobre a melhor forma de reconhecer e evidenciar os direitos e obrigações relativos aos diferentes tipos de contratos, tanto no parceiro privado quanto no Poder Concedente.

A contabilização dos contratos de concessão é um dos temas mais polêmicos das normas internacionais, suscitando inúmeros questionamentos de ordem prática por parte das empresas concessionárias em diversas partes do mundo.

Em resposta a esses questionamentos, o IASB, por meio do seu órgão interpretativo, o *International Financial Reporting Interpretations Committee* (IFRIC), emitiu em novembro de 2006 a interpretação IFRIC 12 – *Service Concession Arrangements*, a fim de orientar a contabilização dos contratos de concessão de serviços.

As interpretações técnicas têm por objetivo esclarecer a aplicação da norma em circunstâncias e contextos específicos.

No Brasil, foi emitida pelo CPC em 2009 a Interpretação Técnica ICPC 01 – Contratos de Concessão –, que, assim como a IFRIC 12, tem por objetivo orientar as concessionárias sobre a forma de contabilização das concessões de serviços públicos a entidades privadas. Essa interpretação foi revisada em 2011, sendo emitida a ICPC 01 (R1), aprovada pela CVM, por meio da Deliberação nº 677/2011 e pelo CFC (Resolução no 1.376/2011).

Em 2010, o CPC emitiu a orientação OCPC 05 para nortear as concessionárias de serviços de segmentos específicos e esclarecer assuntos que geraram dúvidas quanto à adoção da Interpretação Técnica ICPC 01 pelas empresas brasileiras.

CAPÍTULO 7

A ICPC 01 trata dos princípios gerais de reconhecimento e mensuração das obrigações e direitos dos contratos de concessão, na ótica da empresa concessionária. Ou seja, orienta as concessionárias sobre a forma de contabilização de concessões de serviços públicos, não abordando o tratamento contábil para o Poder Concedente.

A norma se aplica tanto à infraestrutura construída ou adquirida junto a terceiros pela concessionária para a prestação de serviço quanto à infraestrutura já existente, que o Poder Concedente repassa durante o prazo contratual à concessionária para efeitos de atender ao contrato de prestação de serviços. Além disso, a ICPC 01 (R1) não especifica como contabilizar a infraestrutura detida e registrada como ativo imobilizado pela concessionária antes da celebração do contrato de prestação de serviços.

Conforme item 5 da ICPC 01 (R1), a norma é aplicável à concessão de serviços públicos a entidades privadas caso:

a. o concedente controle ou regulamente quais serviços o concessionário deve prestar com a infraestrutura, a quem os serviços devem ser prestados e o seu preço; e

b. o concedente controle – por meio de titularidade, usufruto ou de outra forma – qualquer participação residual significativa na infraestrutura no final do prazo da concessão.

As características e as condições de um contrato de concessão de serviços públicos executado pelo parceiro privado, segundo a IFRIC 12 e ICPC 01 (R1), estão resumidas no Quadro 7.1. Além dos tipos de concessões a serem alcançadas pela ICPC 01 (R1), o referido quadro apresenta também referências aos Pronunciamentos Técnicos do CPC que se aplicam aos contratos.

Quadro 7.1 Referências aos Pronunciamentos Técnicos do CPC que se aplicam a contratos típicos público-privados

CATEGORIA	ARRENDATÁRIO	PROVEDOR DE SERVIÇOS			PROPRIETÁRIO	
Contratos típicos	Arrendamento (ex.: concessionário arrenda o ativo do concedente)	Contrato de serviço e/ou manutenção (tarefas específicas, ex.: cobrança de dívida)	Recuperar-operar-transferir	Construir-operar-transferir	Constrói e opera	100% Desinvestimento/ privatização/ constituição
Propriedade do ativo	Concedente				Concessionário	
Investimento de capital	Concedente		Concessionário			

(continua)

CATEGORIA	ARRENDATÁRIO	PROVEDOR DE SERVIÇOS		PROPRIETÁRIO
Risco de demanda	Compartilhado	Concedente	Concessionário e/ou concedente	Concessionário
Duração típica	8-20 anos	1-5 anos	25-30 anos	Indefinida (ou pode ser limitada à licença)
Interesse residual	Concedente			Concessionário
CPCs Relevantes	CPC 06	CPC 30	ICPC 01(R1)	CPC 27

Fonte: ICPC 01 (R1).

Pela área hachurada do Quadro 7.1, observa-se que nos contratos de concessões que estão no escopo da ICPC 01 (R1) a propriedade e o controle sobre o ativo público de infraestrutura (exemplo de uma rodovia) são do Poder Concedente e não da concessionária prestadora de serviços.

Segundo o item 3 da ICPC 01 (R1), os contratos de concessão sob o alcance da norma possuem as seguintes características comuns:

a. a parte que concede o contrato de prestação de serviços (concedente) é um órgão público ou uma entidade pública, ou entidade privada para a qual foi delegado o serviço;

b. o concessionário é responsável ao menos por parte da gestão da infraestrutura e serviços relacionados, não atuando apenas como mero agente, em nome da concedente;

c. o contrato estabelece o preço inicial a ser cobrado pelo concessionário, regulamentando suas revisões durante a vigência desse contrato de prestação de serviços, ou determina a forma de cálculo para definição do preço;

d. o concessionário fica obrigado a entregar a infraestrutura a concedente ao final do contrato em determinadas condições previamente especificadas, por pequeno ou nenhum valor adicional, independentemente de quem tenha sido o seu financiador.

A Figura 7.1 – Fluxograma da Interpretação (Nota Informativa 2 da ICPC 01 (R1)) – apresenta as questões que devem ser respondidas para determinar se um contrato de concessão faz parte do escopo da ICPC 01 (R1):

CAPÍTULO 7

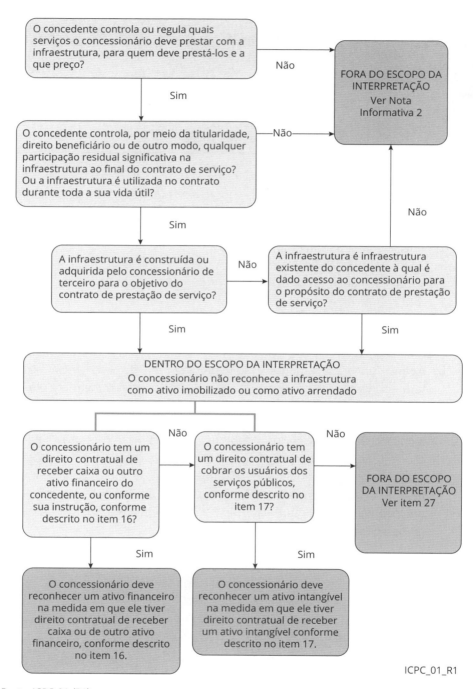

Fonte: ICPC 01 (R1).

Figura 7.1 Fluxograma da interpretação.

Entretanto, dada a dificuldade de enquadramento de algumas situações em virtude de suas especificidades, o CPC emitiu em 2010 a orientação OCPC 05:

> 6. Esta Orientação está sendo direcionada para as concessões de rodovia, ferrovia e energia elétrica, mas os aspectos aqui abordados devem ser utilizados por similaridade ou analogia, no que for cabível e considerando as características de cada contrato, para as demais indústrias ou atividades reguladas, a saber: água e saneamento, telecomunicações, distribuição de gás, portos, aeroportos, hospitais, pontes, túneis, prisões, estádios de futebol e demais atividades correlatas, inclusive com contratos de parcerias público-privadas.

Além disso, o item 52 da OCPC 05 afirma que a ICPC 01 "se aplica às concessões rodoviárias no Brasil, em geral, na medida em que as duas condições previstas no item 7 desta Orientação fazem com que esse tipo de concessão esteja dentro do alcance da ICPC 01".

A ICPC 01 (R1) estabelece os princípios gerais sobre o reconhecimento e a mensuração das obrigações e os respectivos direitos dos contratos de concessão, abordando os seguintes assuntos:

- **a.** tratamento dos direitos do concessionário sobre a infraestrutura;
- **b.** reconhecimento e mensuração do valor do contrato;
- **c.** serviços de construção ou de melhoria;
- **d.** serviços de operação;
- **e.** custos de empréstimos;
- **f.** tratamento contábil subsequente de ativo financeiro e de ativo intangível; e
- **g.** itens fornecidos ao concessionário pelo concedente.

A ICPC 01 (R1) determina que a infraestrutura dentro do escopo da norma não deverá ser registrada como ativo imobilizado da concessionária, uma vez que o contrato de concessão não transfere à concessionária o direito de controlar o uso da infraestrutura de serviços públicos. Assim, o Poder Concedente é considerado o detentor do controle dos ativos, e a concessionária tem apenas o acesso para operar a infraestrutura para a prestação dos serviços públicos em nome do Poder Concedente, nas condições estabelecidas no contrato (ICPC 01 (R1), item 11).

Assim, a infraestrutura pública, a exemplo de estradas/rodovias, não será mais contabilizada como ativo imobilizado nas empresas concessionárias, sendo o valor investido na compra ou construção desses ativos passando a ser reconhecido como ativo financeiro ou ativo intangível, cuja classificação, se financeiro ou intangível, dependerá de quem possui a responsabilidade de remunerar a concessionária pelos serviços.

O item 16 da ICPC 01 (R1) afirma que a concessionária deve reconhecer um ativo financeiro na medida em que tem o direito contratual incondicional de receber caixa ou outro ativo financeiro do Poder Concedente pelos serviços de construção.

A concessionária tem o direito incondicional de receber caixa se o concedente garantir em contrato o pagamento (a) de valores preestabelecidos ou determináveis ou (b) déficit, se houver algum, dos valores recebidos dos usuários dos serviços públicos com relação aos valores preestabelecidos ou determináveis.

Já a concessionária deve reconhecer um ativo intangível à medida que recebe o direito (autorização) de cobrar dos usuários dos serviços públicos. Esse direito não constitui direito incondicional de receber caixa, porque os valores são condicionados à utilização do serviço pelos usuários (item 17 da ICPC 01 (R1)).

Assim, o tipo de ativo a ser reconhecido pela concessionária decorrente da remuneração dos serviços prestados pode ser visualizado na Figura 7.2 a seguir.

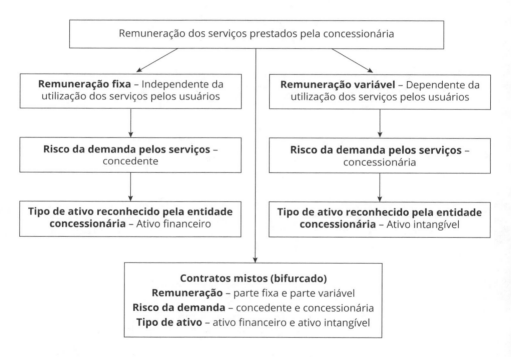

Fonte: Iudícibus et al. (2010, p. 455).

Figura 7.2 Tipos de ativo a serem reconhecidos.

Simplificadamente, a concessionária reconhecerá um ativo financeiro à medida que tenha um direito incondicional de receber contraprestação pelo Poder Concedente (risco de demanda será do Poder Concedente) e/ou um ativo intangível quando tiver o direito de cobrar os usuários pelos serviços públicos (risco de demanda da concessionária). Cabe observar que o risco de demanda é o fator determinante para a decisão de qual tipo de ativo a concessionária irá reconhecer.

ADOÇÃO DO IFRS NAS DEMONSTRAÇÕES FINANCEIRAS DAS CONCESSIONÁRIAS DE RODOVIAS

No caso das concessões rodoviárias, quando a concessionária arca com o risco de demanda e a sua remuneração depende fundamentalmente das receitas de pedágio, portanto, não havendo garantias adicionais no seu fluxo de caixa, a concessionária reconhecerá um ativo intangível. Nessa situação, a concessionária reconhecerá um ativo intangível durante a vigência do contrato de concessão, decorrente do direito de exploração dos ativos públicos de infraestrutura, sendo tal ativo amortizado integralmente ao longo do período de vigência da concessão.

Há também modalidades de concessão em que o Poder Concedente tem a obrigação de pagar a concessionária, incluindo quaisquer insuficiências entre os valores recebidos dos usuários e os valores previamente estabelecidos. Ou seja, o Poder Concedente arca com o risco de que os fluxos de caixa provenientes da cobrança do pedágio não sejam suficientes para recuperar o investimento realizado pela concessionária, ou seja, os fluxos de caixa da concessionária passam a ser garantidos pelo Poder Concedente, independentemente de o serviço ser utilizado pelo usuário, a concessionária reconhecerá um ativo financeiro.

Vale também mencionar que há modalidades de remuneração em que o Poder Concedente e a concessionária dividem o risco de que os fluxos de caixa gerados pela utilização dos serviços sejam insuficientes para garantir o retorno sobre o investimento realizado pela concessionária (IUDÍCIBUS *et al.*, 2010). Nesse caso, a concessionária cobra os usuários pela utilização dos serviços e também receberá uma indenização do Poder Concedente ao final do prazo de concessão pela entrega dos ativos. Portanto, é um modelo misto, denominado na ICPC 01 (R1) bifurcado, no qual a concessionária receberá um ativo intangível (decorrente do direito de cobrar os serviços dos usuários) e um ativo financeiro (decorrente do direito de receber uma indenização do Poder Concedente ao término do contrato pela devolução dos ativos).

Quanto à classificação de ativo financeiro ou intangível, o "Relatório de orientação técnica para o encerramento do exercício de 2012" da ANTT menciona que o entendimento da Agência é de que a infraestrutura seja reconhecida como intangível e que não deve ser feita a contabilização bifurcada, a não ser que no contrato haja previsão de ressarcimento à concessionaria dos ativos ainda não amortizados no final da concessão, conforme expresso no trecho a seguir (página 6 do Relatório da ANTT):

> A ICPC 01 é aplicável, pois as condições dos contratos atendem aos aspectos da referida interpretação, tais como: preço controlado e participação relevante sobre a infraestrutura ao final do contrato.
>
> Considerando o atual modelo do contrato de concessão, as concessionárias de rodovias não devem fazer a contabilização bifurcada (separação entre ativo intangível e ativo financeiro), tendo em vista que todo o valor investido na concessão

deve ser recuperado ao longo do contrato. Sendo assim, a bifurcação não é aplicável, a menos que no contrato conste previsão de pagamento à concessionária dos investimentos ainda não amortizados ou depreciados e que os critérios para reembolso sejam atendidos.

A infraestrutura das concessionárias de rodovias deve ser contabilizada como intangível, pois existe o direito de uso e não propriedade do bem.

O método de amortização do intangível é pela curva da demanda de tráfego projetada e revisada anualmente, mas pode ser aceito o método linear pelo período da concessão, desde que seja submetido à aprovação da agência. Ambos os casos devem ser devidamente embasados.

Quando a concessionária presta serviços de construção, ela deve reconhecer a receita de construção pelo valor justo e os respectivos custos transformados em despesas relativas ao serviço de construção prestado e consequentemente apurar margem de lucro.

Quando a concessionária prestar mais de um tipo de serviço, por exemplo, a construção e a melhoria, além da operação e a manutenção da infraestrutura em decorrência do contrato de concessão, os serviços devem ser tratados separadamente e, consequentemente, os valores recebidos ou recebíveis devem ser alocados com base nos respectivos valores justos dos serviços entregues, desde que os valores possam ser identificados separadamente (IUDÍCIBUS *et al.*, 2010).

De acordo com a ICPC 01 (R1), se a concessionária presta o serviço de construção, ela deve reconhecer a receita de construção e os custos de acordo com o Pronunciamento Técnico CPC 17 – Contratos de Construção –, ou seja, tomando por base o estágio de conclusão. Ou seja, ela deverá mensurar a receita do contrato pelo valor justo da contraprestação recebida ou a receber.

A receita de pedágio deverá ser conhecida quando da utilização da estrada pelos usuários e, consequentemente, quando estes pagam o respectivo pedágio.

As receitas e os custos relativos aos serviços de operação devem ser contabilizados de acordo com o Pronunciamento Técnico CPC 30 – Receitas.

Em algumas situações a concessionária obtém empréstimos e financiamentos para a construção da infraestrutura. Nesse caso, os custos dos empréstimos incorridos pela concessionária podem ser capitalizados durante a fase de construção dos contratos que se enquadram na modalidade de ativo intangível, em conformidade com o Pronunciamento Técnico CPC 20 – Custos de Empréstimos.

Em algumas situações, a concessionária tem a obrigação de (a) manter a infraestrutura com determinado nível de operacionalidade ou (b) recuperar a infraestrutura em condições especificadas antes de entregá-la ao Poder Concedente no final do período de vigência da concessão. De acordo com a ICPC 01 (R1), a concessionária tem uma obrigação perante o Poder Concedente que deve ser registrada e avaliada de acordo com o Pronunciamento Técnico CPC 25 – Provisões, Passivos Contingentes e Ativos Contingentes.

Essas provisões, que são obrigações decorrentes de cláusulas contratuais com a finalidade de manutenção ou recuperação da infraestrutura, serão mensuradas e registradas pela melhor estimativa dos gastos necessários para liquidar a obrigação presente na data de encerramento do balanço (ICPC 01 (R1)).

7.4 Considerações finais

Diante do processo de convergência das normas internacionais de contabilidade, diversos questionamentos surgiram sobre as dificuldades em reconhecer, mensurar e evidenciar os direitos aos contratos de concessão, dadas as suas peculiaridades. Nesse sentido, foi emitida a interpretação IFRIC 12 pelo IASB a *International Financial Reporting Interpretations Committee* (IFRIC), a fim de orientar a contabilização dos contratos de concessão de serviços. No cenário brasileiro, foram emitidas pelo CPC a Interpretação Técnica ICPC 01 – Contratos de Concessão – e a Orientação OCPC 05 – Contratos de Concessão e a Interpretação Técnica ICPC 17 – Contratos de Concessão: Evidenciação.

Nesse contexto, o objetivo deste capítulo foi apresentar os principais elementos contidos na Interpretação ICPC 01 (R1) e IFRIC 12 a fim de orientar e esclarecer o reconhecimento e a mensuração dos contratos de concessão de exploração de rodovias.

Essa nova normatização alterou sensivelmente as demonstrações contábeis das concessionárias. A principal modificação trazida pelo novo ordenamento contábil diz respeito ao reconhecimento dos ativos da concessão, anteriormente reconhecidos como ativos imobilizados pelas concessionárias. Para as empresas concessionárias sob o escopo da ICPC 01, tais bens não são mais reconhecidos no Balanço Patrimonial, por se entender que o controle sobre tais ativos permanece com o órgão concedente, o Estado. Nesse novo modelo contábil, concessionárias reconhecem seus direitos contratuais sob a forma de ativo intangível (direito de uso) ou ativo financeiro (direito de receber caixa), dependendo de quem possui o risco pela demanda dos serviços públicos prestados.

Ressalta-se, entretanto, que a adoção do ICPC 01 (IFRIC 12) no cenário brasileiro não esgotou as discussões e polêmicas que envolvem a contabilização dos contratos de concessão. De fato, tal norma não esclareceu o tratamento contábil de um dos temas mais controversos desse segmento, que diz respeito ao reconhecimento do direito de outorga nos contratos de execução, comuns no segmento de concessões rodoviárias.

Nessas concessões é comum a concessionária adquirir o direito de explorar um trecho de uma rodovia mediante o pagamento de parcelas ao longo do prazo do

162 CAPÍTULO 7

contrato de concessão. Tais pagamentos representam obrigações que demandarão saídas de caixa, e as empresas brasileiras têm reconhecido esse passivo de duas formas distintas.

Algumas optam por reconhecer esse passivo, e o correspondente ativo, no início do contrato de concessão, antecipando esse custo futuro. O racional é que se trata de uma obrigação contratual, sendo necessário o reconhecimento no momento zero. Entende-se que o direito e a correspondente obrigação nascem para o concessionário simultaneamente quando da assinatura do contrato de concessão. Esse racional encontra previsão no item 13 da Orientação OCPC 05 – Concessões.

De acordo com esse racional, o contrato de concessão não é um contrato de execução, e sim a aquisição de um direito de exploração, isto é, representa a aquisição de uma licença para operar por determinado prazo. Essa abordagem entende que o Estado já cumpriu sua obrigação no contrato, que era dar acesso ao direito de exploração do bem público. Logo, a entidade concessionária deve reconhecer sua obrigação já no início da concessão pela obrigação de efetuar pagamentos ao poder concedente.

A segunda abordagem envolve o reconhecimento de custo à medida que os pagamentos são realizados, pois entende-se que contrato é de execução. A lógica dessa abordagem é que só existe uma obrigação à medida que o serviço é executado. Esse racional é apresentado no item 13 do OCPC 05.

Contrario sensu, essa abordagem entende que nenhuma das partes, Estado e concessionária, cumpriu a totalidade de suas obrigações no início da concessão. Defende-se que a disponibilização da infraestrutura pelo poder concedente se dá progressivamente à medida que as condições contratuais vão sendo cumpridas pelo concessionário.

O racional é que o poder concedente possui o direito de cancelar o contrato, indenizando o operador pelos investimentos realizados e ainda não amortizados ou depreciados. Assim, a outorga não é reconhecida contabilmente no início do contrato.

Em suma, a OCPC 05 reconhece os dois possíveis tratamentos contábeis e apenas recomenda que a entidade considere todos os aspectos e as circunstâncias inerentes ao contrato, de forma que as demonstrações contábeis das concessionárias reflitam a essência econômica das transações. E como as normas do IASB não prescrevem o tratamento a ser dado, pode ocorrer de os direitos de outorga serem reconhecidos de maneiras diferentes por empresas similares, prejudicando a comparabilidade entre os pares.

REFERÊNCIAS

ANDRADE, Maria Elisabeth Moreira Carvalho. *Contabilização dos contratos de concessões*. Dissertação (Mestrado) – Faculdade de Economia, Administração e Contabilidade de Ribeirão Preto. Universidade de São Paulo. Ribeirão Preto, 2010.

ANTT. *Manual de Contabilidade do Serviço Público de Exploração da Infraestrutura Rodoviária Federal* – Revisão nº 2. Brasília, 2012a.

_____. *Relatório de Orientação Técnica para o encerramento do exercício de 2012*. Brasília, 2012b.

_____. *Resolução nº 3847, de 20 de junho de 2012*. Aprova a Revisão nº 2 do Manual de Contabilidade do Serviço Público de Transporte Ferroviário de Cargas e Passageiros e a Revisão nº 2 do Manual de Contabilidade do Serviço Público de Exploração da Infraestrutura Rodoviária Federal Concedida e dá outras providências.

BRASIL. *Lei nº 8.987, de 13 de fevereiro de 1995*. Dispõe sobre o regime de concessão e permissão da prestação de serviços públicos previsto no art. 175 da Constituição Federal, e dá outras providências.

_____. *Lei nº 11.079, de 30 de dezembro de 2004*. Institui normas gerais para licitação e contratação de parceria público-privada no âmbito da administração pública.

_____. *Lei nº 11.638, de 28 de dezembro de 2007*. Altera e revoga dispositivos da Lei nº 6.404, de 15 de dezembro de 1976, e da Lei nº 6.385, de 7 de dezembro de 1976, e estende às sociedades de grande porte disposições relativas à elaboração e divulgação de demonstrações financeiras.

_____. *Lei nº 11.941, de 27 de maio de 2009*. Altera a legislação tributária federal relativa ao parcelamento ordinário de débitos tributários; concede remissão nos casos em que especifica; [...] e dá outras providências.

CALEGARI, Izabela Parnaíba; LOPES, Fernanda Jaqueline; PAULO, Edilson. IFRIC 12: um estudo sobre os impactos causados por sua adoção nos indicadores financeiros das concessionárias do segmento de exploração de rodovias no Brasil. In: Congresso Nacional de Ciências Contábeis (CONACIC), Maceió- AL, 2013. *Anais...* Maceió, CONACIC, 2013.

COMITÊ DE PRONUNCIAMENTOS CONTÁBEIS. ICPC 01 (R1). Contratos de concessão 2011. Disponível em: <http://static.cpc.mediagroup.com.br/Documentos/66_ICPC01_R1.pdf>. Acesso em: 29 jan.2015.

_____. ICPC 17. Contratos de Concessão: Evidenciação. Disponível em: <http://static.cpc.mediagroup.com.br/Documentos/123_ICPC_17.pdf>. Acesso em: 29 jan. 2015.

_____. Orientação OCPC 05. Contratos de Concessão 2010. Disponível em: <http://static.cpc.mediagroup.com.br/Documentos/141_OCPC_05.pdf>. Acesso em: 29 jan. 2015

CRUZ, Cláudia Ferreira da; SILVA, Angelino Fernandes; RODRIGUES, Adriano. Impactos Potenciais da Interpretação IFRIC 12 na Contabilidade das Concessionárias de Serviços Públicos. In: XXXIII Encontro da ANPAD, São Paulo, 2009. *Anais...* São Paulo, ANPAD, 2009.

164 CAPÍTULO 7

ERNST & YOUNG; FIPECAFI. *Manual de Normas Internacionais de Contabilidade*: IFRS *versus* Normas Brasileiras. São Paulo: Atlas, 2010. v. 2.

IUDÍCIBUS, Sérgio; MARTINS, Eliseu; GELBCKE, Ernesto Rubens; SANTOS, Ariovaldo. *Manual de Contabilidade Societária*: aplicável a todas as sociedades de acordo com as normas internacionais e do CPC. São Paulo: Atlas, 2010.

KPMG. IFRS Hoje. 1ª Edição – Março/Abril de 2008. Disponível em: <http://www.kpmg.com.br/publicacoes/audit/IFRS/IFRS_Hoje_1_mar_08.pdf>. Acesso em: 02 fev. 2015.

PEDRO, Lucilene Moreira. *Análise dos diferentes contratos de concessão rodoviária e suas contabilizações*. Dissertação (Mestrado) – Faculdade de Economia, Administração e Contabilidade de Ribeirão Preto. Universidade de São Paulo. Ribeirão Preto, 2012.

PARTE III

MODELAGEM PARA DETERMINAÇÃO DE CUSTO DE CAPITAL, BEM-ESTAR DO CONSUMIDOR E RISCO REGULATÓRIO

8

PRÊMIO DE RISCO REGULATÓRIO PARA O SETOR DE INFRAESTRUTURA

Daniel Reed Bergmann
José Roberto Ferreira Savoia
Eduardo Augusto do Rosário Contani
Claudio Felisoni de Angelo

8.1 Introdução

Um dos grandes desafios do setor de infraestrutura é a correta mensuração do retorno aos investidores do capital. Para tanto, a grande maioria das agências reguladoras utiliza como base o modelo do *Capital Asset Pricing Model* (CAPM) de Sharpe (1964), Lintner (1965) e Mossin (1966) ou alguma de suas variantes.

O custo de capital próprio, K_e, é uma medida implícita que revela as expectativas de retorno dos recursos dos acionistas investidos na empresa, sendo calculada com base nas taxas de juros de mercado e no risco do empreendimento. Pode ser entendida como a remuneração mínima que viabiliza economicamente o investimento, produzindo um retorno que equilibra o custo de oportunidade do capital e os riscos do negócio.

Para sua estimativa, o CAPM é o modelo de maior aceitação pelo mercado, pois permite a comparação com empresas que desempenham atividades em condições de risco similar. A taxa de retorno é obtida a partir de uma taxa livre de risco nacional ou internacional, adicionando ao produto do risco sistemático das atividades da empresa pelo prêmio de risco do mercado de ações.

Esse prêmio de mercado corresponde à diferença entre a rentabilidade de uma carteira diversificada e a taxa livre de risco.

No caso de uma empresa brasileira, o custo de capital próprio segue o modelo tradicional do CAPM, acrescido do risco país, conforme a equação (8.1).

$$K_e = R_f + \beta \times [R_m - R_f] + R_p \qquad (8.1)$$

Onde o coeficiente β representa o risco sistemático da ação, r_m é o retorno médio esperado para o mercado acionário, r_f é a taxa livre de risco e r_p é o risco país.

Para o cálculo do custo de capital próprio é necessário realizar a estimativa dos seguintes parâmetros: taxa livre de risco, beta, prêmio de mercado, risco país. Autores como Sanvicente (2012) e Bianconi e Yoshino (2012) ressaltam as dificuldades dos Reguladores em proverem adequado tratamento técnico aos parâmetros. Um dos principais problemas reside na premissa de completude do beta contida no CAPM. Isto é, o risco sistemático está totalmente contido no modelo, e outros riscos eventuais poderiam ser protegidos pela diversificação ou por instrumentos de *hedge*.

Este capítulo discute a existência de riscos adicionais em mercados emergentes e apresenta alternativas para sua inclusão aos resultados provenientes do CAPM. A natureza desses riscos adicionais está intrinsecamente relacionada com os mercados de atuação e são decorrentes da estrutura de propriedade do setor, de externalidades produzidas pelo Governo e do comportamento do Regulador.

O texto está organizado em quatro seções, sendo a primeira esta introdução. Na segunda seção é discutida a existência de riscos adicionais para a determinação do custo de capital próprio, dando-se particular atenção ao risco regulatório. A terceira seção discute as peculiaridades dos modelos regulatórios com base nos retornos e na volatilidade. Na quarta seção há a mensuração do prêmio pelo risco regulatório por meio de um modelo econométrico. Na última seção são apresentadas as conclusões do capítulo.

8.2 Natureza dos riscos adicionais

O modelo CAPM conforme Sharpe (1964), Lintner (1965) e Mossin (1966) para a determinação do custo de capital próprio apresenta as seguintes premissas:

1. Assume-se que o mercado seja eficiente, ou seja, seus preços sempre refletem totalmente as informações disponíveis, de forma a não permitir a obtenção de lucros anormais por parte dos investidores.
2. Os investidores, de maneira geral, são avessos ao risco. As decisões de investimentos são tomadas com base no retorno esperado e no risco do investimento.
3. Não há impostos, taxas ou quaisquer outras restrições para os investimentos no mercado.
4. Todos os investidores são igualmente sofisticados por apresentar as mesmas expectativas em relação aos retornos esperados, volatilidades e correlações dos ativos.
5. Há uma taxa de juros de mercado definida como livre de risco, de acesso a todos os investidores.

Segundo Pereiro (2001), mercados acionários de países emergentes como o Brasil são, em geral, relativamente pequenos e concentrados em um pequeno número de investidores, favorecendo a ocorrência de ineficiências de mercado. Harvey (1995), ao estudar 20 países emergentes, identificou que tais mercados são mais ineficientes que os mercados desenvolvidos, principalmente por serem menores, possuírem maior concentração acionária e estarem menos integrados aos mercados internacionais.

Lakonishok e Shapiro (1986), Pettengil, Sundaram e Mathur (1995) e Roll e Ross (1994) mostraram que o coeficiente beta não captura de forma eficiente todos os riscos de mercado que impactam os retornos das ações.

Bianconi e Yoshino (2012) evidenciaram que o modelo CAPM subavalia o beta médio das empresas reguladas brasileiras. A inclusão de riscos sistêmicos relevantes pode propiciar um custo de capital próprio mais representativo aos riscos assumidos pela empresa.

Portanto, as evidências empíricas sobre a ineficiência dos mercados emergentes, inclusive no Brasil, contribuem para a incompletude do coeficiente beta em capturar todos os riscos sistêmicos, corroborando a adição de riscos de significativa relevância.

Ibbotson (2011) e Pratt *et al.* (2002) apresentam o Método dos Prêmios de Risco (ou *Build-Up Method*), que é composto pela taxa livre de risco, incluindo prêmios que expressam os retornos adicionais exigidos pelos investidores não capturados pelo modelo tradicional. No modelo *build-up*, cada prêmio de risco equivale a uma recompensa do investidor por incorrer em um risco específico. O modelo básico de cálculo do custo de capital sugerido tem a seguinte formulação:

$$K_e = R_f + \beta\,(R_m - R_f) + Size\ Premium + Outros\ Prêmios\ de\ Risco \qquad (8.2)$$

onde,

R_f: é a taxa de retorno de ativo livre de risco.

$R_m - R_f$: é o prêmio de risco do mercado global que deverá ser estimado como a média aritmética do prêmio de risco do mercado norte-americano obtido pela subtração entre os retornos do S&P 500 e do ativo livre de risco.

Size Premium: é o prêmio de risco para o tamanho da empresa. No caso de empresas menores, o modelo de estimação do custo de capital deve registrar o prêmio pelo retorno adicional exigido em relação às empresas grandes.

Outros Prêmios de Risco: é possível incluir no modelo outros prêmios específicos de acordo com as características do investimento, como, por exemplo, o prêmio de risco do sistema regulatório, entre outros.

Portanto, o modelo para o cálculo do custo de capital próprio que adotamos contempla os riscos adicionais destacados acima, conforme a equação (8.3).

$$K_e = \underbrace{R_{fg} + \beta \times (R_m - R_{fg})}_{\text{Modelo CAPM}} + \underbrace{R_p + R_{SR}}_{\text{Risco Regulatório}} \qquad (8.3)$$

onde:

R_{fg}: é a taxa livre de risco global calculada pela média aritmética dos retornos diários dos títulos do tesouro norte-americano no período de 10 anos (T-Bond).

β: é o beta local alavancado determinado pelo coeficiente de inclinação da reta de regressão dos retornos diários da empresa com os retornos do *benchmark* dos retornos de mercado (S&P500) ou determinado a partir de um conjunto de empresas comparáveis no mercado externo.

$R_M - R_{fg}$: é o prêmio de risco do mercado global determinado pelos retornos do índice S&P500 subtraídos do T-Bond de 10 anos.

R_p: é o risco país no Brasil obtido pelos valores do índice EMBI+.

R_{SR}: é o prêmio de risco do sistema regulatório, proposto neste capítulo, a seguir.

8.3 Modelos de regulação

No modelo regulatório por *rate of return*, o preço a ser cobrado pelo serviço é estabelecido pelas agências reguladoras de forma a possibilitar às concessionárias obter uma determinada taxa de retorno previamente fixada. Além disso, o preço regulado pode ser ajustado de acordo com variações nos custos da empresa.

No outro modelo regulatório denominado por *price cap*, as tarifas são ajustadas anualmente pela taxa de inflação, sem provocar uma alteração na rentabilidade das concessionárias dos serviços públicos. Por esse motivo, as firmas que estão sob regime *price cap* atuam em um ambiente de maior risco se comparado ao da regulação *rate of return* e, portanto, requerem uma maior remuneração, de forma a compensar o risco adicional. Wright, Mason e Miles (2003) e Green e Pardina (1999) concluem que o regime *price cap* aumenta o risco sistemático das empresas reguladas, necessitando da inserção de um risco adicional no modelo CAPM clássico.

O retorno de longo prazo e a estabilidade dos fluxos de caixa tornam os investimentos em infraestrutura atraentes para os investidores em busca de diversificação. Em razão de os países emergentes apresentarem deficiências nesse setor, tornam-se particularmente atraentes para inversões, desde que apresentem condições institucionais sólidas.

Para tanto, os reguladores devem assegurar a qualidade e eficiência dos serviços prestados pelas concessionárias aos consumidores, mediante uma justa remuneração que proporcione modicidade tarifária. Portanto, o custo de capital próprio do concessionário deve ser criteriosamente avaliado para se atingirem esses fins.

Os reguladores podem propor um custo de capital próprio que subavalie os riscos e as condições macroeconômicas vigentes. Esse fato pode inviabilizar o aporte de investimentos privados no setor, dificultando a implantação de políticas públicas de longo prazo.

8.4 Prêmio de risco regulatório

O modelo CAPM assume que o risco sistemático (beta) não pode ser eliminado por meio da diversificação dos ativos investidos. Para os riscos específicos, ou próprios, é possível sua mitigação. Grout e Zalewska (2006) e Wright, Mason e Miles (2003) afirmam que o risco regulatório somente ocorre quando as ações do regulador alteram o risco sistemático das concessionárias. Nessa linha, Guasch (2004) definiu o prêmio pelo risco regulatório como o risco de não conformidade por parte do governo e seus agentes dos contratos e acordos firmados ou, mesmo, a mudança unilateral no arcabouço regulatório.

A atuação do regulador pode levar ao surgimento de riscos em diferentes momentos da concessão. No entanto, eles são mais frequentes quando existe a necessidade de promover a fixação de tarifas ou de reajustes, ou, ainda, na situação em que se alteram cronogramas e investimentos. A literatura[1] aponta como fator indutor dessa forma de atuação a chamada "captura regulatória", que pode ocorrer por uma influência desproporcional de agentes do Governo que buscam atender a interesses políticos próprios. Outra forma de captura é aquela realizada pela ação dos agentes privados, que se valem da assimetria de informação para atingir seus objetivos.

O risco regulatório advém do grau de intervenção arbitrária do regulador ou do Governo, que pode afetar negativamente o resultado econômico das concessionárias. Os estudos que abordam a necessidade de um prêmio de risco regulatório comumente adotam como metodologia verificar as variações nos betas das empresas reguladas quando da ocorrência de intervenções regulatórias por meio da técnica de estudos de eventos (BARCELOS; BUENO, 2010).

Buckland e Fraser (2001) estimaram o beta condicional de empresas do setor elétrico no Reino Unido na ocorrência de mudanças regulatórias, de maneira a avaliar a volatilidade produzida pelas alterações. Foram encontrados indícios de mudanças significativas nos betas, apoiando a tese da existência de um risco regulatório.

A partir dessa metodologia, com o uso de um modelo GARCH, estimamos o beta condicional das empresas do setor elétrico no Brasil, que pode ser observado na Figura 8.1.

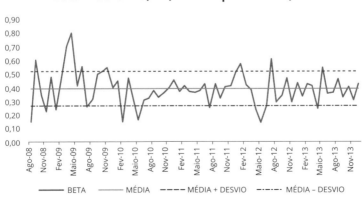

Fonte: Elaborado pelos autores.

Figura 8.1 Evolução do coeficiente beta no setor elétrico brasileiro.

---

[1] Ver os trabalhos de: (i) POSNER, 1974; e (ii) LAFFONT; TIROLE, 1991.

Na Figura 8.1, observa-se que o beta médio das concessionárias do setor elétrico apresenta uma volatilidade significativa ao longo do período estudado. Notadamente, durante a crise do *subprime* (2008-2009) o beta médio das concessionárias alcançou seu maior nível histórico com um valor ao redor de 0,8.

8.4.1 Retornos e volatilidade dos regimes *price cap* e *rate of return*

Para comprovar as hipóteses de existência do prêmio de risco regulatório, optou-se pela construção de uma amostra intencional formada pelas maiores e mais líquidas empresas do setor de energia e gás no Brasil, no Reino Unido e nos EUA. Assim, foram escolhidas as 18 maiores empresas brasileiras e inglesas no período de 2004 a 2013 para comporem a carteira do regime *price cap*. Para efeito de comparação, optou-se por selecionar as 18 maiores empresas norte-americanas para representar a carteira do regime *rate of return*. Na Tabela 8.1 encontram-se os *tickers* do provedor Bloomberg para as empresas selecionadas neste capítulo.

Tabela 8.1 Amostras das carteiras *price cap* e *rate of return* para o período de 01/04 a 12/13

CARTEIRA *PRICE CAP*	CARTEIRA *RATE OF RETURN*
SSE LN Equity	DUK US Equity
CMIG4 BZ Equity	NEE US Equity
ELET6 BZ Equity	SO US Equity
CPLE6 BZ Equity	EXC US Equity
CGAS5 BZ Equity	AEP US Equity
CEEB3 BZ Equity	PPL US Equity
GEPA4 BZ Equity	EIX US Equity
TRPL4 BZ Equity	XEL US Equity
CBEE3 BZ Equity	OKE US Equity
CEGR3 BZ Equity	FE US Equity
COCE5 BZ Equity	NU US Equity
EKTR4 BZ Equity	ETR US Equity
ENMA3B BZ Equity	OGE US Equity
CELP5 BZ Equity	NFG US Equity
CEPE5 BZ Equity	PNW US Equity
CLSC4 BZ Equity	GAS US Equity
AELP3 BZ Equity	ITC US Equity
LIPR3 BZ Equity	UGI US Equity

Fonte: Elaborada pelos autores.

Empiricamente, verifica-se pela Figura 8.2 que os retornos mensais da carteira de empresas com regime *price cap* apresentam uma volatilidade (8,58%) maior do que a volatilidade (3,69%) dos retornos mensais da carteira de empresas com regime *rate of return*. Isso evidencia a existência de um prêmio de risco regulatório quando utilizamos betas de empresas norte-americanas como *proxies* para o mercado brasileiro, que é o caso específico da ANEEL nas suas últimas revisões tarifárias.

Fonte: Elaborado pelos autores.

Figura 8.2 Comparação dos retornos obtidos pelas carteiras *price cap* e *rate of return* no período de 01/2004 a 12/2013.

A ANEEL, nas revisões tarifárias de 2009 e 2014, utilizou o beta setorial das empresas norte-americanas de energia elétrica para mensurar o beta das empresas desse setor no Brasil. Porém a ANEEL refuta o risco regulatório sem mensurá-lo, argumentando que este já estaria totalmente capturado pelo beta, sem a necessidade de adicioná-lo ao custo de capital próprio das empresas brasileiras.

O índice de Qualidade Regulatória se concentra nas práticas governamentais, medindo o impacto das ações que incidam de maneira nociva no mercado, tais como controles de preços, bem como percepções de perdas ocasionadas por imposição de regulações excessivas em diferentes áreas de negócio, incluindo os setores sob concessão.

Há ressalvas sobre essa premissa, pois o risco regulatório no Brasil é superior ao dos EUA em decorrência da diferença de Qualidade Regulatória nos dois países. A seguir, é apresentada a Tabela 8.2, a partir de dados do Banco Mundial. Nela, são expressos os índices de Qualidade Regulatória dos dois países, os quais procuram medir como as políticas governamentais interferem nas atividades do setor privado.

Tabela 8.2 Qualidade regulatória do Brasil e dos EUA no período de 2008 a 2013

PAÍS	2008	2009	2010	2011	2012	2013	MÉDIA
Brasil	0,07	0,11	0,16	0,18	0,09	0,07	0,11
EUA	1,54	1,39	1,43	1,45	1,29	1,26	1,39

Fonte: Banco Mundial (2015).

Em decorrência da diferença da Qualidade Regulatória sobejamente apontada na Tabela 8.2, não é admissível conceber que o risco regulatório brasileiro possa ser representado simplesmente pelos betas das empresas norte-americanas ajustados pela estrutura de capital brasileira e alíquota de impostos. Assim, a consideração de um risco adicional no Brasil é necessária e relevante para a determinação do custo de capital próprio das concessionárias de serviço de energia.

As diferenças dos índices beta no Brasil e EUA são, inclusive, decorrentes das diferenças regulatórias percebidas. Nos EUA, onde existe uma estabilidade regulatória e diversos ciclos tarifários ocorreram, consolidando mudanças, é esperado que os betas sejam menores.

Em decorrência da maior instabilidade em países emergentes e de mudanças regulatórias em itens sensíveis como a remuneração dos acionistas, o beta calculado a partir de empresas internacionais precisa ser ajustado por um prêmio de risco regulatório.

Em Carrasco, Joaquim e Pinho de Melo (2014), Camacho (2004), Guasch (2004) e Ross et al. (1995) apud Sanvicente (2012) fica perfeitamente claro que os determinantes de beta, além da alavancagem financeira, incluem o comportamento das receitas das concessionárias; e isso dependeria, por sua vez, da sensibilidade das receitas de uma distribuidora de energia elétrica ou de gás às variações da renda agregada em seu mercado, bem como das variações de preços de produtos substitutos; esses dois fatores não têm por que, necessariamente, ser idênticos no Brasil e nos EUA, por exemplo.

Barcelos e Bueno (2010) evidenciam que os betas das empresas reguladas no Brasil são iguais ou maiores do que os betas das empresas não reguladas no período de 1999 a 2009, explicitando a presença de um risco regulatório para o mercado brasileiro. Dessa forma, a desconsideração do risco regulatório no custo de capital de empresas reguladas proporciona uma subavaliação de seus riscos e prejudica a política de investimentos de longo prazo das empresas.

Nossa proposta determinará o prêmio do risco regulatório no Brasil na ocasião de o Regulador (ex.: ANEEL) se utilizar de betas de empresas norte-americanas como proxies para o mercado nacional. Para tanto, formulamos um modelo de regressão que captura o risco regulatório a ser inserido no custo de capital das empresas brasileiras a partir do *spread* entre os retornos de uma carteira de empresas no regime *price cap* em comparação aos de uma carteira no regime *rate of return*. Assim, a equação pode ser representada por:

$$R_{Price-Cap} - R_{Rate-of-Return} = \alpha + \beta_{sr} \times (R_m - R_f)$$ (8.4)

onde:

$R_{Price-Cap} - R_{Rate-of-Return}$: é o *spread* entre os retornos mensais do regime *price cap* no Brasil sobre o regime *rate of return* dos EUA no período de 2004 a 2013. Esta é nossa *proxy* para determinação do prêmio pelo risco regulatório no Brasil.

R_f: é a taxa livre de risco global determinado pelo *yield* mensal dos títulos do tesouro norte-americano no período de 10 anos (T-Bond).

$R_m - R_f$: é o prêmio de risco do mercado global determinado pelos retornos mensais do índice S&P500 subtraídos do T-Bond de 10 anos no período de 2004 a 2013.

A variável dependente representa o *spread* dos retornos das empresas reguladas pelo regime *price cap* em comparação ao regime *rate of return* e a variável independente pode ser representada pelo prêmio de mercado global no período de 2004 a 2013. Os resultados podem ser verificados na Tabela 8.3:

Tabela 8.3   Modelo de regressão para determinação do risco regulatório (2004 a 2013)

MODELO DE REGRESSÃO	COEFICIENTE	ERRO--PADRÃO	T	VALOR-P	INTERVALO CONFIANÇA [MÍN] [MÁX]	
Intercepto	-0,0037	0,0069	-0,53	0,5962	-0,0135	0,0101
Prêmio de Mercado	0,4104	0,1615	2,79	0,0061	0,1303	0,7701

Fonte: Elaborada pelos autores.

O modelo de mercado que regride o prêmio de mercado com o *spread* dos retornos mensais das carteiras que estão sob regime *price cap* e *rate of return* apresenta um ajuste estatisticamente significativo (Valor-P menor do que 5%). Nesse sentido, não há necessidade de utilizarmos um modelo com mais fatores de risco como, por exemplo, Fama-French de 3 fatores em virtude de as carteiras utilizadas como variáveis dependentes e independentes já contemplarem uma amostra bem diversificada de empresas reguladas em ambos os regimes regulatórios. Essas carteiras são representadas por empresas de diferentes tamanhos e níveis de crescimento.

CAPÍTULO 8

A Tabela 8.3 mostra que o coeficiente de inclinação se situa no intervalo positivo entre 0,13 a 0,77 com 95% de confiança, o que se conclui pela subavaliação do custo de capital das empresas brasileiras na medida em que os betas de empresas norte-americanas sejam utilizados como *proxies* para o mercado nacional. Verifica-se, também, um Valor-P menor do que 5% (0,0061), o que indica uma relação estatisticamente significativa entre o prêmio de mercado norte-americano e o *spread* dos retornos de uma carteira sob regime *price cap* em comparação ao regime *rate of return*.

Portanto, caso haja a utilização do beta das companhias dos EUA como *proxy* do beta médio para empresas reguladas no Brasil, a inserção de um risco adicional para representar as diferenças nos regimes regulatórios nesses dois países aprimora eficientemente o cálculo do custo de capital próprio das empresas reguladas no Brasil.

Os resultados obtidos apontam que o prêmio pelo risco regulatório pode ser calculado pela multiplicação do coeficiente de inclinação de 0,4104 ao prêmio de mercado norte-americano. Embora existam diferentes métodos e distintas fontes para determinar o prêmio pelo risco de mercado, uma das análises mais utilizadas em finanças e regulação é a realizada por Ibbotson Associates (2013) sobre o mercado dos EUA, que mede resultados históricos baseados em uma carteira líquida e diversificada, como é o "Índice Composto de Standard & Poor's 500 (S&P 500)". A ponderação de cada ação no índice corresponde ao preço dos ativos negociados em bolsa vezes o número de ações em circulação. Como "S&P 500" não considera o efeito dos dividendos distribuídos pelas empresas, o prêmio de mercado divulgado pela Ibbotson Associates contempla as correções necessárias para incorporá-los, de modo a obter retornos com maior acurácia.

Exemplificando, a ANEEL divulgou na Nota Técnica nº 89/2014 um prêmio de mercado para as distribuidoras de energia elétrica segundo a metodologia divulgada pela Ibbotson Associates. O valor encontrado foi de 5,79% a.a., correspondendo ao período de 1928 até 2013. Assim, o prêmio pelo risco regulatório poderia ser expresso por:

$$\text{Prêmio pelo Risco Regulatório} = 0,4104 * (R_m - R_f)$$

Logo, a média do prêmio pelo risco regulatório pode ser determinada por 0,4104*5,79%, resultando em 2,38% a.a.

Portanto, indicamos que o custo de capital próprio das distribuidoras de energia elétrica em 2014 deva ser ajustado por um prêmio médio de risco regulatório de 2,38% a.a. devido à ANEEL ter considerado o beta setorial de empresas norte-americanas, reguladas no regime *rate of return*, como *proxy* de risco para o mercado nacional.

8.5 Considerações finais

A ANEEL, no cálculo do custo de capital próprio para distribuidoras de energia, comumente se utilizou do beta setorial das empresas norte-americanas do setor de energia elétrica para mensurar o beta das empresas desse setor no Brasil. Argumentou-se que o risco regulatório brasileiro já seria capturado pelo coeficiente beta, sem a necessidade de incorporar adicionalmente um risco regulatório ao modelo CAPM tradicional para as empresas reguladas no Brasil.

No modelo regulatório por *rate of return*, no qual se encontram as empresas reguladas norte-americanas, o preço a ser cobrado pelo serviço é estabelecido pelas agências reguladoras de forma a possibilitar às concessionárias obter uma determinada taxa de retorno já previamente fixada. Além disso, o preço regulado pode ser ajustado de acordo com variações nos custos da empresa. Já no modelo regulatório por *price cap*, que contempla as empresas reguladas brasileiras, as tarifas são ajustadas anualmente pela taxa de inflação, sem provocar uma alteração na rentabilidade das concessionárias dos serviços públicos. Por esse motivo, as firmas que estão sob regime *price cap* atuam em um ambiente de maior risco se comparado ao da regulação *rate of return* e, portanto, requerem uma maior remuneração, de forma a compensar o risco adicional.

Assim, torna-se necessário adicionar um risco no custo de capital próprio quando o Regulador utiliza betas de empresas comparáveis de outros países. Para tanto, foi utilizado um modelo econométrico que regride o prêmio de mercado com o *spread* dos retornos mensais das carteiras que estão sob regime *price cap* e *rate of return* para determinação do prêmio de risco regulatório no Brasil.

Essa metodologia serve, principalmente, para que o custo de capital das concessionárias reflita mais adequadamente os riscos de mercado, o que corrobora com o equilíbrio econômico-financeiro dos contratos e investimentos do setor.

Os resultados neste capítulo apontaram que o prêmio pelo risco regulatório no Brasil é igual a 2,38% a.a. para o período de 2004 a 2013.

REFERÊNCIAS

ANEEL. Nota Técnica no 22/2015-SGT. Metodologia e critérios gerais para definição do custo de capital a ser utilizado no cálculo da remuneração dos investimentos efetuados pelas concessionárias de distribuição por ocasião da Revisão Tarifária Periódica, 2015.

ARSESP. *Nota Técnica no RTG/04/2014*. Determinação do Custo Médio Ponderado de Capital para o Processo de Revisão Tarifária das Concessionárias de Distribuição de Gás Canalizado do Estado de São Paulo – Respostas às contribuições recebidas na Consulta Pública nº 02, 2014c.

180 **CAPÍTULO 8**

BARCELOS, L. C.; BUENO, R. D. L. D. S. Regulatory Risk in the Securities Markets: a CAPM Model Approach to Regulated Sectors in Brazil. *Essays on Regulatory Risk Issues*, 2010.

BIANCONI, Marcelo; YOSHINO, Joe Akira. *Empirical Estimation of the Cost of Equity*: An Application to Selected Brazilian Utilities Companies. Disponível no SSRN 2049410, 2012.

BONOMO, M.; GARCIA, R. Estimando e testando o CAPM Condicional com efeitos ARCH para o mercado acionário brasileiro. In: BONOMO, Marco (org.). *Finanças aplicadas ao Brasil*. Rio de Janeiro: FGV, 2004.

BUCKLAND, Roger; FRASER, Patricia. Political and Regulatory Risk: Beta Sensitivity in UK Electricity Distribution. *Journal of Regulatory Economics*, v. 19, no 1, p. 5-25, 2001.

CAMACHO, F. T. Custo de capital de indústrias reguladas no Brasil. *Revista do BNDES*, Rio de Janeiro, v. 11, nº 21, p. 139-164, 2004.

_____. *Desenhos de mercado do setor de gás natural e o caso brasileiro*. Dissertação de mestrado, EPGE, Fundação Getulio Vargas, 2002.

CARRASCO, V.; JOAQUIM, G. e PINHO DE MELO, J. M. Risco regulatório no Brasil: teoria e mensuração. In: CASTELAR, Armando; FRISCHTAK, Claudio (edits.). *Gargalos e soluções no infraestrutura de transportes*. Rio de Janeiro: Editora da FGV, 2014. v. 1, p. 21-37.

CASTELAR PINHEIRO, A. Momento de definição na infraestrutura brasileira. In: OLIVEIRA, Gesner; OLIVEIRA FILHO, Luiz Chrysostomo de. *Parcerias Público-Privadas*: experiências, desafios e propostas. Rio de Janeiro: LTC, 2013.

FAMA, Eugene F.; FRENCH, Kenneth R. New lists: Fundamentals and survival rates. *Journal of Financial Economics*, v. 73, nº 2, p. 229-269, 2004.

GRAHAM, J. R.; HARVEY, C. R. Equity Risk Premium. *Working Paper disponível em SSRN*, 2013.

GROUT, P. A.; ZALEWSKA, A. The Impact of Regulation on Market Risk. *Journal of Financial Economics*, v. 80, p. 149-184, 2006.

GUASCH, J. Luis. Granting and renegotiating infrastructure concessions: doing it right. *World Bank Publications*, 2004.

GUASCH, J. Luis; LAFFONT, Jean Jacques; STRAUB, Stéphane. Concessions of infrastructure in Latin America: Government led renegotiation. *Journal of Applied Econometrics*, v. 22, nº 7, p. 1267-1294, 2007.

GREEN, Richard; PARDINA, Martin Rodriguez. Resetting price controls for privatized utilities: a manual for regulators. *World Bank Publications*, 1999.

HARVEY, Campbell R. Predictable risk and returns in emerging markets. *Review of Financial studies*, v. 8, nº 3, p. 773-816, 1995.

HART, O.; TIROLE, J. Contract renegotiation and coasian dynamics. *Review of Economic Studies*, v. 55, p. 509-540, 1988.

IBBOTSON. Risk premia over time report. *Morningstar*, 2011.

KOLBE, A. Lawrence; READ, James A.; HALL, George R. *The Cost of Capital*: estimating the rate of return for Public Utilities. Cambridge – EUA: The MIT Press, 1984.

LAFFONT, Jean-Jacques; TIROLE, Jean. *Theory of incentives in regulation and procurement*. Cambridge: MIT Press, 1993.

_____; _____. The politics of government decision-making: A theory of regulatory capture. *The Quarterly Journal of Economics*, p. 1089-1127, 1991.

LAKONISHOK, Josef; SHAPIRO, Alan C. Systematic risk, total risk and size as determinants of stock market returns. *Journal of Banking & Finance*, v. 10, nº 1, p. 115-132, 1986.

LINTNER, J. The valuation of risk assets and the selection os risky investments in stock portfolios and capital budgets. *Review of Economics and Statistics*, v. 47, nº 1, p. 13-37, 1965

MOSSIN, J. Equilibrium in a capital asset market. *Econometrica*, Chicago, v. 34. p. 768-783, Oct. 1966.

OLIVEIRA, G.; MARCATO, F. S.; SCAZUFCA, P. Como destravar as parcerias público-privadas. In: OLIVEIRA, Gesner; OLIVEIRA FILHO, Luiz Chrysostomo de. *Parcerias Público-Privadas*: experiências, desafios e propostas. Rio de Janeiro: LTC, 2013.

PEREIRO, Luis E. The valuation of closely-held companies in Latin America. *Emerging Markets Review*, v. 2, nº 4, p. 330-370, 2001.

PETTENGILL, Glenn N.; SUNDARAM, Sridhar; MATHUR, Ike. The conditional relation between beta and returns. *Journal of Financial and quantitative Analysis*, v. 30, nº 01, p. 101-116, 1995.

POSNER, Richard A. *Theories of economic regulation*. 1974.

PRATT, J. W; RAIFFA, H. & SCHLAIFER, R. *Introduction to Statistical Decision Theory*. 2nd reprinting. Cambridge, Massachusetts: The MIT, 1996.

ROLL, Richard; ROSS, Stephen A. On the cross sectional relation between expected returns and betas. *The Journal of Finance*, v. 49, nº 1, p. 101-121, 1994.

ROSS, Stephen A.; WESTERFIELD, Randolph W.; JORDAN, Bradford D. *Administração financeira*. McGraw Hill Brasil, 1995.

SANVICENTE, Antonio Zoratto. Problemas de estimação de custo de capital de empresas concessionárias no Brasil: uma aplicação à regulamentação de concessões rodoviárias. *R.Adm.*, São Paulo, v. 47, nº 1, p. 81-95, jan./fev./mar. 2012.

SHARPE, W. F. Capital asset prices: a theory of market equilibrium under conditions of risk. *The Journal of Finance* 19 (3) p. 425-442, 1964.

WRIGHT, S.; MASON, R.; MILES, D. A Study into Certain Aspects of the Cost of Capital for Regulated in the UK. *Report on behalf of Smither & Co Ltd*, 2003.

9

DETERMINAÇÃO DO CUSTO MÉDIO PONDERADO DE CAPITAL (WACC) NO PROCESSO DE REVISÃO TARIFÁRIA DAS CONCESSIONÁRIAS DE DISTRIBUIÇÃO DE GÁS CANALIZADO: CRÍTICA À NOTA TÉCNICA RTG/02/2014

Antonio Zoratto Sanvicente

9.1 Introdução

As considerações e opiniões expostas a seguir baseiam-se em experiência de ensino e pesquisa na área de estimação de custos de capital e otimização de estrutura de capital, que se desenvolve há mais de 20 anos, tendo-se iniciado em trabalhos por ocasião do processo de desestatização da Usiminas, no final da década de 1980. O primeiro trabalho publicado a respeito por este autor foi Sanvicente e Duarte (1992).

Este texto focaliza a aplicação da metodologia de determinação de taxas justas de retorno pela Agência Reguladora de Serviços do Estado de São Paulo (ARSESP), no caso específico do processo de revisão tarifária das distribuidoras de gás canalizado, ocorrido em 2014.

É mostrado que, mesmo com uma metodologia conceitualmente discutível, a saber, baseada na utilização de prêmios por risco histórico em detrimento de prêmios por risco implícito em preços de mercado correntes, o que apropriadamente refletiria a noção básica de custo de oportunidade do capital, há vários problemas que levam à determinação de taxas de retorno incorretas.

O capítulo está estruturado da seguinte maneira: na seção 2 discute-se o procedimento de estimação do custo de capital próprio, com ênfase nos prêmios por risco país e tamanho. A seguir, a seção 3 trata do cálculo do custo médio ponderado de capital (WACC), com ênfase na premissa utilizada de estrutura de capital. Por fim, a seção 4 acrescenta uma discussão sobre a incorporação de prêmio por risco regulatório.

Nos cálculos alternativos apresentados mais adiante, em contraposição ao que foi desenvolvido na NT RTG/02/2014, o caso da Comgás S.A. é utilizado como exemplo, na determinação da estrutura de capital a ser considerada. O mesmo exato raciocínio poderia ser utilizado para as demais concessionárias de distribuição de gás canalizado.

No caso específico da Comgás S.A., porém, há a vantagem de se poder mostrar a relevância da exposição a risco tamanho, particularmente numa empresa classificada como "grande" pela NT RTG/01/2014. Isso ocorre porque a Comgás S.A. tem a particularidade de ter ações negociadas em bolsa de valores e, com isso, serem geradas mais informações para análise e aplicação de um modelo de precificação de ativos como o *Capital Asset Pricing Model* (CAPM).

9.2 Estimação do custo de capital próprio

A NT RTG/02/2014 propõe a utilização da chamada "internacionalização" do CAPM de Sharpe (1964), Lintner (1965) e Mossin (1966), com a qual é acrescentado um prêmio por risco país. É ainda adicionado um prêmio por risco decorrente do tamanho da empresa, em função das constatações originalmente feitas em Banz (1981),

186 CAPÍTULO 9

que indicavam que, além da remuneração justa pelo risco sistemático, ações de empresas menores apresentavam retornos superiores no mercado norte-americano de ações.

Como indica a p. 9 da NT RTG/02/2014, o custo de oportunidade do capital próprio seria então estimado por:

$$r_e = r_f + \beta_e \times (r_m - r_f) + r_p + r_s \tag{9.1}$$

Na equação (9.1):

r_e = custo de oportunidade do capital próprio

r_f = taxa de retorno de ativo livre de risco

β_e = coeficiente de risco sistemático do ativo analisado

r_m = retorno de carteira diversificada de ativos com risco, representando o mercado como um todo

r_p = prêmio adicional por risco país

r_s = prêmio adicional por risco do tamanho da empresa

Na NT RTG/02/2014, o valor de r_f é estimado com base em média de taxas passadas de títulos do Tesouro dos Estados Unidos com prazo de 10 anos, cobrindo o período de 1984 a 2013 (30 anos), obtendo-se o valor de 5,93% a.a.[1]

Quanto ao retorno da carteira de mercado (r_m), a NT RTG/02/2014 apoia-se nos dados divulgados para o mercado de ações dos Estados Unidos, especificamente utilizando o índice Standard & Poor's 500, ajustado por proventos (dividendos),[2] no período de 1984 a 2013 (30 anos).[3] Subtraindo o valor de r_f mencionado no parágrafo anterior, a NT RTG/02/2014 chega ao prêmio por risco sistemático de 6,67% a.a.

O coeficiente de risco sistemático (β_e), em sua forma alavancada, provém dos dados correspondentes a companhias do mesmo setor na Grã-Bretanha, onde o regime de preço-teto também é aplicado. O resultado é um beta igual a 0,71.

---

[1] Na NT RTG/01/2014, o prazo utilizado era de 14 anos (2000 a 2013), mas na NT RTG/02/2014, o prazo foi alterado, conforme p. 11, "para ser consistente com o prêmio pelo risco de mercado". [sic]

[2] Ajustado por Ibbotson Associates (2013).

[3] Na NT RTG/01/2014, o prazo pelo qual o prêmio médio histórico por risco sistemático era calculado ia de 1926 a 2013. Como se observa, a própria metodologia da ARSESP apresenta certa "volatilidade", um reflexo da arbitrariedade com a qual o enfoque de prêmios históricos pode ser implantado.

DETERMINAÇÃO DO CUSTO MÉDIO PONDERADO DE CAPITAL (WACC) NO PROCESSO DE REVISÃO TARIFÁRIA   187

Por sua vez, o prêmio por risco país (r_p) é obtido pela média de taxas passadas do período de 14 anos (1999-2013), calculado para o índice EMBI+ Brasil, construí-do pelo banco JP Morgan Chase. O valor resultante é igual a 3,32% a.a.[4]

Finalmente, a estimativa do prêmio por risco tamanho (r_s), igual a 1,32% a.a., provém de Ibbotson (2013), baseado em análise de prêmios por tamanho de empresas pertencentes ao setor de distribuição de gás natural (SIC 4924). No entanto, arbitrariamente a ARSESP define a Comgás S.A. como empresa "grande", e lhe atribui prêmio nulo a essa fonte de risco comum.

Dessas estimativas resulta o seguinte custo de capital próprio, em USD nominais:

$$r_E = 5,93\% + 0,71 \times 6,67\% + 3,32\% + 0,00\% = 13,98\% \text{ a.a.}$$

9.2.1 Considerações sobre os cálculos na NT RTG/02/2014

Fica evidente, se examinamos a equação (9.1), que a metodologia empregada atribui às concessionárias do setor: (a) beta igual a um para o risco país; (b) beta igual a um para o risco tamanho (no caso das concessionárias "pequenas" – GBD e GNSPS), e zero no caso da Comgás, por ter essa empresa sido classificada como "grande".

No entanto, como ocorre com o risco sistemático, nada há que nos leve a poder afirmar que os valores corretos desses betas são iguais a um e zero, para os fatores de risco país e risco tamanho, respectivamente.

Para comprovar que na realidade isso não ocorre, considere-se o seguinte exercício: estimar os coeficientes de regressão, com retornos mensais, entre ações de uma empresa concessionária e índices que representem esses fatores de risco adicional, que são tratados, no modelo adotado na NT RTG/02/2014, como riscos comuns (ou "sistemáticos") adicionais.

No caso do risco país, a escolha é óbvia, pois pode ser estimada a seguinte equação:[5]

$$r_{j,t} = \alpha_j + \beta_{j,p} \times \left[r_{EMBI+BRASIL} \right]_t + \varepsilon_{j,t} \tag{9.2}$$

---

[4] Enquanto nos cálculos precedentes (taxa de retorno livre de risco e prêmio por risco sistemático) são usadas as médias históricas, no caso do prêmio por risco país a ARSESP optou por usar a mediana da série histórica, com o argumento (correto) de que o uso da mediana, "ao invés da média, tem por objeto mitigar o impacto dos valores extremos como poderiam ser os casos da crise dos anos 2001-2002" (p. 17). O que deveria levar o leitor a perguntar: por que essa lembrança vale para o prêmio por risco país, mas não para outros retornos, de mercados também expostos à possibilidade e ocorrência de crises. Além disso, quando a média foi utilizada na NT RTG/01/2014, o valor estimado do prêmio por risco país era de 4,69% ao ano.

[5] A estimação de betas em relação aos fatores "risco país" e "tamanho", neste exercício, apoia-se na suposição de que os fatores são independentes um do outro, o que tipicamente é feito nas aplicações práticas da estimação de custo de capital próprio.

CAPÍTULO 9

onde:

$r_{j,t}$ = retorno de ações da concessionária j no mês t;

$B_{j,p}$ = beta da ação j em relação ao fator de risco p (risco país);

$r_{EMBI+BRASIL_t}$ = variação do índice de prêmio por risco de títulos de dívida do Brasil no mês t, disponível no *site* do Instituto de Pesquisa Econômica Aplicada (IPEA);[6]

$\varepsilon_{j,t}$ = valor do termo erro da regressão para a ação j no mês t.

Tendo sido usado o mesmo período de 14 anos (janeiro de 2000 a dezembro de 2013), tanto para ações ordinárias (ON) da Comgás, que é listada na BM&FBovespa, quanto para a série do índice EMBI+ Brasil, obteve-se uma estimativa de beta para o risco país, para essa ação, igual a 1,8004.[7] Isso indica que a imposição de beta igual a um ao fator de risco país não é uma escolha apropriada. Ou seja, ajustado pelo beta correspondente, o prêmio por risco país está sendo subestimado na formação da taxa de retorno justa do capital próprio da empresa.

No caso do fator de risco de tamanho da empresa, para que ele possa ser tratado como um risco de tipo comum e, portanto, seja precificado no mercado, é necessário que o fator seja representado por uma carteira de ações com características apropriadas. Para isso, utilizou-se a série de retornos mensais do Índice de *Small Caps*, calculado pela BM&FBovespa, e base do produto SMLL11, negociado como *Exchange-Traded Fund* (ETF) na BM&FBovespa.[8] Novamente, estimando-se o coeficiente de inclinação da reta de regressão entre séries de retornos de ações ordinárias da Comgás e o índice de tamanho disponível, obteve-se valor estimado de beta igual a 0,7349. Isso indica que a exposição da ação ordinária da Comgás a risco tamanho não é igual a zero, e que não é apropriada a imposição de beta igual a zero a esse fator de risco.

Consequentemente, a estimativa mais apropriada do custo de capital próprio de uma empresa como a Comgás, em USD nominais, seria:[9]

$$r_E = 5,93\% + 0,60 \times 6,67\% + 1,80 \times 3,32\% + 0,73 \times 1,32\% = 16,87\% \text{ a.a.}$$

---

[6] Ou seja, em www.ipeadata.gov.br.

[7] Embora as ações preferenciais classe A (PNA) da Comgás tenham maior liquidez, optou-se por usar os retornos das ações ordinárias (ON) por representarem mais fielmente o conceito de "capital próprio" (*equity*).

[8] O Índice de *Small Caps* tem sua carteira formada por todas as ações negociadas na BM&FBovespa que não estão incluídas nas 85% maiores por valor de mercado. A metodologia do referido índice é descrita em <http://www.bmfbovespa.com.br/Indices/download/SMLL-Metodologia-pt-br.pdf>. O índice é calculado desde maio de 2008.

[9] Nesse cálculo do custo de capital próprio foi utilizado o beta realavancado de 0,60, em lugar do valor de 0,71 obtido na NT RTG/02/2014. Isso se deve ao fato de que se usou o grau de endividamento de 45%, e não 60%, como é explicado mais adiante.

9.3 Cálculo do custo médio ponderado de capital (WACC)

No procedimento do cálculo de WACC, os dados adicionais necessários são: (a) uma estimativa do custo de capital de terceiros – a NT RTG/02/2014 utiliza o valor de 11,25% a.a., depois de considerar a taxa livre de risco; o prêmio por risco país, com beta igual a um; e um prêmio pelo risco adicional associado à classificação inferior de risco de *default* para títulos de uma empresa privada; (b) a alíquota de imposto (ou seja, IRPJ + CSLL), no valor total de 34%; (c) uma hipótese representativa de grau de endividamento da concessionária.

No caso da Comgás, a NT RTG/02/2014 adotou o valor de 55% para a proporção entre capital de terceiros e capital total.[10]

9.3.1 Considerações sobre os cálculos na NT RTG/02/2014

No caso do grau de endividamento adotado, e tendo em vista que a ARSESP considerou mais apropriado utilizar, quando possível, médias históricas simples de períodos razoavelmente longos, parece-nos mais adequado utilizar a média dos quocientes observados desde o final de 2000 até o final de 2013. Deveria ser igualmente aplicável, a essa variável, o argumento da NT RTG/02/2014, nos casos da taxa livre de risco e dos prêmios por risco sistemático e país, que uma série mais longa é necessária para cobrir pelo menos um ciclo macroeconômico completo.

Nas empresas em geral a política de financiamento, especialmente a de ativos permanentes com recursos de longo prazo, é uma área de decisão estratégica em que raramente são adotadas posturas temporárias. Tanto é assim que se costuma observar "inércia" nas decisões que resultam no grau de endividamento das empresas, conforme evidenciado em Bortoluzzo e Sanvicente (2013). Consequentemente, uma média simples de apenas dois anos de observação (2012 e 2013), como originalmente realizado na NT RTG/01/2014, ou a escolha arbitrária por um "critério de prudência" da ARSESP, não poderia ser adequadamente representativa do que ocorreu na estrutura de capital da Comgás no longo prazo.

A evolução da estrutura de capital da Comgás é apresentada na Tabela 2, p. 7, da própria NT RTG/02/2014, mas sem incluir o valor ao final de 2000, que foi de $(197,519/1,092,357) = 18,1\%$, o que também completaria um período de 14 anos, como o utilizado, por exemplo, para o prêmio por risco país. Com a inclusão desse dado e o cálculo da média simples de 2000 a 2013, a média mais representativa do grau de endividamento relevante da empresa seria igual a 45,0%.

---

[10] De acordo com as p. 7-8 da NT RTG/02/2014, a escolha da proporção de 55% foi baseada num "critério de prudência".

190   CAPÍTULO 9

Portanto, tendo em vista esse resultado, bem como o da seção 2, na estimação do custo de capital próprio, o valor do WACC em USD nominais deveria ser:

WACC nominal = 0,450 x 11,25% x 0,66 + 0,550 x 16,87% = 12,62% a.a.

Finalmente, utilizando-se a estimativa de inflação esperada para a economia norte-americana, de 2,16% a.a., conforme a p. 30 da NT RTG/02/2014, chegar-se--ia ao seguinte valor estimado para o WACC da Comgás, em termos reais:

WACC real = (1,1262)/(1,0216) – 1 = 10,24% a.a.

Isso significa que a taxa justa de retorno estimada, com as correções acima apontadas, deveria ser 220 pontos de base superior à atribuída ao final do processo, de 8,04% ao ano.

9.4 Relevância de prêmio por risco regulatório

No trecho da NT RTG/02/2014 que trata da estimação de betas, a ARSESP se preocupa em extrair estimativas de dados de companhias do mesmo setor na Grã-Bretanha. O raciocínio é o de que, sendo ali o regime de regulação do tipo preço-teto, esse tratamento seria suficiente para ajustar o risco sistemático de ações de concessionárias à influência do risco regulatório. O procedimento de desalavancagem/ realavancagem de betas levou à estimativa de 0,71 para esse coeficiente, como utilizado acima nos cálculos já apresentados.

9.4.1 Considerações sobre os cálculos na NT RTG/02/2014

Poderia ser argumentado, de saída, que as condições de mercado na Grã-Bretanha são diversas das que ocorrem no Brasil, tal como poderia afetar os betas de ações de concessionárias do setor. Em Ross *et al.* (2006, p. 315-319), fica perfeitamente claro que os determinantes de beta, além da alavancagem financeira, incluem o comportamento das receitas das concessionárias (e isso dependeria, por sua vez, da sensibilidade das receitas de uma distribuidora de gás às variações da renda agregada em seu mercado, bem como das variações de preços de produtos substitutos; porém, esses dois fatores não têm por que, necessariamente, ser idênticos no Brasil e na Grã-Bretanha).

Isso, no entanto, refere-se somente aos níveis normais dos betas que deveriam ser utilizados. Outra questão ainda é a ocorrência de fatos, na área regulatória, com o efeito de fazer variar os betas das concessionárias, dados os fundamentos mencionados no parágrafo anterior.

DETERMINAÇÃO DO CUSTO MÉDIO PONDERADO DE CAPITAL (WACC) NO PROCESSO DE REVISÃO TARIFÁRIA   191

Em outras palavras, um dos problemas já é "importar" a estimativa de risco regulatório de ambientes econômico e institucional distintos dos vigentes no Brasil. Outro problema é ignorar a possibilidade de que o risco regulatório se altere.[11]

Basta para isso observar o ocorrido nos últimos anos no Brasil. Referência é feita a medidas intervencionistas que, com o objetivo de conter as tarifas de serviços de utilidade pública, têm afetado o equilíbrio econômico-financeiro das concessões, pelo menos em termos das expectativas geradas para a viabilidade futura das atividades das concessionárias. Como exemplos, temos:

1. No nível federal, a renegociação de prazos de concessão no setor de energia elétrica, com o objetivo de conter tarifas; no caso das companhias negociadas em bolsa de valores, representadas pelo Índice de Energia Elétrica calculado pela BM&FBovespa, observou-se uma elevação do beta da carteira dessas companhias, do valor de 0,2896, no período de dezembro de 2008 a julho de 2012, para 0,6593 no período de agosto de 2012 a maio de 2014; ou seja, um aumento de 0,3697.

2. No nível estadual, especificamente com a prorrogação pela ARSESP do processo de revisão tarifária da Sabesp, a partir de janeiro de 2011. O efeito dessa prorrogação foi o de alterar o beta das ações da companhia, de 0,3897, calculado entre dezembro de 2008 e dezembro de 2010, para 0,6667, calculado entre janeiro de 2011 e dezembro de 2013, visando a não incluir o efeito dos problemas possivelmente atribuíveis à crise hídrica atual; ou seja, um aumento de 0,2770.

3. Ainda no nível estadual, pode ser acrescentada a prorrogação da revisão tarifária da própria Comgás S.A., inicialmente para maio de 2014, e depois alterada para janeiro de 2015, além de não se realizar o reajuste integral pela variação do IGP-M em maio de 2014. Nesse caso, o período curto após o início da intervenção regulatória não permite a estimação apropriada da variação do coeficiente beta entre um período anterior e o período após a intervenção.

---

[11] Nas primeiras versões da metodologia considerada matriz das metodologias utilizadas pelas várias agências reguladoras no Brasil, a Agência Nacional de Energia Elétrica (ANEEL) incluía um prêmio por risco regulatório, além de prêmios por riscos de mercado, país, tamanho e até cambial. Este último "caiu" quando a ANEEL chegou ao argumento de que o risco cambial podia ser considerado parte do risco país. Isso ocorreu a partir da NT 262/2010. Atualmente, a metodologia da ANEEL reconhece que não deve haver um prêmio separado por risco regulatório, mas que esse risco está refletido no beta do capital próprio da empresa. Entretanto, isso não quer dizer que tal risco não varie. O que estamos fazendo aqui é justamente levar em conta essa possibilidade.

CAPÍTULO 9

Ou seja, esses exemplos poderiam muito bem permitir que se argumentasse que ao beta de 0,71 utilizado na NT RTG/02/2014 fosse acrescentado um valor de aproximadamente 0,30, representativo do risco regulatório adicional, decorrente de intervenções danosas às concessionárias, como as ilustradas acima.

Se tal acréscimo fosse efetuado, o coeficiente beta alavancado utilizado nos cálculos anteriores seria elevado de 0,60 para 0,90.

Com essa elevação, o valor estimado do custo de capital próprio nominal subiria de 16,87% a. a. para:

$$r_E = 5,93\% + 0,90 \times 6,67\% + 1,80 \times 3,32\% + 0,73 \times 1,32\% = 18,87\% \text{ a.a.}$$

Por sua vez, o valor nominal do custo médio de capital (WACC) passaria de 12,62% a.a. para:

$$\text{WACC nominal} = 0,450 \times 11,25\% \times 0,66 + 0,550 \times 18,87\% = 13,72\% \text{ a.a.}$$

E o valor do WACC em termos ajustados pela inflação esperada em USD iria de 10,24% a.a. para:

$$\text{WACC real} = (1,1372)/(1,0216) - 1 = 11,32\% \text{ a.a.}$$

Ou seja, mais de 300 pontos de base acima do que a ARSESP concedeu à Comgás no final de 2014.

9.5 Conclusões

O acompanhamento dos resultados de aplicação da metodologia adotada pela AR-SESP para a "determinação do custo médio ponderado de capital" em processos de revisão tarifária deixa claro como é volátil a própria metodologia. Por exemplo, de uma versão para outra dos seus relatórios, como da NT RTG/01/2014 para a NT RTG/02/2014, no espaço de seis meses, (a) médias históricas passaram a ser calculadas com períodos diferentes,[12] (b) medianas passaram a ser consideradas mais apropriadas do que médias, uma ideia correta que curiosamente não se estendeu a todos os tipos de séries relevantes.

Destaca-se, porém, a falta de aplicação correta da ideia de que, se além do risco de mercado os riscos país e tamanho são "fatores comuns de risco", a sensibilidade dos retornos de um ativo a cada fator de risco precisa ser estimada, e

---

[12] No caso da taxa livre de risco, isso causou um aumento de 3,91% para 5,93% ao ano.

não receber a atribuição arbitrária de valores, como é comum fazer. E não se pode alegar que há falta de dados para tal cálculo.

O resultado final desse conjunto de inadequações é a estimação incorreta de retornos a serem concedidos, por vários anos, a uma empresa da qual se espera a realização de pesados investimentos. A subestimação em mais de 300 pontos de base, no caso da Comgás S.A., não pode deixar de ser vista como um forte desestímulo a tais investimentos.

REFERÊNCIAS

BANZ, R. The relationship between return and market value of common stocks. *Journal of Financial Economics*, 9, Mar. 1981.

BORTOLUZZO, A. B.; SANVICENTE, A. Z. Agency Costs, Capital Structure Decisions and the Interaction with Payout Decisions: Empirical Evidence from Brazil. Trabalho apresentado no Encontro da Associação Nacional de Programas de Pós-graduação em Administração (ENANPAD), Rio de Janeiro, 2013.

Ibbotson SBBI Classic Yearbook. Morningstar, 2013.

LINTNER, J. The valuation of risk assets and the selection of risky investments in stock portfolios and capital budgets. *Review of Economics and Statistics*, Feb. 1965.

MOSSIN, J. Equilibrium in a capital asset market. *Econometrica*, Oct. 1966.

ROSS, S. A.; WESTERFIELD, R. W.; JAFFE, J. F. *Corporate Finance*. McGraw-Hill Irwin, 2006.

SANVICENTE, A. Z.; DUARTE, A. R. Avaliação de empresas estatais com uso de dados do mercado de ações. *Estudos Econômicos*. Instituto de Pesquisas Econômicas, São Paulo, 1992.

SHARPE, W. F. Capital asset prices: a theory of market equilibrium. *Journal of Finance*, Sep. 1964.

10

CONCORRÊNCIA *YARDSTICK* E O BEM-ESTAR DO CONSUMIDOR

Joe Akira Yoshino
Marcelo Bianconi

10.1 Introdução

Neste capítulo, propomos e testamos metodologias de indicadores de eficiência das concessionárias de rodovias paulistas. A melhoria da eficiência dessas empresas reflete-se no ganho de bem-estar social tanto do consumidor como do produtor.

O objetivo principal é testar possíveis modelos de eficiência e de desempenho usando uma amostra de dados com as características das rodovias, operacionais e econômico-financeiros das concessionárias. Montamos um conjunto de dados em painel dessas empresas levando em conta suas principais características e peculiaridades. Dessa forma, podemos estimar modelos de fronteira estocástica e obter classificações das empresas de acordo com a eficiência técnica. As falhas num sistema de utilidade pública podem ter um efeito negativo sobre a economia. Uma infraestrutura adequada, obviamente, é ingrediente crítico para a competitividade, a segurança e a produtividade.

Apresentamos uma revisão de um método clássico de indução da competitividade e regulamentação, via incentivos. Apresentamos uma proposta para a concorrência *yardstick*.[1] Os dados de painel coletados são usados para examinar variáveis de custo para a elaboração e a estimação de diversos modelos econométricos de fronteira estocástica. Seguimos com uma discussão da implementação dos modelos de eficiência técnica nas concessionárias. O bem-estar do consumidor nos fornece uma medida do benefício potencial da competição *yardstick*. Apresentamos medidas da elasticidade da demanda por serviços das concessionárias com o painel de dados. Estimamos triângulos de excedente do consumidor (triângulos de Harberger). Dessa forma podemos calcular efeitos da penalidade devido à baixa eficiência em termos de perda de bem-estar. Em última análise, procuramos a resposta para a seguinte questão: Qual o ganho, em valor monetário, de uma diminuição média no preço do serviço devido ao ganho de eficiência de modo que temos um aumento no valor presente do excedente do consumidor?

A seção 2 contém o arcabouço teórico de regulação via incentivos e o arranjo proposto. Depois, o item 3 descreve os dados utilizados. O tópico 4 apresenta os modelos

---

[1] O critério *yardstick* tem formas alternativas. A abordagem original foi desenvolvida por Littlechild (1983) no Reino Unido, e uma alternativa foi desenvolvida no Chile; *vide* Cid e Pere Ibern (2008). A abordagem original do Reino Unido é comparar os custos reais das concessões a partir dos dados, segundo a ideia clássica de competição *yardstick* de Shleifer (1985). Como alternativa, a abordagem chilena é criar uma empresa virtual eficiente e aplicar o critério baseado no custo eficiente da empresa virtual. Um exemplo do critério está no Japão, onde a regulamentação via *yardstick* foi aplicada no setor ferroviário. Nesse caso, foi estimada a variável função de fronteira de custos. Na função de custo variável, o coeficiente do Regulamento *yardstick* fictício e o coeficiente da pressão concorrencial indicaram que tendem a diminuir o custo variável da empresa ferroviária. Entre 1995 e 2000, nas empresas de transporte ferroviário nas quais o método *yardstick* foi aplicado, os custos devidos ao ganho de eficiência foram de cerca de 11,5%; *vide* Mizutani, Kozumi e Matsushima (2009). Para o caso da Noruega, ver Dalen e Gomez-Lobo (2003).

teóricos de fronteira estocástica. A seção 5 contém as estimações econométricas dos modelos de fronteira estocástica. O item 6 apresenta as estimativas econométricas da demanda por serviços de bem público e os cálculos do excedente do consumidor do consumidor à luz do esquema proposto de concorrência *yardstick*. O tópico 7 resume os resultados obtidos. Finalmente, a seção 8 contém as conclusões e implicações.

10.2 Contribuição de Shleifer (1985) e Esquema Proposto

A competição via *yardstick*, segundo Shleifer (1985), tem como premissa básica que os reguladores não podem observar com precisão a estrutura de custos das empresas que regulam. Competição *yardstick* sugere aos reguladores o uso dos custos das empresas similares do setor como referência de modo a avaliar se os custos das empresas que eles regulam são competitivos ou eficientes. Shleifer descreve uma teoria de transferências a que chama concorrência *yardstick*. Os mercados onde as firmas têm poder de monopólio acabam não se tornando eficientes e onerando a tarifa de bem público. Nessa situação, as firmas poderiam reduzir custos e se tornar mais eficientes com os investimentos mais apropriados. O arranjo ótimo envolve investimentos que reduzem custos e melhoram a eficiência. Uma transferência faz com que as firmas tenham incentivos para investir e reduzir custos.

Considere um modelo simples no qual os lucros da firma são caracterizados pela expressão

$$V = (p - c)q(p) + T - R(c) \tag{10.1}$$

com V= *lucro*; p = *preço*; T = *transferência*, $q(p)$ = *função demanda*. Cada firma inicia com um custo marginal c_0 e pode reduzir c_0 com uma despesa de investimento $R(c)$, onde $R(c_0) = 0$; $R' < 0$; $R'' > 0$. Um regulador típico visa maximizar o excedente do consumidor total

$$\int_P^\infty q(x)\,dx + (p - c)q(p) - R(c) \tag{10.2}$$

pela escolha de custos, c, preços p e transferência T onde $\int_p^\infty q(x)dx$ se trata do excedente do consumidor. A maximização está sujeita a restrição de que lucros são não negativos, ou

$$V \geq 0 \tag{10.3}$$

As condições necessárias para o máximo envolvem

$$-R'(c*) = q(p*) \tag{10.4}$$

$$p* = c*$$ (10.5)

$$R(c*) = T*$$ (10.6)

A primeira condição (10.4) mostra que uma diminuição de custos unitários requer um investimento da ordem de R' e reduz custos em q, os dois efeitos cancelam no ponto ótimo. A segunda condição (10.5) requer que o preço seja igualado ao custo marginal, e a terceira condição (10.6) implica que a transferência seja o suficiente para a redução dos custos de investimento. No entanto, a implementação do esquema requer que o regulador tenha plena observação dos custos $R(c)$. Mais importante, o preço da firma não deve depender dos custos, pois a firma teria o incentivo de inflar custos para aumentar preços.

Shleifer propõe que para cada firma i, definimos a media $\bar{c}_i$ como a média dos custos marginais de todas outras firmas $j \neq i$; e a média $\bar{R}i$ como a média dos custos de investimento de todas outras firmas $j \neq i$. Dessa forma, o regulador implementa uma transferência e um preço de acordo com as médias de todas outras firmas, ou

$$T_i = \bar{R}_i$$ (10.7)

$$p_i = \bar{c}_i$$ (10.8)

Shleifer prova que esse esquema se trata do equilíbrio de Nash único em que cada firma i escolhe o $c_i = c*$ e consequentemente $-R'(ci) = q(c_i)$. O esquema de Shleifer faz com que firmas não tenham influência no preço e na transferência que recebem e assegura que as condições do setor sejam apropriadamente consideradas.

Nossa abordagem do problema da transferência inspira-se no trabalho de Shleifer descrito acima, mas de forma diferenciada. Primeiramente, desenvolvemos um banco de dados e obtemos estimativas de eficiência das firmas por meio de métodos de dados de painel. As estimativas das fronteiras estocásticas através da função de custo nos fornece uma classificação das empresas via eficiência técnica. Dada uma classificação, consideramos penalidades potenciais estimadas e os ganhos de bem-estar estimados como uma função da penalidade. Estimamos modelos de fronteira estocástica das despesas operacionais (*Operating Expenditure – OPEX*) com diversos controles ou características de cada companhia. Assim, estamos evitando dar um tratamento igual aos desiguais, ao contrário do que ocorre na metodologia Fator X, em que a produtividade geral e agregada da economia é imputada para todas as companhias distintas.

10.3 Dados utilizados

Os dados de painel são compostos de observações mensais de Janeiro de 1998 a Agosto de 2012 para 12 empresas das concessionárias de rodovias paulistas.[2] A Tabela 10.1 mostra a extensão total das 12 concessionárias na amostra.

Tabela 10.1 Extensão total das concessões em quilômetros

	EXTENSÃO ORIGINAL – PISTA (KM)	EXTENSÃO ORIGINAL – FXS. ADICIONAIS (KM)	EXTENSÃO TOTAL EDITAL (KM)
TOTAL	10.554,8	82,0	10.636,9

A Tabela 10.2 mostra a extensão total das companhias ao longo do tempo.

Tabela 10.2 Extensão das concessões em quilômetros em total construído

Extensões de faixas de rolamento

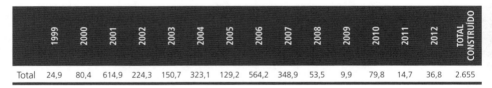

	1999	2000	2001	2002	2003	2004	2005	2006	2007	2008	2009	2010	2011	2012	TOTAL CONSTRUÍDO
Total	24,9	80,4	614,9	224,3	150,7	323,1	129,2	564,2	348,9	53,5	9,9	79,8	14,7	36,8	2.655

Usamos a extensão original mais as inauguradas ao longo do tempo para as 12 companhias. As próximas tabelas apresentam características das companhias. A Tabela 10.3 apresenta características referentes ao Trecho de Cobertura da Praça de Pedágio (TCP). Este corresponde à extensão de cobertura que está associada àquela determinada praça. Por exemplo, se uma rodovia tem 100 quilômetros de extensão e uma praça de pedágio no quilômetro 30 e outra no quilômetro 70, o TCP da primeira vai ser 30 referente ao quilômetro zero ao quilômetro 30 mais 20 referente à metade do trecho entre o quilômetro 30 e o quilômetro 70, e o TCP da segunda praça seria de 20 referente à outra metade mais 30 referente ao quilômetro 70 ao quilômetro 100. Uma rodovia tem número de faixas que podem variar ao longo dela. Um TCP simples se refere a uma pista; TCP dupla se refere a mais de uma pista; e o TCP sistema se refere a quando existe mais de uma rodovia, ou duas ou mais juntas. Uma praça pode cobrir trechos em que existem diferentes tipos de pista. A Tabela 10.3 mostra a média da soma do TCP da amostra em todos os anos da amostra em dois casos: simples mais dupla e simples mais dupla mais sistema.

---

[2] O banco de dados usado tem caráter proprietário e não pode ser divulgado, portanto apresentamos suas estatísticas descritivas, nomes e classificações hipotéticas.

Tabela 10.3 TCP –Média da amostra em todos os anos da amostra (Quilômetros)

	TCP SIMPLES + DUPLA	TCP SIMPLES + DUPLA + SISTEMA
Média	42,72182	42,46167

Na tabela acima, algumas incluem sistemas, enquanto as restantes operam uma linha somente. A Tabela 10.4 apresenta a extensão média nos anos da amostra de faixas e pistas novas nas companhias.

Tabela 10.4 Extensão Faixas e Pistas Novas – Média em todos os anos da amostra (em 1.000 Km)

	EXTENSÃO TOTAL FAIXAS NOVAS	EXTENSÃO TOTAL PISTAS NOVAS
Média	15.961	6.560

A Tabela 10.5 apresenta o total da média de cabines de pedágio. Temos também dados desagregados por cabines manuais, cabines automatizadas e cabines mistas (manual e automatizada).

Tabela 10.5 Cabines de Pedágio – Média em todos os anos da amostra

	TOTAL CABINES	CABINES MANUAIS	CABINES MISTA	CABINES AVI*
Total da Média da Amostra	492	368	30	93

* Nota: Identificação Veicular Automática (AVI)

A Tabela 10.6 mostra o total da média em todos os anos da amostra do tráfego por cabines de pedágio.

Tabela 10.6 Tráfego por cabines de pedágio – Total da média em todos os anos da amostra (em milhões de unidades)

	TOTAL TRÁFEGO	TOTAL MANUAL	TOTAL AUTOMÁTICO
Total da Média	315	203	112

Finalmente, a Tabela 10.7 apresenta o total de acostamento e se a amostra apresenta túneis.

CAPÍTULO 10

Tabela 10.7 Outras características das companhias

ACOSTAMENTO	TÚNEIS
6.423*	Sim**

* Quilômetros
** Representa que existem túneis

10.3.1 Sumário estatístico das principais variáveis

A primeira medida é o custo, que é calculado da seguinte forma: temos o custo total operacional incluindo manutenção e infraestrutura, deste subtraímos as despesas de amortização e depreciação; em seguida deflacionamos pelo índice de preços IPCA do IBGE. Obtemos então o logaritmo dos custos reais. Em resumo, trata-se do custo total real operacional menos amortização e depreciação por mês (custo nominal deflacionado pelo IPCA-IBGE). A Tabela 10.8 mostra a estatística descritiva da medida.

Tabela 10.8 Custo total real – Médias das companhias (Logaritmo)

	MÉDIA	DESVIO--PADRÃO	MEDIANA	MAX	MIN
Média das Companhias	16,201	0,431	16,228	17,897	14,305

A Tabela 10.9 mostra a média mensal de veículos em logaritmos, obtida pelo fluxo total de veículos das praças dividido pelo período de N meses, médias das companhias.

Tabela 10.9 Média mensal do número de veículos (Logaritmo)

	MÉDIA	DESVIO--PADRÃO	MEDIANA	MAX	MIN
Média	12,752	0,767	12,748	14,317	9,735

Em seguida, focamos na medida de arrecadação mensal total em moeda de Agosto/2012 ajustado pelo IPCA. A Tabela 10.10 mostra as estatísticas descritivas em média ao longo do tempo (períodos de N meses).

Tabela 10.10 Arrecadação total por mês por veículo em média
R$ de Agosto/2012 (ajustado pelo IPCA)

	MÉDIA	DESVIO--PADRÃO	MEDIANA	MAX	MIN
Média	90, 479	14,865	91,744	129,827	65,731

Examinamos também uma medida de qualidade dos serviços prestados pela concessionária. Como *proxy*, usamos o investimento total real por veículo médio entre as companhias. A Tabela 10.11 mostra a estatística descritiva nesse critério.

Tabela 10.11 Investimento total real por veículo médio
R$ de Agosto/2012 (ajustado pelo IPCA)

	MÉDIA	DESVIO--PADRÃO	MEDIANA	MAX	MIN
Investimento	18,044	16,298	12,663	76,964	-12,505

Prosseguimos examinando dados sobre a segurança. Nesse critério, na Tabela 10.12 as medidas consideradas são totais de acidentes mensais, acidentes com vítimas feridas, acidentes com fatalidades, mortos por mês e número de passarelas na companhia.

Tabela 10.12 Segurança, médias mensais totais

	ACIDENTES	ACIDENTES COM VÍTIMAS FERIDAS	ACIDENTES FATAIS	FERIDOS	MORTOS	PASSARELAS IMPLANTADAS PELA CONCESSIONÁRIA
Total	2162,1	722,1	50,5	1145,6	57,3	11,3

O último conjunto de variáveis examinadas são os dados climáticos. A Tabela 10.13 mostra as médias mensais de precipitação total, temperatura e umidade.

Tabela 10.13 Número de dias de precipitação na Concessão – Média mensal de todas as firmas

	NUM. DIAS PRECIPITAÇÃO	PRECIPIT. TOTAL	TEMP. MÁXIMA MÉDIA	TEMP. COMPENSADA MÉDIA	TEMP. MÍNIMA MÉDIA	UMIDADE RELATIVA MÉDIA
Média	10,417	125,5267	27,81583	21,4225	16,81417	71,285

Fonte: Inmet, coletados em 19 de fevereiro 2013.

Finalmente, também utilizamos o preço da gasolina doméstica deflacionado pelo IPCA na região sudeste do Brasil como uma importante medida de insumo na função custo. A Figura 10.1 ilustra essa variável, e a Tabela 10.14 mostra sua estatística descritiva.

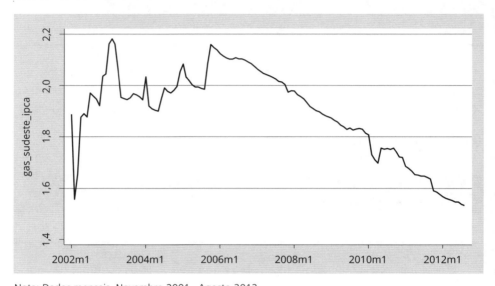

Nota: Dados mensais, Novembro 2001– Agosto 2012

Figura 10.1 Gasolina – preço real.

Tabela 10.14 Gasolina Brasil – Sudeste, preço real

	GASOLINA (R$)
Média	R$ 1,90
Desvio-Padrão	R$ 0,17
Max	R$ 2,18
Min	R$ 1,53
N	128

Fonte: Agência Nacional do Petróleo, Gás Natural e Biocombustíveis (ANP).

Em sumário, a variável custo se trata do custo total real operacional mensal (custo total nominal deflacionado pelo IPCA-IBGE e excluindo-se a amortização e a depreciação). Portanto, nosso *yardstick* está sendo testado para o *Operating*

Expenditure (OPEX) *versus* o *Capital Expenditure* (CAPEX).³ A Figura 10.2 nos mostra a evolução da razão OPEX/CAPEX na amostra.

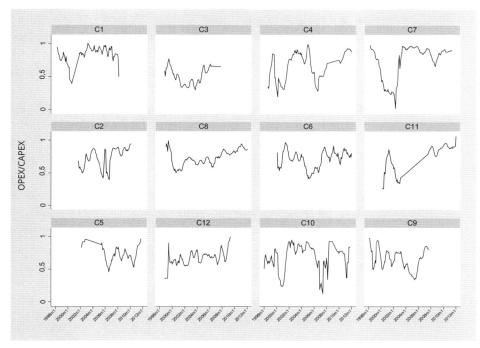

Notas: Numerador: Medida de custos usada. Denominador: Investimento total deflacionado pelo IPCA – tot_invest_ipca=ampliacaoprincipal+apliacaoprincipal_outras+equip_vehicles+desapropriacoes+conservacao_special+direitos_outorga+outras_imobiliz+contract_sub_rogado+indenização

Figura 10.2 Evolução OPEX/CAPEX; média móvel (+- 3 meses).

10.3.2 Problema dos controles e os componentes principais

Uma questão-chave é identificar a heterogeneidade e a eficiência através de controles. Como vimos acima, diversas variáveis podem influenciar os custos e as receitas das concessionárias. É importante considerar os controles que podem influenciar os custos e as medidas de eficiência. Os principais controles usados nos modelos estimados são os seguintes:

---

[3] O Modelo *Yardstick* pode ser aprimorado com outras variáveis: peso do caminhão carregado que desgasta o piso, georreferenciamento ao longo dos trechos, demais características físicas e ambientais ao longo da pista, tipo de SPE, riscos de mercado etc.

206 **CAPÍTULO 10**

i. Características das concessões: variáveis de extensão, acostamento, túneis, pistas, investimento total real por veículo como uma *proxy* para a qualidade da concessão TCP, cabines, tráfego.

ii. Variáveis relacionadas à segurança: acidentes, feridos e mortalidade.

iii. Controles macroeconômicos: variáveis de crédito/PIB, crise financeira de 2008 e tendência ao longo do tempo.

iv. Efeitos fixos de firma, mês e ano, uma vez que estes podem influenciar os custos, receitas e segurança.

v. Dados climáticos: número de dias de precipitação no mês, precipitação total no mês, umidade relativa média no mês, temperatura máxima média no mês, temperatura compensada média no mês, temperatura mínima média no mês.

As análises de componentes principais[4] são úteis para reduzir a dimensionalidade de um sistema de variáveis, concentrando-se as principais informações em componentes ortogonais. Aqui, aplicamos essa metodologia para concentrar as informações dos dados climáticos. Estimamos uma componente principal para as variáveis: número de dias de precipitação no mês, precipitação total no mês e umidade relativa média no mês. A Tabela 10.15 mostra a correlação das variáveis com o componente, e elas são todas positivas, indicando que o componente é um bom indicador da chuva para as concessões em um determinado mês.

Tabela 10.15 Correlação das variáveis com o componente (aproximadamente 80% da variação explicada)

	PREC_DIAS_TOT_UMID_1
numdiaspre~o	0,6062
precipitac~l	0,5878
umidaderel~a	0,5358

Estimamos outra componente principal para as variáveis: temperatura máxima média no mês, temperatura compensada média no mês, temperatura mínima média no mês. A Tabela 10.16 mostra a correlação das variáveis com o componente e elas são todas positivas, indicando que o componente é um bom indicador da temperatura para as concessões em um determinado mês.

---

[4] Ver Greene (2010).

Tabela 10.16 Correlação das variáveis com o componente (aproximadamente 89% da variação explicada)

	TEMPERATURE_ALL
tempmaxima~a	0,5595
tempcompen~a	0,608
tempminima~a	0,5633

Incluímos outras variáveis explicativas. No âmbito das características, temos os acidentes defasados por um período. Na esfera macro, temos a crise financeira, a mudança do crédito/GDP, defasados por um período, e a tendência do tempo como *proxy* da atividade econômica. Como características, incluímos os custos defasados e a extensão total da pista da concessão. A localidade da praça, mês e ano entram como efeitos fixos.

10.4 Modelos de fronteira estocástica

Aigner, Lovell e Schmidt (1977) e Meeusen e van den Broeck (1977) de forma independente introduziram a produção estocástica ou modelos de fronteira de custos. No âmbito da produção, $f(z_{i,t}, \beta)$. Na produção caracterizada pela eficiência, a firma i produz

$$q_{i,t} = f(z_{i,t}, \beta) \qquad (10.9)$$

onde $q_{i,t}$ é a saída escalar do produtor i, $q_{i,t}$ é o vetor de n entradas utilizado pelo produtor, $f(z_{i,t}, \beta)$ é a fronteira de produção e β é o vetor de parâmetros de tecnologia a ser estimado.

A análise de fronteira estocástica pressupõe que cada empresa potencialmente produz menos do que o eficiente, talvez devido ao grau de ineficiência. Especificamente, podemos escrever a equação acima como

$$q_{i,t} = f(z_{i,t}, \beta) \varepsilon_{i,t} \qquad (10.10)$$

onde $\varepsilon_{i,t}$ é o nível de eficiência para a empresa i; $\varepsilon(i,t)$ deve estar no intervalo (0,1). Se $\varepsilon_{i,t} = 1$, a empresa está na fronteira de eficiência com a tecnologia incorporada na função de produção. Quando $\varepsilon_{i,t} < 1$, a empresa está abaixo da fronteira (acima dos custos), dada a tecnologia incorporada na função de produção. Desde que a produção seja considerada estritamente positiva, presume-se que o grau de eficiência técnica seja estritamente positivo.

O produto também está sujeito a choques aleatórios, o que implica que

$$q_{i,t} = f(z_{i,t}, \beta)\varepsilon_{i,t} \exp(v_{i,t})$$ (10.11)

onde $v_{i,t} = 1$ é a forma de perturbação idiossincrática da firma. Logaritmos neperianos aplicados à equação (10.11) nos dão

$$\log(q_{i,t}) = \log(f(z_{i,t}, \beta)) + \log(\varepsilon_{i,t}) + (v_{i,t})$$ (10.12)

Supondo que temos k *inputs* e a função de produção é linear nos logaritmos; definindo $u_{i,t} \equiv -log(\varepsilon_{i,t})$ e usando o dual da função de custo, obtemos uma função custo

$$\log(c_{i,t}) = \beta_0 + \beta_1 \log(q_{i,t}) + \Sigma_{j=1}^k \beta_j \log(p_{j,i,t}) + v_{i,t} + u_{i,t}$$ (10.13)

onde $q_{i,t}$ é o produto, $z_{i,t}$ são as quantidades de fatores (*inputs*), $c_{i,t}$ é custo e $p_{i,t}$ são preços dos fatores. O modelo de base da fronteira estocástica como originalmente proposto por Aigner, Lovell e Schmidt (1977) adiciona os pressupostos de distribuição para criar um modelo empírico; o erro fica "composto", tornando-se a soma de uma variável normalmente distribuída, simétrica (a idiossincrasia) $v_{i,t}$, e uma variável normalmente distribuída (ineficiência) mas truncada $u_{i,t}$, ou seja

$$v_{it} \sim N[0, \sigma v^2]$$

$$u_{it} = |U_{it}| \text{ onde } U_{it} \sim N[0, \sigma_u^2].$$

O modelo especificado nos logaritmos (naturais) implica que a ineficiência U_{it} pode ser interpretada como o desvio percentual do desempenho observado, contra o desempenho da empresa fronteira.[5]

---

[5] No entanto, o modelo de efeitos aleatórios acima tem o pressuposto implícito de que a ineficiência é a mesma para todo o período. A literatura preenche essa lacuna via Battese e Coelli (1988, 1995), onde

$$u^{it} = \eta_t u_i$$
$$\eta_t = exp[-\eta(t - T_i)].$$

T_i é o último período no painel ith, sendo η o parâmetro de decaimento (*decay*). Quando $\eta > 0$, o grau de ineficiência diminui ao longo do tempo; e quando $\eta < 0$, o grau de ineficiência aumenta com o passar do tempo. No último período, $t = T_i$ contém o nível de base de ineficiência da empresa. Se $\eta > 0$, o nível de ineficiência decai para o nível de base. Se $\eta < 0$, o nível de ineficiência aumenta para o nível de base.

10.5 Resultados dos modelos de fronteira estocástica

Estimamos modelos baseados na equação geral:

$$\log(c_{i,t}) = \beta_0 + \beta_1 \log(q_{i,t}) + \Sigma_{j=1}^{k} \delta_j (X_{i,t}) + v_{i,t} + u_{i,t} \qquad (10.14)$$

onde o índice i se refere ao lote, tomado como uma média das praças de cada lote. $(X_{i,t})$ é um vetor de controles, incluindo diversas variáveis discutidas acima. Particularmente, nesse caso a variável dependente e o custo total operacional real, da concessão por mês (custo operacional nominal deflacionado pelo IPCA-IBGE), q, é o fluxo do número total de veículos por mês (uma medida de output) e X é um vetor incluindo tempo, defasagens e controles de crise *financeira*. Ver Aigner, Lovell e Schmidt (1977), Greene (2010) e Bianconi e Yoshino (2012, 2013 e 2015).[6] Apresentamos um bloco de modelos de forma que em cada modelo estimado adicionamos variáveis de controle pertinente aos custos.

O modelo da coluna (1) da Tabela 10.17 inclui o custo defasado, a tendência no tempo, o número de veículos, o preço real da gasolina, o TCP total; três variáveis de extensão: extensão original (logaritmo); extensão inaugurada (logaritmo) e extensão das faixas de rolamento concedidos (pista principal). Temos ainda o investimento total por veículo como uma *proxy* para a qualidade da concessão. Adicionamos variáveis de segurança, acidentes, acidentes com feridos, acidentes com mortes, número de feridos e mortes; as passarelas implementadas pela concessão e serras,[7] túneis e acostamento. Finalmente, incluímos o número de faixas novas, o número de pistas novas, a extensão total de faixas novas e faixas rolamentos concedidos como pista principal.

Tabela 10.17 Modelos de fronteira estocástica

	(1)	(2)	(3)	(4)
lag_l~p_ipca	0,173**	0,122*	0,111*	0,114*
trend	0,00575**	0,0171***	0,0159**	0,0141**
lveiculos1	0,411***	-0,219	-0,221	-0,205
gas_sudest~1	-0,389*	-0,367*	-0,303	-0,281
tcp_sys_si~p	-0,0323***	0,144***	0,156***	0,140***

(continua)

---

[6] Muitos modelos não convergiram depois da iteração de número 100, mas os resultados apresentados na iteração 100 são uma aproximação plausível.

[7] A variável serra foi construída de acordo com consulta a mapas e está à disposição.

CAPÍTULO 10

	(1)	(2)	(3)	(4)
lextensaoo~l	2,086***	-6,702**	-7,492**	-6,739**
lextensaoi~s	-0,241	1,841***	1,979***	1,787***
extfrlc_pp	0,0102***	-0,0176*	-0,0195**	-0,0167*
inv_imob_i~c	-0,00347**	-0,00323**	-0,00328**	-0,00335**
acidentes3~s	0,0112***	0,0260*	0,0274*	0,0232
acide~as_mes	0,0445***	-0,102**	-0,108***	-0,0966**
acide~is_mes	-0,368*	-0,833**	-0,899***	-0,780**
feridos3_mes	-0,0544***	0,0343	0,0383	0,0351
mortos3_mes	0,270*	0,641***	0,687***	0,579**
passareasi~s	0,0168	0,0538	0,0491	0,0546
prec_dias_~1	-0,00710	-0,00779	-0,00646	-0,00699
temperatur~l	0,00773	0,00181	0,000204	0,000612
hills	-0,813	32,72**	36,81**	33,58**
tunel_dummy	-2,088	-47,30**	-51,45**	-45,72*
acostament~n	0,733**	-4,274***	-4,679***	-4,163***
nofaixasno~s	0,371	-0,366	-0,430	-0,348
nopistasno~s	-0,177	-3,271***	-3,468***	-3,095***
exttotalfa~s	-0,000242	0,0214***	0,0220***	0,0199***
faixarolco~p	0,00473	0,0588***	0,0616***	0,0569***
cabinesman~s		0,135***	0,147***	0,135***
cabinesmista		-0,866	-0,974*	-0,866
cabinesavi		0,139***	0,149***	0,138***
totalmanu~01		0,413***	0,428***	0,395***
totalauto~01		-0,573***	-0,586***	-0,535***
fincrisis			0,138	0,126
lag_ch_cre~p			0,530	0,542
arrec~1_veic				0,0376
_cons	-4,527***	44,73***	49,01***	44,99**
N	221	221	221	221
AIC	-41,07	-55,67	-53,45	-52,35

* p<0,05, ** p<0,01, *** p<0,001

Legenda:
ltot_~p_ipca = custo total real em logaritmo no mês t
lag_ ltot_~p_ipca = custo total real em logaritmo no mês t-1 (defasado)
lveiculos1 = log número total de veículos por praça em t
gas_sudest~1 = preço da gasolina real
tcp_sys_si~p = TCP Sistema mais simples mais dupla
lextensaoo~l = extensão original (logaritmo)
lextensaoi~s = extensão inaugurada (logaritmo)
extfrlc_pp = extensão faixas rolamentos concedidos pista principal
inv_imob_i~c = investimento total real por veículo
Trend = tendência do tempo
acidentes3~s = acidentes no mês
acide~as_mes = acidentes com vítimas feridas
acide~is_mes = acidentes com vítimas fatais
feridos3_mes = feridos
mortos3_mes = mortos
prec_dias_ ~1 = componente principal de precipitação no mês
temperatur~l = componente principal de temperatura no mês temperatura mínima média no mês
passareasi~s = passarelas
serra = serras, montanhas
tunel_dummy = 1 se túneis existem na concessão
acostament~n = acostamentos
nofaixasno~s = número de faixas novas
nopistasno~s = número de pistas novas
exttotalfa~s = extensão total de faixas novas
faixarolco~p = faixas rolamentos concedidos pista principal
cabinesman~s = cabines manuais
cabinesmista = cabines mistas
cabinesavi = cabines AVI
totalmanu~01 = Total passagem em pedágio manual
totalauto~01 = Total passagem em pedágio automático
lag_ch_cred_~p = Crédito/PIB no período t-1
fincrisis = Crise Financeira de 2008
arrec~1_veic = arrecadação real por veículo

O modelo da coluna (2) se trata do melhor, de acordo com o critério Akaike.[8] Incluem todas variáveis do modelo da coluna (1) mais cabines manuais, cabines mistas, cabines AVI, total de passagem em pedágio manual e total de passagem em pedágio automático. Esse modelo apresenta bastante significância estatística das características das concessões. O número de pistas novas diminui os custos significativamente, enquanto a extensão total das faixas novas aumenta os custos. As faixas rolamentos concedidos de pista principal também aumentam os custos. As cabines de pedágio manuais e AVI aumentam os custos significativamente. O total de cabines manuais

---

[8] O critério de Akaike procura um balanço entre variáveis explicativas adicionais e perda de graus de liberdade; ver Greene (2010).

212 **CAPÍTULO 10**

aumenta os custos, mas o total automático diminui os custos significativamente, indicando que a adoção de tecnologia pode diminuir custos.

O modelo da coluna (3) inclui as variáveis do modelo (2) e adiciona as variáveis macro de Crédito/PIB no período t-1 e crise financeira de 2008 (*dummy*). A variável *dummy* da crise financeira nos Estados Unidos em 2008 e a taxa de crescimento do crédito sobre PIB não são estatisticamente significativas nos custos das concessões, nesse caso. Finalmente, o modelo da coluna (4) inclui a arrecadação real por veículo, que também não mostra significância estatística.

Continuamos a análise do modelo de fronteira com foco nas estimativas de eficiência técnica. A ineficiência é interpretada como o desvio percentual do desempenho da empresa/lote contra o ponto de referência em que o valor é um. Assim, quanto maior o valor técnico está acima, mais ineficiente o lote/empresa é em relação ao valor de referência.

O melhor modelo de acordo com o critério Akaike, o modelo (2) não apresenta discrepância significativa entre as firmas. A Tabela 10.18 mostra a média ao longo do tempo da eficiência técnica para cada empresa de acordo com cada modelo e classificado pelo modelo 2, que apresenta o critério Akaike mínimo.

Tabela 10.18 Média estimada de eficiência tecnológica por companhia

	MODELO 4	MODELO 3	MODELO 2*	MODELO 1
C12	1,005133	1,006295	1,00615	1,004011
C7	1,00495	1,005988	1,005857	1,003927
C2	1,004918	1,005955	1,005811	1,003831
C3	1,004896	1,005899	1,005769	1,003889
C11	1,004887	1,00587	1,00575	1,003868
C9	1,004848	1,005821	1,005693	1,003991
C4	1,004846	1,005815	1,005691	1,003808
C8	1,004847	1,005802	1,005685	1,003866
C5	1,004842	1,005799	1,00568	1,003867
C1	1,004824	1,005768	1,00565	1,003864
C6	1,004821	1,005762	1,005644	1,003857
C10	1,004821	1,005762	1,005644	1,003857

* Critério Akaike mínimo.

Nota: C12 significa a concessionária 12. Foi omitido seu nome devido ao sigilo de dados.

A eficiência técnica é tal que o mais eficiente possível é 1. O valor para a C10 (concessionária 10) na coluna do Modelo 2, 1,0056. Assim, C6 (concessionária 6) tem um valor de 1,0056, quase indistinguível do mais eficiente. C12 que mostra menos eficiência tem uma diferença da fronteira da ordem de 0,001 pontos percentuais. A Figura 10.3 mostra os dados da tabela acima.

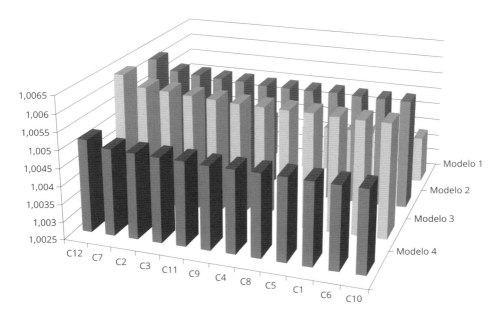

Figura 10.3 Média estimada de eficiência técnica por empresa
Te: eficiência técnica vertical.

O modelo 2 tem o melhor critério Akaike, e a variação em termos de eficiência entre as concessionárias fica reduzida.

10.6 Estimação da função demanda e medidas de bem-estar

Os dados coletados para as 12 concessionárias incluem a arrecadação por praça e o tráfego. Nesta seção focalizamos na arrecadação real (deflacionada pelo IPCA) por veículos e por praça. A Tabela 10.19 mostra somente os dados no mês mais recente da amostra (Agosto de 2012), médias por concessionária.

CAPÍTULO 10

Tabela 10.19 Arrecadação por veículo no mês de Agosto 2012:
R$ de Agosto/2012 (ajustado pelo IPCA) por firma
Tarifa Média por Praça e Concessionária

Somente: Mês de Agosto de 2012

	MÉDIA	DESVIO--PADRÃO	MEDIANA	MAX	MIN
Tarifa	7,081	2,447	6,783	10,4	4,342

Essa receita mensal por veículo pode ser uma *proxy* para a tarifa média mensal paga por veículo no pedágio. A demanda de fluxo de veículos nas rodovias pode ser estimada diretamente em função das características das rodovias – dado que a tarifa do pedágio está fixa em certos intervalos de tempo.[9] Um dos objetivos deste capítulo será verificar se os serviços públicos são um bem de necessidade ou um bem de luxo. Ademais, serão estimados os ganhos de bem-estar do usuário em função do ganho de eficiência das concessionárias prestadores de serviços.

Estimamos uma equação para o *proxy* da tarifa média mensal do pedágio por veículo como uma função de várias características. Assim, temos uma função de demanda inversa. A equação estimada com base num painel com efeitos fixos por praça é:

$$\log Q_{it} = \log \beta_0 + \beta_1 \log P_{it} + \textit{características} + \textit{efeitos fixos} + \varepsilon \qquad (10.15)$$

A quantidade é simplesmente o fluxo de veículos por mês nas praças, e a tarifa é a arrecadação real por veículo por mês. Os controles são os seguintes: a quantidade de veículos defasados por 1 período, as receitas defasadas por 1 período e os componentes principais da chuva e da temperatura (prec_dias_tot_umid_1; temperature_all). Usamos também a tarifa/veículo multiplicada pela *dummy* do mês de Julho para controle da mudança do preço da tarifa.[10] Usamos as observações em painel com efeitos fixos por praça e dados das 12 concessões. Os resultados estão na Tabela 10.20.

---

[9] Ver Lucas (2000), Epple (1987) e Rosen (1974).

[10] A justificativa para a variável *dummy* se trata do fato de que, geralmente, o reajuste ocorre no mês de julho pelo IGP-M.

Tabela 10.20 Estimativa da elasticidade de demanda

	(1) LVEICULOS1
larre~a_veic	-0,615***
L.lveiculos1	0,818***
L2.lveicul~1	0,0870**
larrecada~m7	0,0305***
L.lar~a_veic	0,408***
L2.la~a_veic	0,133***
prec_dias_~1	-0,00793***
temperatur~l	0,000202
gas_sudest~a	-0,0671***
lag_aciden~m	-0,000347
fincrisis	-0,0294***
lag_ch_cre~p	0,0867
Trend	0,000532***
L.ltot_cus~m	-0,000227
lextensao	-0,00819***
Mês, Ano, Praça	Y
_cons	1,424***
N	7485
Adj-R-sq	0,932

* $p<0,05$, ** $p<0,01$, *** $p<0,001$

Legenda:

larre~a_veic = logaritmo da arrecadação real por veículo por mês

lveiculos1 = logaritmo da quantidade de veículos por mês

L.larre~a_veic = (log) arrecadação real por veículo por mês defasado 1 mês

larrecada~m7 = (log) arrecadação real por veículo por mês vezes a *dummy* do mês de Julho

L.lveiculos1 = (log) quantidade de veículos por mês defasado 1 mês

prec_dias_tot_umid_1 = componente principal relativo a chuva

temperature_all = componente principal relativo a temperatura

gas_sudest~a = preço da gasolina deflacionado pelo IPCA na região sudeste

lag_acidentes~m = nº de acidentes defasado

fincrisis = crise financeira

lag_ch_cred~p = taxa de crescimento do crédito/PIB defasado

Trend = tendência no tempo

L.ltot_cus~m = custos totais por praça

Lextensao = logaritmo da extensão total da concessão em km

Mês, Ano = efeitos fixos de mês e ano

CAPÍTULO 10

A elasticidade preço estimada de demanda tem um valor de

$$\beta_1 = -0,615$$

Assim, a elasticidade preço da demanda é inelástica. Um aumento no preço de 1% diminui o fluxo de veículos em 0,6% no mês por praça. Dado o caráter de preço inelástico das concessões, o sistema de bem público analisado é bem essencial ao usuário.[11] Podemos calcular o excedente do consumidor utilizando a função acima relacionando o fluxo de veículos (quantidades mensais) e a receita mensal por veículos (tarifa média) dos dados do ultimo mês da amostra de Agosto de 2012, expressos em R$ de Agosto de 2012. Os valores são mostrados na Tabela 10.21.

Tabela 10.21 Estatísticas básicas: fluxo de veículos (quantidades) e receita mensal por veículos (tarifa) (logaritmo)

	LVEICU~1: LOG Q	L~A_VEIC: LOG P
Média	13,22	1,87
Dp	1,015	0,41
Max	15,47	3,05
Min	10,35	0,47

Nota: último mês da amostra de agosto de 2012, expressos em R$ de agosto de 2012

A função demanda relacionando a tarifa P (vertical) com Q (horizontal) é obtida usando uma grade de 20 pontos na faixa de receitas por veículo e as respectivas quantidades de veículos implícitas da Tabela 10.21. O par (Po, Qo) representa o preço médio/veículo e o fluxo de veículos em agosto de 2012.

Novamente usando uma grade de dados, mas agora mais fina, de 1000 pontos, da quantidade de veículos e as respectivas tarifas implícitas por veículo da Tabela 10.21, podemos avaliar a variação do excedente do consumidor pela integral sob a função de demanda. A mudança é a diminuição percentual do nível de preço a partir do nível de preço maior do 90,0 percentil da distribuição preço/veículos aproximadamente no valor 10 da escala vertical da Figura 10.4, para uma base inferior do 17,5 percentil da distribuição preço/veículos em agosto de 2012. A Figura 10.5 mostra o

---

[11] Note-se que a elasticidade não inclui o mês de julho, que é atípico. Matas e Raymond (2003) reportam valores para elasticidades em rodovias com pedágio. Nossa estimativa é consistente com os valores na literatura.

excedente do consumidor em termos de triângulos de Harberger; *vide* Bulow e Klemperer (2012) e Lucas (2000).

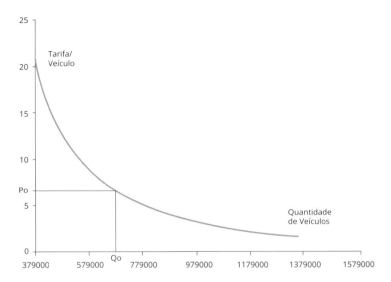

Figura 10.4   Demanda estimada.

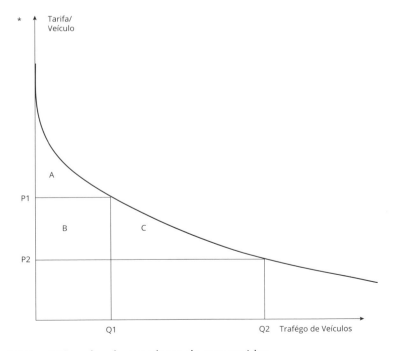

Figura 10.5   Triângulos do excedente do consumidor.

O par de preço e quantidade (P1, Q1) nos dá um excedente do consumidor dado pela área A. Dada uma diminuição no preço para P2 e o respectivo aumento de quantidade Q2, temos um novo excedente do consumidor em termos totais representado pelas áreas A + B + C, em que o excedente marginal fica sendo as áreas B + C. Calculamos as áreas A, B e C, baseados na demanda estimada da Figura 10.4 para uma diminuição percentual das tarifas médias/veículo ocorridas no mês de agosto de 2012 de acordo com a Figura 10.5.[12] Primeiro, a Figura 10.5 mostra o excedente do consumidor calculado, dado pela área A como uma função da tarifa de pedágio. O excedente do consumidor aumenta à medida que a tarifa por veículo diminui. Por exemplo, no 17,5 percentil dos preços uma diminuição do pedágio por veículo de 9,75% em todas as praças aumenta a área A em 3,8%, portanto um ganho absoluto no excedente (bem-estar) do consumidor. Daí a importância da implementação de medidas de ganho de eficiência pelas concessionárias com a adoção de metodologias como *yardstick* ou *benchmark*.

Agosto de 2012

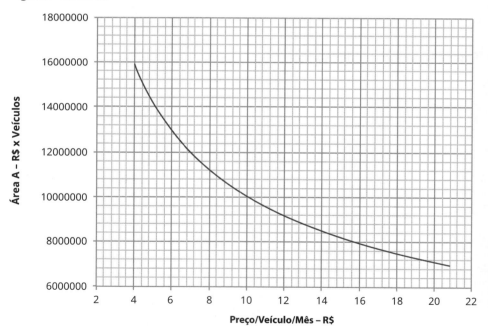

Figura 10.6 Bem-estar do usuário de rodovias.

---

[12] É importante notar que as medidas do excedente do consumidor são aproximadas, não exatas; no entanto, as classificações não devem ser afetadas pelas aproximações.

CONCORRÊNCIA *YARDSTICK* E O BEM-ESTAR DO CONSUMIDOR 219

A Figura 10.7 mostra o ganho de bem-estar médio total mensal por veículo, dado pela área total A+B+C, em função da diminuição percentual da tarifa. Por outro lado, a Figura 10.7 também mostra o ganho marginal médio mensal de bem-estar por veículo, dado pela área B+C por veículo, em função da diminuição percentual da tarifa.

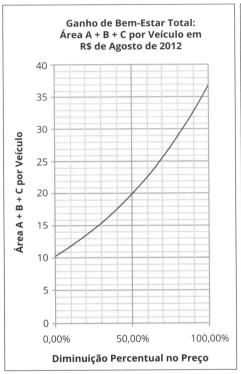 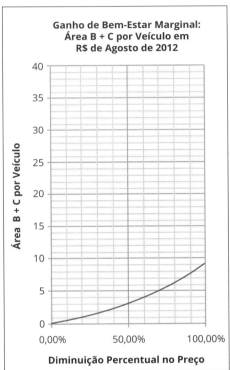

Figura 10.7   Bem-estar total e marginal em bem público.

As funções na Figura 10.7 estão crescendo monotonicamente, como seria de se esperar. A Tabela 10.22 apresenta os valores da Figura 10.7.

CAPÍTULO 10

Tabela 10.22 Excedente do consumidor total e marginal

DIMINUIÇÃO DO PREÇO EM PERCENTAGEM	ÁREA A+B+C POR FLUXO DE VEÍCULOS EM R$ DE AGOSTO 2012	ÁREA B+C POR FLUXO DE VEÍCULOS EM R$ DE AGOSTO 2012	ÁREA A+B+C POR FLUXO DE VEÍCULOS EM R$ DE AGOSTO 2012 X 80 PRAÇAS DA AMOSTRA	ÁREA B+C POR FLUXO DE VEÍCULOS EM R$ DE AGOSTO 2012 X 80 PRAÇAS DA AMOSTRA	VALOR PRESENTE UM ANO TAXA DE DESCONTO 0,625% AO MÊS ÁREA A+B+C POR FLUXO DE VEÍCULOS EM R$ DE AGOSTO 2012 X 80 PRAÇAS DA AMOSTRA	VALOR PRESENTE UM ANO TAXA DE DESCONTO 0,625% AO MÊS ÁREA B+C POR FLUXO DE VEÍCULOS EM R$ DE AGOSTO 2012 X 80 PRAÇAS DA AMOSTRA
0%	R$ 10,2	R$ 0,00	R$ 817,4	R$ 0,0	R$ 9.421,4	R$ 0,0
1%	R$ 10,4	R$ 0,04	R$ 828,8	R$ 3,2	R$ 9.552,7	R$ 36,6
2%	R$ 10,5	R$ 0,08	R$ 840,3	R$ 6,4	R$ 9.685,5	R$ 73,8
3%	R$ 10,6	R$ 0,12	R$ 851,9	R$ 9,7	R$ 9.819,9	R$ 111,5
4%	R$ 10,8	R$ 0,16	R$ 863,7	R$ 13,0	R$ 9.955,9	R$ 149,9
5%	R$ 10,9	R$ 0,20	R$ 875,7	R$ 16,4	R$ 10.093,4	R$ 188,9
6%	R$ 11,1	R$ 0,25	R$ 887,8	R$ 19,8	R$ 10.232,6	R$ 228,5
7%	R$ 11,2	R$ 0,29	R$ 900,0	R$ 23,3	R$ 10.373,4	R$ 268,8
8%	R$ 11,4	R$ 0,34	R$ 912,3	R$ 26,9	R$ 10.515,8	R$ 309,7
9%	R$ 11,6	R$ 0,38	R$ 924,8	R$ 30,5	R$ 10.659,9	R$ 351,2
10%	R$ 11,7	R$ 0,43	R$ 937,5	R$ 34,1	R$ 10.805,7	R$ 393,4
11%	R$ 11,9	R$ 0,47	R$ 950,3	R$ 37,9	R$ 10.953,2	R$ 436,3
12%	R$ 12,0	R$ 0,52	R$ 963,2	R$ 41,6	R$ 11.102,4	R$ 479,8
13%	R$ 12,2	R$ 0,57	R$ 976,3	R$ 45,5	R$ 11.253,4	R$ 524,0
14%	R$ 12,4	R$ 0,62	R$ 989,6	R$ 49,4	R$ 11.406,1	R$ 568,9
15%	R$ 12,5	R$ 0,67	R$ 1.003,0	R$ 53,3	R$ 11.560,6	R$ 614,5
16%	R$ 12,7	R$ 0,72	R$ 1.016,5	R$ 57,3	R$ 11.716,9	R$ 660,8
17%	R$ 12,9	R$ 0,77	R$ 1.030,3	R$ 61,4	R$ 11.875,1	R$ 707,8
18%	R$ 13,1	R$ 0,82	R$ 1.044,1	R$ 65,5	R$ 12.035,0	R$ 755,5
19%	R$ 13,2	R$ 0,87	R$ 1.058,2	R$ 69,8	R$ 12.196,8	R$ 804,0
20%	R$ 13,4	R$ 0,93	R$ 1.072,4	R$ 74,0	R$ 12.360,5	R$ 853,2

Uma diminuição no pedágio por veículo de 5% em todas as praças nos dá um excedente (bem-estar) total do consumidor de R$ 10,9 por veículo/mês, enquanto o ganho marginal do excedente do consumidor é de aproximadamente R$ 0,20. Ademais, uma diminuição no pedágio por veículo de 10% em todas as praças aumenta o excedente total do consumidor em R$ 11,7 por veículo/mês, enquanto o ganho marginal do excedente do consumidor é de R$ 0,43. As duas próximas colunas mostram o ganho total do excedente do consumidor, multiplicando-se as duas primeiras colunas pelo número de praças de todas as concessões nessa amostra particular, um total de 80. Nessa métrica, uma diminuição no pedágio por veículo de 5% em todas as praças eleva o excedente (bem-estar) total do consumidor em R$ 876 por veículo/mês acumulado em todas as praças, com um ganho marginal de R$ 16,4 por veículo/mês. Uma diminuição no pedágio por veículo de 10% em todas as praças aumenta o excedente total do consumidor em R$ 937 por veículo/mês, com um ganho marginal de R$ 34 por veículo/mês. As duas últimas colunas mostram valor presente de um ano (12 meses) do ganho total do excedente do consumidor.[13] Nessa métrica, uma diminuição no pedágio por veículo de 5% em todas as praças eleva o valor presente do excedente (bem-estar) total do consumidor em R$ 10.093 por veículo/mês acumulado em todas as praças, enquanto o valor presente do ganho marginal é de R$ 189. Uma diminuição no pedágio por veículo de 10% em todas as praças leva o valor presente do excedente total do consumidor a R$ 10.806 por veículo/mês, com o ganho marginal de R$ 393.

10.6.1 Excedente do consumidor com diminuição do preço para a concessão de tarifa mais baixa

Notamos primeiramente que em média a C5 tem a maior tarifa/veículo, R$ 9,63, enquanto C4 tem a menor tarifa/veículo de R$ 5,20 em Agosto de 2012. Calculamos aqui o excedente do consumidor quando cada concessão reduz sua tarifa/veículo para o menor denominador da C4. A Tabela 10.23 sumariza a mudança de porcentagem em tarifa/veículo necessário para cada concessão alcançar o menor preço da C4.

A diminuição do preço da C5 é o maior, na ordem de 61%, e o ganho total é da ordem de R$ 30 por veículo/mês. O ganho marginal da C5 é de R$ 5,2. C12 exige uma redução de 54%, com um ganho total perto de R$ 27,5 e um ganho marginal de R$ 4,4. C9, C3 C6 e C2 estão aproximadamente na mesma posição, exigindo uma redução de 40,5%, com um ganho total de aproximadamente R$ 23,0 por veículo/mês e um ganho marginal de R$ 2,9. A C1 requer uma redução de 27%, com um ganho total de cerca de R$ 19,4 e marginal de R$ 1,4 por veículo/mês. C7 e C11 exigindo uma redução de 20%, com um ganho total de R$ 19 e marginal de R$ 1,7 por

---

[13] O valor presente é calculado como $pv = \sum_{j=0}^{11} \frac{EC}{(1+r)^j}$, onde EC = excedente do consumidor e r é a taxa mensal de desconto.

222 CAPÍTULO 10

veículo/mês. Finalmente, C10 e C8 requerem uma redução de 6,75% com o menor ganho total de cerca de R$ 17,75 e marginal de R$ 0,37 por veículo/mês.

Tabela 10.23 Mudança de porcentagem e excedente do consumidor total e marginal por concessão

	DIMINUIÇÃO DO PREÇO EM PERCENTAGEM	ÁREA A+B+C POR FLUXO DE VEÍCULOS EM R$ DE AGOSTO 2012	ÁREA B+C POR FLUXO DE VEÍCULOS EM R$ DE AGOSTO 2012	ÁREA A+B+C POR FLUXO DE VEÍCULOS EM R$ DE AGOSTO 2012 X NÚMERO DE PRAÇAS	ÁREA B+C FLUXO DE VEÍCULOS 2012 X NÚMERO DE PRAÇAS	VALOR PRESENTE UM ANO TAXA DE DESCONTO 0,625% AO MÊS ÁREA A+B+C POR FLUXO DE VEÍCULOS EM R$ DE AGOSTO 2012 X NÚMERO DE PRAÇAS	VALOR PRESENTE UM ANO TAXA DE DESCONTO 0,625% AO MÊS ÁREA B+C FLUXO DE VEÍCULOS EM R$ DE AGOSTO 2012 X NÚMERO DE PRAÇAS
C5	60,75%	R$ 29,92	R$ 5,16	R$ 209,45	R$ 36,15	R$ 2.414,18	R$ 416,73
C12	54,00%	R$ 27,49	R$ 4,35	R$ 192,40	R$ 30,42	R$ 2.217,68	R$ 350,61
C9/C3/ C6/C2	40,50%	R$ 23,14	R$ 2,92	R$ 150,40	R$ 18,98	R$ 1.733,55	R$ 218,79
C1	27,00%	R$ 19,41	R$ 1,74	R$ 155,28	R$ 13,96	R$ 1.789,78	R$ 160,89
C7/ C11	20,25%	R$ 17,75	R$ 1,24	R$ 26,63	R$ 1,86	R$ 306,90	R$ 21,42
C10/ C8	6,75%	R$ 14,80	R$ 0,37	R$ 66,59	R$ 1,67	R$ 767,50	R$ 19,20
C4	0	R$ 13,48	R$ 0,00	R$ 107,88	R$ 0,00	R$ 1.243,47	R$ 0,00

As próximas colunas mostram o ganho total do excedente do consumidor, multiplicando-se as duas primeiras colunas pelo número de praças das concessões e os respectivos valores presentes. Nessa métrica, C5 tem o maior ganho total e marginal, cerca de R$ 209,45 e R$ 36,15, respectivamente, e valor presente de R$ 2.414,18 e R$ 416,73. C12 segue com R$ 192,40, R$ 30,42, total e marginal e valor presente de R$ 2.217,68 e R$ 350,61. A redução para C9, C3 C6 e C2, que estão aproximadamente na mesma posição, dá um ganho de R$ 150,40 e R$ 18,98, total e marginal, além de um valor presente de R$ 1.733,55 e R$ 218,79, total e marginal. Segue C1 com valor total e marginal de R$ 155,28 e R$ 13,96 e valor presente total e marginal de R$ 1.789,78 e R$ 160,89. C7/C11 apresenta somente R$ 26,63 total e R$ 1,86 marginal, com valor presente total e marginal de R$ 306,90 e R$ 21,42. C10 e C8 têm valor total e marginal de R$ 66,59 e R$ 1,67, com valor presente de R$ 767,50 e R$ 19,20. Para a base da C4 o excedente do consumidor total é de R$ 107,88 com valor presente de R$ 1.243,47 em um ano.

10.6.2 Exemplo do esquema proposto

Um *ranking* hipotético das empresas pode ser obtido por meio da estimação dos modelos acima, por exemplo, na Tabela 10.24.

Tabela 10.24 Média estimada de eficiência tecnológica por empresa

FIRMA HIPOTÉTICA	RANK TE	% DO MELHOR	INFLAÇÃO	PENALIDADE REAL	AUMENTO NOMINAL CONCEDIDO
C12	1,060756	5,98%	6,00%	5,98%	0,02%
C7	1,044294	4,34%	6,00%	4,34%	1,66%
C2	1,040598	3,97%	6,00%	3,97%	2,03%
C3	1,031634	3,07%	6,00%	3,07%	2,93%
C11	1,028269	2,74%	6,00%	2,74%	3,26%
C9	1,025440	2,45%	6,00%	2,45%	3,55%
C4	1,018221	1,73%	6,00%	1,73%	4,27%
C8	1,014877	1,40%	6,00%	1,40%	4,60%
C5	1,014,059	1,32%	6,00%	1,32%	4,68%
C1	1,012855	1,20%	6,00%	1,20%	4,80%
C6	1,005452	0,46%	6,00%	0,46%	5,54%
C10*	1,000884	0,00%	6,00%	0,00%	6,00%
Média	1,024778	2,39%	6,00%	2,39%	3,61%

*Firma mais eficiente.

O benefício da implementação medido via bem-estar e excedente do consumidor estimado acima é obtido por meio de um cálculo aproximado de inflação (cenário) 6% e média de aumento de preços de 3,61%. Portanto, uma diminuição média no pedágio por veículo de 2,39% eleva o valor presente do excedente (bem-estar) total do consumidor em R$ 9.700 por veículo/mês acumulado em todas as praças dos lotes, enquanto o valor presente do ganho marginal é de R$ 88 por veículo/mês acumulado em todas as praças dos lotes.

224   CAPÍTULO 10

10.6.3 Robustez das estimativas do excedente do consumidor

10.6.3.1 Revisão de algumas estimativas de elasticidades relacionadas

Conforme relatado em Matas e Raymond (2003), diversos autores calcularam a elasticidade preço da demanda de rodovias, pontes e túneis. Wuestefeldand e Regan (1981) obtiveram valores para 16 trechos pedagiados, rodovias, pontes e túneis, entre -0,03 e -0,31 para rodovias e entre -0,15 e -0,31 para pontes, conseguindo um valor médio de -0,21. White (1984) obteve valores entre -0,21 e -0,36 para os horários de pico e para os horários fora do pico, entre -0,14 e -0,29, para a ponte de Southampton (UK). Goodwin (1988) calculou a elasticidade com base na revisão da literatura de estudos anteriores e obteve um valor médio de -0,45. Ribas, Raymond e Matas (1988) analisaram três autoestradas na Espanha e encontraram valores entre -0,15 e -0,48. Jones e Hervik (1992) estudaram o esquema de pedágio na Noruega, encontrando valores de -0,22 em Oslo e -0,45 em Alesund. Harvey (1994) calculou a elasticidade para as pontes Golden Gate Bridge e San Francisco Bay Bridge e a estrada de Everett Turnpike em New Hampshire, obtendo valores entre -0,05 e -0,15 para as pontes e -0,10 para estradas. Hirschman, McNight, Paaswell, Pucher e Berechman (1995) analisaram seis pontes e dois túneis na região da cidade de New York, obtendo valores entre -0,09 e -0,50 e um valor médio de -0,25. Mauchan e Bonsa II (1995) usaram um modelo de simulação para estradas em West Yorkshire (UK) e encontraram valores de -0,40 para todas as rodovias e -0,25 para as rodovias intercidades. Giffordand e Talkington (1996) calcularam para a Golden Gate Bridge (San Francisco, US) a elasticidade preço de sexta-feira a sábado, encontrando um valor de -0,18. O INRETS (1997) analisou as estradas francesas com mais de 100 quilômetros e encontrou valores entre -0,22 e -0,35 para a elasticidade da demanda. A Lawley Publications (2000) calculou a elasticidade de -0,20 para a New Jersey Turnpike (US). Burris, Cain e Pendyala (2001) calcularam a elasticidade fora do horário de pico em relação ao preço fora de pico na Lee County, Florida (US), e encontraram valores entre -0,03 e -0,36. Nossas estimativas da elasticidade são consistentes com os resultados da literatura, com o sinal e a magnitude em linha.

10.6.3.2 O efeito do mês de julho

O efeito do mês de julho foi medido de duas maneiras diferentes. Uma regressão mostra que as receitas aumentam significativamente no mês de julho. Isso implica que a elasticidade deve ser baixa e que o usuário usa a concessão de forma semelhante, consistente com a autocorrelação positiva das receitas. Em segundo lugar, a declaração acima é confirmada na Tabela 10.24, em que o coeficiente de interação entre as receitas e o mês de julho é positivo e estatisticamente significativo. Assim, no mês de julho, a elasticidade é ainda menor, indicando a natureza do transporte como uma necessidade.

10.6.3.3 Estimativa com variável instrumental

O problema de identificação habitual pode ser combatido com os dados climáticos disponíveis. Estimamos uma função demanda logarítmica. O preço é a arrecadação real por veículo por mês, instrumentado pelo preço defasado, componentes principais de clima exógenos e o mês do ano como efeito fixo que movimentam a "oferta". A quantidade é simplesmente veículos por mês. Usamos as observações de painel com efeitos fixos por praça e utilizamos dados para todas as 12 empresas. O modelo é a função de demanda inversa:

$$Q = \beta_0 \, P^{\beta_1} \exp(\varepsilon) \tag{10.16}$$

onde β_1 é a elasticidade preço da demanda, ε é um termo de erro aleatório e β_0 é a constante. Aplicando o logaritmo, obtemos:

$$\log Q = \log \beta_0 + \beta_1 \log P + \varepsilon \tag{10.17}$$

Os instrumentos para o logaritmo de P são dados pelo logaritmo do preço defasado, t-1, os principais componentes da chuva e da temperatura (prec_dias_tot_umid_1; temperature_all) e o mês como efeito fixo. A estimativa é feita através do painel com efeitos fixos 2SLS.

Tabela 10.25 Estimativa da elasticidade de demanda

PRIMEIRA FASE	
F teste dos instrumentos excluídos:	
$F(14, 11130) = 17192{,}57$	
Prob > F = 0,0000	

SEGUNDA FASE	
lveiculos1	
larre~a_veic	-0,402***
_cons	13,55***
N	11226

* p<0,05, ** p<0,01, *** p<0,001

A primeira fase mostra um valor grande para estatística F, dando um forte conjunto de instrumentos. A elasticidade estimada de demanda é:

226 CAPÍTULO 10

$$\beta_1 = -0,4025$$

Nesse caso, muito inelástica indicando que um aumento no preço de 1% diminui a quantidade em cerca de 0,4%. Assim, a estimativa por variáveis instrumentais dá uma elasticidade que é consistente com a estimativa acima, em termos de tamanho e sinal. Optamos pela estimativa obtida acima porque a identificação por meio de variáveis instrumentais é alvo de críticas em relação ao potencial que a variável do clima tem de deslocar a demanda, bem como a oferta, comprometendo, assim, a identificação.

10.6.3.4 Estimativa hedônica

A função de demanda de fluxo de veículos nas rodovias pode ser estimada por meio de um modelo hedônico com as características das rodovias que afetam o preço, dado que o fornecimento de serviços rodoviários é fixo.[14] Estimamos uma equação para o *proxy* do preço médio mensal do pedágio por veículo como uma função de várias características, obtendo uma função demanda inversa. A equação estimada com o painel de efeitos fixos por praça é:

$$\log P_{it} = \log \beta_0 + \beta_1 \log Q_{it} + características + efeitos\ fixos + \varepsilon \qquad (10.18)$$

O preço é a arrecadação real por veículo por mês e a quantidade é simplesmente o fluxo de veículos por mês nas praças. Os controles são os seguintes: a quantidade de veículos defasados por 1 período, as receitas defasadas por 1 período, componentes principais da chuva e da temperatura (prec_dias_tot_umid_1; temperature_all). Também utilizamos o preço da gasolina doméstica deflacionado pelo IPCA na região sudeste do Brasil como uma importante medida do custo de transporte. Incluímos outras variáveis explicativas. No âmbito das características, temos os acidentes defasados por um período. Na esfera macro, temos a crise financeira, a mudança do crédito/GDP defasado por um período e a tendência do tempo como *proxy* da atividade econômica. Finalmente, a localidade da praça, mês e ano como efeitos fixos. Os resultados não são consistentes com nossas outras estimativas e o modelo hedônico dá uma elasticidade que não é plausível. Assim, decidimos não utilizar essa metodologia.

---

[14] Ver Epple (1987) e Rosen (1974).

10.7 Sumário dos resultados

Obtivemos os seguintes resultados: primeiro, um aumento de 10% no fluxo de veículos dá um incremento médio no OPEX entre 2% e 4%. OPEX são relativamente inelásticos com relação ao fluxo de veículos: o aumento do tráfego de veículos impacta pouco nos custos operacionais totais das concessionárias.

Nossos resultados constatam a existência de economias de escala nas concessionárias de rodovias paulistas. Esse fenômeno é típico de monopólio natural na infraestrutura.

- O OPEX apresenta uma tendência crescente ao longo do tempo para a maioria das empresas, como notamos na Figura 10.2.
- O Trecho de Cobertura da Praça de Pedágio (TCP agregado) tem um efeito positivo e significativo no OPEX.
- Por outro lado, se controlar pelo uso de tipos de cabines de pedágio (manual, automático e misto), o efeito do TCP no OPEX se torna negativo.
- Dados ambos um número fixo de cabines e um fluxo de tráfego de veículos por cabine, quanto maior for uma extensão original do lote, menores serão os seus custos totais operacionais; e quanto maiores forem as novas extensões, maiores serão os seus custos totais operacionais.
- A qualidade do serviço prestado pela concessionária diminui os custos operacionais totais significativa e robustamente.
- Segurança nas rodovias tem um efeito significativo no OPEX. Com mais investimentos em segurança nas rodovias, o número de vítimas em acidentes seria obviamente menor. A taxa de mortalidade aumenta em muito os custos operacionais.
- Características dos lotes das rodovias, tais como existência de serras, túneis e acostamentos afetam os custos operacionais totais. Lotes com trechos de serras podem aumentar OPEX. Túneis e acostamentos podem diminuir OPEX.

Em referência aos controles (características), temos que novas faixas, novas pistas, extensão total de novas faixas e faixas de rolamentos concedidas como pista principal têm efeitos diversos nos custos operacionais. O número de novas faixas não apresenta significância estatística, mas o número de novas pistas diminui significativamente os custos operacionais. A extensão total de novas faixas e faixas de rolamentos concedidos como pista principal aumenta significativamente os custos operacionais. Cabines manuais, cabines mistas, cabines AVI, fluxo no pedágio manual e o total de passagens em pedágio automático têm efeitos estatísticos significativos e são importantes na determinação do OPEX. Em termos de variáveis macroeconômicas, a disponibilidade de crédito/ PIB e a crise financeira de 2008 não tiveram impactos significativos no OPEX, mas sim no CAPEX (riscos de crédito e de mercado).

Notamos que, dados os custos das companhias, obtemos diferentes funções custo, como ilustrado na Figura 10.8.

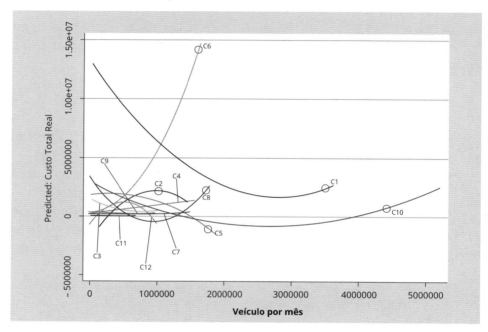

Figura 10.8 Função custos.

O ajuste proposto da tarifa pode ser de natureza real via mudanças na produtividade e nominal (devido à inflação) para manter o valor real constante.

A penalidade implica um ajuste nominal que não mantém o valor real constante. Como consequência na Tabela 10.24, o ajuste de tarifas varia entre firmas de acordo com a produtividade, implicando um ganho de bem-estar obtido por meio dos cálculos da função demanda e do excedente do consumidor.

10.8 Conclusão

O principal objetivo do modelo de concorrência *yardstick* é ajudar na redução dos custos sociais dos monopólios (típico de bens públicos).

No entanto, a concorrência *yardstick* não é o único remédio. *Yardstick* ou similar é necessário, mas não é o suficiente para lidar com o problema do monopólio natural decorrente de economia de escala nas concessões. O modo clássico para lidar com o problema do monopólio natural seria tornar as concessões um mercado contestável, diminuir os custos de entrada e saída das concessionárias e permitir que as firmas potenciais possam entrar. A eventual prática monopolística das concessionárias seria contestada. *Vide* Baumol, Panzar, e Willig (1982).

Outra medida potencial seria diminuir os prazos concedidos de concessão e evitar a prorrogação de prazos dos contratos, o que implicaria a baixa cumulatividade da taxa interna de retorno na tarifa. Isso poderia levar à realização de licitações mais frequentes. Notamos que nossa evidência mostra que, ao longo do tempo, o custo total real operacional tem aumentado (tendência positiva), implicando uma maior despesa tarifária ao usuário, na medida em que a preservação da Taxa Interna de Retorno (TIR) seja contratual.

REFERÊNCIAS

AIGNER, D. J.; C.A.K. LOVELL; SCHMIDT, P. "Formulation and Estimation of Stochastic Frontier Production Function Models", *Journal of Econometrics* 6, 21-37, 1977.

ANDRÉS Gómez-Lobo Echeñique. "Affordability of public transport: a methodological clarification", *Working Papers wp261*, University of Chile, Department of Economics, 2007.

ARMSTRONG, M.; Cowan, S.; VICKERS, J. *Regulatory Reform*: Economic Analysis and British Experience. London-Cambridge MA. The MIT Press, 1994.

AVERCH, Harvey; JOHNSON, Leland L. "Behavior of the Firm Under Regulatory Constraint", *American Economic Review* 52 (5): 1052-1069, 1962.

BATTESE, G. E.; COELLI, T. J. "A Model for Technical Efficiency Effects in a Stochastic Frontier Production Function with Panel Data", *Empirical Economics*, 20, 325-332, 1995.

BATTESE, George E.; COELLI, Tim J. "Prediction of firm-level technical efficiencies with a generalized frontier production function and panel data", *Journal of Econometrics*, Elsevier, vol. 38(3), pages 387-399, July, 1988.

BAUMOL, William; PANZAR, John C.; WILLIG, Robert D. *Contestable Markets and the Theory of Industry Structure*, San Diego: Harcourt Brace Jovanovich, 1982.

BERG, V. S.; JEONG, J. "An evaluation of incentive regulation for electric utilities", *Journal of Regulatory Economics* 3, 45-55, 1991.

BIANCONI, M.; YOSHINO, J. A. "House Price Indexes and Cyclical Behavior", *International Journal of Housing Markets and Analysis*, 06, 1, 2013.

BIANCONI, M.; Joe A. YOSHINO. "Firm Market Performance and Volatility in a National Real Estate Sector", *International Review of Economics and Finance*, 22, 230-253, 2012.

BIANCONI, M.; J. A. YOSHINO. "Empirical Estimation of the Cost of Equity: An Application to Selected Brazilian Utilities Companies", *Review of Economics & Finance*, 5(1), 1-21, 2015.

BULOW, Jeremy; Paul KLEMPERER. "Regulated Prices, Rent-Seeking, and Consumer Surplus", *Journal of Political Economy* 120 (1): 160-86, 2012.

BURNS, P.; WEYMAN-JONES, T. *Regulatory incentives, privatization, and productivity growth in UK electricity distribution*. London: CRI, 1994.

230 **CAPÍTULO 10**

_____ (1996). "Cost functions and cost efficiency in electricity distribution: A stochastic frontier approach", *Bulletin of Economic Research* 48 (1), 41-64.

BURRIS, M. W.; CAIN, A.; PENDYALA, R. M. Impact of Variable Pricing on Temporal Distribution of Travel Demand. *Transportation Research Record* 1747: 36-43, 2001.

CID, Camilo; IBERN R. Pere "Financing regulation: yardstick competition in Chilean Public Hospitals", *Working Paper*, Pompeo Fabra University, Barcelona, 2008.

CREW, M. A.; KLEINDORFER, P. R. "Incentive regulation in the United Kingdom and the United States: Some lessons", *Journal of Regulatory Economics* vol. 9, 211-225, 1996.

DALEN, D. M.; A. GOMEZ-LOBO. "Yardsticks on the road: Regulatory contracts and cost efficiency in the Norwegian bus industry", *Transportation*, 30:371-386, 2003.

EPPLE, Dennis. "Hedonic Prices and Implicit Markets: Estimating Demand and Supply Functions for Differentiated Products", *Journal of Political Economy*, vol. 95, no 1 (Feb), p. 59-80, 1987.

FÄRE, R.; GRABOWSKI, R.; GROSSKOPF, S. *The Measurement of Efficiency of Production*. Boston. Kluwer Academic Publishers, 1985.

FILIPPINI. (1998). "Are municipal electricity distribution utilities natural monopolies?" *M Filippini Annals of public and cooperative economics* 69 (2), 157-174.

FØRSUND, F., and KITTELSEN, S. (1998). "Productivity development of Norwegian electricity distribution utilities", *Resource and Energy Economics* vol. 20 (3 September), 207-224.

GIFFORD, J. L. and S.W. TALKINGTON. (1996). "Demand Elasticity Under Time-Varying Prices: Case Study of Day-of-Week Varying Tolls on the Golden Gate Bridge." Transportation Research Record 1558:55-59.

GILES, D. E. A., and WYATT, N. S. (1993). "Economies of Scale in New Zealand Electricity Distribution Industry." In *Models, Methods and Application of Econometrics*, edited by P. C. B. Phillips. Oxford, Cambridge MA. Blackwell.

GOTO, M., and TSUTSUI, M. (1998). "Comparison of productive and cost efficiencies among Japanese and US electric utilities", *Omega* 26 (2), 177-194.

GREENE, W. H. (1997). "Frontier Production Functions," in M. Hashem Pesaran and P. Schmidt (eds), *Handbook of Applied Econometrics*, Vol II: Microeconomics, Massachusetts: Blackwell Publishers.

_____. (2010). *Econometric Analysis*. Prentice Hall, Upper Saddle River, New Jersey.

GOODWIN (1988) Op. Cit. BRATHER, S., S.KJERKREIT, e J. ODECK (2003) "Users reaction to toll user charges: elasticities and attitudes combined" in PROCEEDINGS OF THE EUROPEAN TRANSPORT CONFERENCE, STRASBOURG, FRANCE. Publisher: Association for European Transport, Norway.

HARBERGER, A. (1954). "Monopoly and Resource Allocation", *American Economic Review*, vol. 44, nº 2, Papers and Proceedings of the Sixty-sixth Annual Meeting of the American Economic Association. (May), p. 77-87.

_____. (1971). "Three Basic Postulates for Applied Welfare Economics: An Interpretive Essay", *Journal of Economic Literature* 9, 785-97.

HERVIK, A. (1992). Restraining Car Traffic in European Cities: An Emerging Role for Road Pricing. Transportation Research A26: 133-145.

HIRSCHMAN, I., C. MCNIGHT, R.E. PAASWELL, J. PUCHER, and J. BERECHMAN. (1995). "Bridge and Tunnel Toll Elasticities in New York: Some Recent Evidence. Transportation 22: 97-113.

INRETS (1997) Op. Cit. Oum TH, Waters WG & Yong JS (1992) Concepts of price elasticities of transport demand and recent empirical estimates. Journal of Transport Economics and Policy, 26: 139-154.

JOSKOW, P. J., and SCHMALENSEE, R. (1986). "Incentive regulation for electric utilities", *Yale Journal on Regulation* vol. 4 (1), 1-49.

KRUEGER, A.O. (1974). "The Political Economy of the Rent-Seeking Society", *American Economic Review*, vol. 64, p. 291-303.

KUMBHAKAR, S. C. and C. A. K. LOVELL. (2000). *Stochastic Frontier Analysis*, Cambridge: Cambridge University Press.

KUMBHAKAR, S. C., and HJALMARSSON, L. (1998). "Relative performance of public and private ownership under yardstick competition", *European Economic Review* vol. 42, 97-122.

KUMBHAKAR, Subal C. & HJALMARSSON, Lennart. (1998). "Relative performance of public and private ownership under yardstick competition: electricity retail distribution", *European Economic Review*, Elsevier, vol. 42(1), pages 97-122, January.

LAWLEY PUBLICATIONS. (2000). "Traffic Responses to Toll Increases Remain Inelastic." The Urban Transportation Monitor 14 (10).

LAWRENCE, D., HOUGHTON, J., and GEORGE, A. (1997). International comparisons of Australia's infrastructure performance", *Journal of Productivity Analysis* 8, 361-378.

LEVY, B., and SPILLER, P. T. (1994). "The institutional foundations of regulatory commitment: A comparative analysis of telecommunications regulation", *Journal of Law, Economics, and Organization* vol. 10 (2), 201-46.

LITTLECHILD, S. (1983). *Regulation of British Telecommunications' profitability*: report to the Secretary of State, February 1983. London: Department of Industry. 6.

LITTLECHILD, S. C. (2000). *Privatisation, Competition, and Regulation*. London. The Institute of Economic Affairs.

LUCAS, Jr, Robert. (2000). "Inflation and Welfare", *Econometrica*, vol. 68, nº 2 March, 247-274.

MATAS, Anna and Jose-Luis RAYMOND. (2003). "Demand Elasticity on Tolled Motorways", *Journal of Transportation and statistics*, v. 6, nº 2/3, p. 91-108.

MAUCHAN, A. and P. BONSALL. (1995). Model Predictions of the Effects of Motorway Charging in West Yorkshire. Traffic, Engineering and Control 36:206–212.

MEEUSEN, W. J. and J. VAN DEN BROECK. (1977). "Efficiency Estimation from Cobb-Douglas Production Functions with Composed Error", *International Economic Review* 18, 435-444.

MIZUTANI, F., H. KOZUMI and N. MATSUSHIMa. (2009). "Does Yardstick Regulation Really Work? Empirical Evidence from Japan's Rail Industry", *Journal of Regulatory Economics*, vol. 36, nº 3, p. 308-323.

NEWBERY, D. (1999). *Privatization, Restructuring, and Regulation of Network Utilities*. London, Cambridge MA. The MIT Press.

POSNER, R. "The Social Costs of Monopoly and Regulation", *Journal of Political Economy*, vol. 83 (August 1975), p. 807-827.

PRIEST, G. L. (1993). "The origins of utility regulation and the 'theories of regulation' debate", *Journal of Law and Economics* vol. XXXVI, 289-323.

REES, R., and Vickers, J. (1995). RPI-X Price-Cap Regulation. In *The Regulatory Challenge*, edited by M. Bishop, J. Kay and C. Mayer. Oxford-New York. Oxford University Press.

REGULATORY INCENTIVES P. Burns, T Weyman-Jones. (1994). *Privatization and Productivity Growth in UK Electricity Distribution*, CRI.

RIBAS, E., J.L. RAYMOND, and A. MATAS. (1988). Estudi Sobre la Elasticitat Preu de la Demanda de Tràfic per Autopista. Departament de Política Territorial i Obres Públiques, Generalitat de Catalunya, Barcelona, Spain.

ROSEN, Sherwin. (1974). "Hedonic Prices and Implicit Markets: Product Differentiation in Pure Competition", *Journal of Political Economy* 82 (January/February): 34-55.

ROTHWELL, G. S. and T. GOMEZ. (2003). *Electricity Economics*: Regulation and Deregulation. IEEE Press with John Wiley.

RUDNICK, H. and J. A. DONOSO. (2000). "Integration of Price Cap and Yardstick Competition Schemes in Electrical Distribution Regulation", *IEEE Trans. Power Systems*, vol. 15, nº 4, p. 1428-1433, November.

RUDNICK, H., and RAINERI, R. (1997). Chilean Distribution Tariffs: Incentive Regulation. In *(De)Regulation and Competition*: The Electric Industry in Chile, edited by F. G. Morande and R. Raineri. Santiago. ILADES/Georgetown University.

_____. (1997). "Transmission Pricing Practices in South America", *Utilities Policy*, vol. 6, nº 3, Pergamon, September 1997, p. 211-218.

SAWKINS, J. W. (1995). "Yardstick competition in the English and Welsh water industry", *Utilities Policy* vol. 5 (nº 1), 27-36.

SCHMALENSEE, R. (1979). *The Control of Natural Monopolies*. Lexington, MA. Lexington Books.

SHLEIFER, A. (1985). "A theory of yardstick competition", *Rand Journal of Economics* vol. 16, 319-327.

STERN, J., and HOLDER, S. (1999). "Regulatory governance: Criteria for assessing the performance of regulatory systems: An application to infrastructure industries in the developing countries of Asia", *Utilities Policy* vol. 8, 33-50.

TORGERSEN, A.M., F.R.FØRSUND and S.A.C.KITTELSEN (1996). "Slack Adjusted Efficiency Measures and Ranking of Efficient Units", *Journal of Productivity Analysis*, 7, 379-398.

TULLOCK, G. "The Welfare Costs of Tariffs, Monopolies, and Theft", *Western Economic Journal*, vol. 5 (1967), p. 224-232.

TWADA, M., and KATAYAMA, S.-I. (1990). "On the technical efficiency under regulation: A case for the Japanese electric power industry", *The Economic Studies Quarterly* 41 (1), 34-47.

UTILITIES POLICY 13 (2005), p. 302:309.

WEYMAN-JONES, T. (1995). Problems of Yardstick Regulation in Electricity Distribution. In *The Regulatory Challenge*, edited by M. Bishop, J. Kay and C. Mayer. Oxford-New York. Oxford University Press.

_____. (1991). "Productive efficiency in a regulated industry: The area boards of England and Wales", *Energy Economics* (April), 116-122.

WHITE (1984) Op. Cit. OUM TH, WATERS WG & YONG JS (1992) Concepts of price elasticities of transport demand and recent empirical estimates. Journal of Transport Economics and Policy, 26: 139-154.

WUESTEFELD, N.H. and E.J. REGAN. (1981). Impact of Rate Increases on Toll Facilities. Traffic Quarterly 34: 639-6–55.